基督教文化研究丛书

主编 何光沪 高师宁

二编 第 8 册

侯活士品格伦理与
赵紫宸人格伦理的批判性比较

赵文娟 著

花木兰文化出版社

国家图书馆出版品预行编目资料

侯活士品格伦理与赵紫宸人格伦理的批判性比较／赵文娟 著

-- 初版 -- 新北市：花木兰文化出版社，2016〔民105〕

序 8+ 目 4+284 面；19×26 公分

（基督教文化研究丛书 二编 第 8 册）

ISBN 978-986-404-517-4（精装）

1. 侯活士（Hauerwas, Stanley）2. 赵紫宸 3. 伦理学

4. 比较研究

240.8 105001929

ISBN-978-986-404-517-4

9 789864 045174

基督教文化研究丛书
二编　第八册

ISBN：978-986-404-517-4

侯活士品格伦理与
赵紫宸人格伦理的批判性比较

作　　者　赵文娟

主　　编　何光沪　高师宁

执行主编　张　欣

企　　划　北京师范大学基督教文艺研究中心

总 编 辑　杜洁祥

副总编辑　杨嘉乐

编　　辑　许郁翎

出　　版　花木兰文化出版社

社　　长　高小娟

联络地址　台湾235 新北市中和区中安街七二号十三楼

　　　　　电话：02-2923-1455 ／ 传真：02-2923-1452

网　　址　http://www.huamulan.tw 信箱 hml 810518@gmail.com

印　　刷　普罗文化出版广告事业

初　　版　2016 年 3 月

全书字数 285620 字

定　　价　二编 11 册（精装）台币 20,000 元

侯活士品格伦理与
赵紫宸人格伦理的批判性比较

赵文娟 著

作者简介

赵文娟 女，香港浸会大学宗教哲学系博士，香港浸会大学宗教哲学系研究助理。主要研究领域：基督新教神学伦理学、生命伦理学、心理学与灵修学。曾任美国杜克大学访问学者，现参与国家社会科学基金项目关于"基督教德性伦理的中国叙事"之课题研究；曾翻译和发表多篇学术论文。

提　　要

本书文采用形式——概念与诠释——对话的方法，深入比较了侯活士和赵紫宸的品格（人格）伦理。旨在期望该方法能够较准确全面地展现他们各自伦理思想之独特性，以及促进与丰富中西方学界在该理论上之交流。

基于此，本论文首先批判性地分析与诠释了二者的相关文本，以此揭示他们重要的神学伦理学语境、前设与内容；再者，在文本诠释之基础上比较了二者概念与内容上之重要的相似点与不同之处；其次，找出了二者在实践中尝试处理的道德议题——战争与和平，并从他们各自的立场出发相互询问道德实践之目的、原则和意义，从而进行跨文化的沟通对话；最后笔者得出如下结论：侯活士与赵紫宸的品格（人格）伦理具有高度的相似性与差异性，或者有交迭与相异之处。尽管其伦理确是基于不同文化背景产生的两种理论，具有不同的概念体系与社会背景，而这塑造了他们各自处理道德问题的视角差异性。但是，总体上他们始终以"如何成为圣洁和平的群体"发展相关理论，以及他们不断在回应"信徒应该如何处理战争与和平"之实践问题。不仅如此，侯活士的品格伦理在理论上更系统与完善，它能够为赵紫宸人格伦理之重构提供参考与借鉴。较之，赵紫宸的人格伦理在实践上更具体与切实，它能够为侯活士的伦理实践反省给予启迪。

本书献给我的父亲与母亲

赵强林　周瑞华

黄文谦　王玲玉

宋存祥　陆玉君

序

张　颖（香港浸会大学教授）

　　侯活士（Stanley Hauerwas）是当今活跃在欧美学界著名的神学家和伦理学家。如果我们试图了解当代神学、尤其是有关"后自由神学"（postliberal theology）的前沿观点，侯活士无疑是一位不可忽视的人物。即便是美国《时代》杂志（Time Magazine），一份对基督宗教并非友善的左派流行刊物，也不得不称侯活士为"美国最优秀的神学家"。

　　然而，侯活士在中国学界并不为人熟知，即便是在汉语神学界，对侯氏神学伦理学的研究也极为有限。这一方面是由于侯活士神学伦理学涉及的领域颇为广泛，从圣经神学、生命伦理学到战争伦理学；另一方面是由于侯活士神学思想与美国社会息息相关，他试图超越美国特定的传统教派的边界，以全新的焦点确立美国人的国家身份与基督徒身份之间的关系。

　　尽管如此，侯活士的神学和伦理思想并不局限于美国和西方学界的兴趣。相反，他所探讨的许多议题对我们探索中国当代神学和伦理学都具有启发意义。正是据于这种考虑，赵文娟在西方德性伦理复兴的大框架下对侯活士的伦理思想进行了系统的探讨和反思。她的研究向我们展示了"德性""品格"、"人格"、"伦理"这样的字眼绝不是空泛和抽象概念或理想主义的说教，而是植根于具体生活世界的叙事和视景。为了更好地把握侯氏神学伦理学的精髓，文娟曾多次前往美国的杜克大学（Duke University），向大师亲自讨教，厘清其神学思想的重要脉络。

　　与此同时，文娟研究的视域超越于侯活士的神学和伦理思想，因为她把赵紫宸——一位颇具争议的中国神学家——带入了德性伦理学的探讨，并将他的神学伦理学与侯活士的神学伦理学进行比较。我不得不承认，这种比较研究颇为冒险，因为二者处于完全不同的时代和不同的文化背景。然而，换一个角度看，这样的冒险或许是值得的，因为比较研究本身也是互照、反思、重构的过程。另外，正如文娟所言，二者的德性伦理学都是基于"效法耶稣"的基督教伦理观，并由此带出效法与叙事和品德修养的关系。

侯活士曾经说过这样一句话："勇敢者面临的恐惧是懦弱者无法了解的"（The courageous have fears that cowards never know）。在当今中国，与神学相关的研究仍然面临许多的挑战。神学伦理学目前仍属起步的阶段，有太多的课题值得思索。我希望看到更多的学者像文娟一样在这条路上坚持走下去。

比较伦理学方法：立足脉络，彼此拷问

前言

　　笔者于 80 年代在美国耶鲁大学攻读宗教研究博士，虽然宗教研究系在校园的核心范围，但笔者由于上课及当助教之缘故，时常身在校园边陲的耶鲁神学院，特别喜爱那个小巧的神学院图书馆。在该图书馆地库内，笔者有一个个人阅读小单间，摆放着几排笔者常用的图书馆藏书。在该批图书中，有一本德文著作，作者是 Winfried Glüer，是有关一个中国神学家 T. C. Chao 的著述。笔者当时略知这位 T. C. Chao 就是中国神学家赵紫宸，非常惊讶一个德国人要为他独立著书立说。笔者当时其实无暇阅读此书，只是把它当作珍藏品，放在我个人的小单间。（这位德国学者中文名字是古爱华，其著作中译本《赵紫宸的神学思想》于 1998 年在香港出版。）

　　笔者于 1990 年回香港任教于浸会大学，在指导第一位研究生时，才开始翻阅有关赵紫宸的论述。到 2003 年《赵紫宸文集》第一卷出版，才开始翻看一下他的立论。后来由于博士生赵文娟要撰写有关侯活士论文的需要，我就建议她把侯活士与赵紫宸平排并读，作一个跨文化的批评性比较研究。这样的工作是很有趣的，因为我们时常「不识庐山真面目，只缘身在此山中」。为了要与我们的研究对象保持一个批判性距离，必须把他还原回去其自身的历史、文化、社会脉络；而跨文化的比较研究，则是最好的途径。然后，批判性的比较就可以透过这个植根脉络的彼此拷问来进行。

侯活士神学伦理学的脉络

首先，侯活士著述的语境是西方的基督教王国（Christendom）。基督教老早溶入欧洲及美国社会文化，到了一个地步，很多教会人士分不清楚基督教的主张，与美国主流社会的声音，有何分别。表面上是美国社会基督教化，好像是教会赢了；实质上是美国教会被美国社会所同化，教会所持守的社会价值观，只是重述社会中自由主义的语言。这样对教会很危险，因为教会的存在等于是多余的。所以侯活士致力把教会的伦理语言，从美国的主流政治语言解开其纠结，使教会真实的声音，得以彰显。侯氏认为教会应该忠于圣经，延续耶稣基督的他性，批判美国社会。基督教伦理要摆脱个人主义，强调个人只是信仰群体的一员；当教会履行忠于基督的生活，就显示出其社会伦理，对社会以身作则。由于强调教会的践行，所以同时强调信徒培养品格的重要；基督教伦理，不只是一些头脑建构的理论或学说而已。众所周知，侯活士上述的思考是受麦金太（A. MacIntyre）及尤达（J.H. Yoder）的影响。

欧洲启蒙运动后，道德哲学流行要发展一个广大悉备、放诸四海而皆准的理论学说；设定人皆拥有一种超越社会文化的中性理性，可凭借这些伦理学说理性解决任何道德疑难，作出纯粹理性的判断。侯活士如其他后现代思想家一样，质疑这种启蒙理性主义，而强调人皆嵌入各自世界观，带着特定视野来看问题。因此，要求人要摆脱自己社会文化群体的影响，以纯粹理性探讨伦理问题的普世性答案，是缘木求鱼。人的价值观，往往是在群体中塑造，透过各自群体的叙事，呈现出理想道德人格。因此，道德生活的核心，不是聚焦在对特定道德判断的理性讨论，而是在强化及提炼我们的世界观，使我们能以正确视野看世上事物，能以根深蒂固的品格应对万事。不同的社会文化，因其世界观及群体叙事不同，会塑造出不同的品格。对侯活士来说，基督教伦理的任务，不是模仿启蒙运动以来的道德哲学，在认知上提供论证，而乃是重践行多于立论；透过信仰群体，把基督徒塑造成为肖似耶稣基督的人。

赵紫宸神学伦理学的脉络

赵紫宸伦理学对人格的重视，完全没有经历侯氏的后现代转向。民国初年，基督教被视为外来宗教，是一个陌生的他者，被视为非我族类。所以赵氏的早期神学思想，努力使基督教神学溶入中国文化与社会，把他所受教育的西方自由派神学，与儒家思想融会贯通，本色化为「中国神学」。他所提倡的「人格主义」，一方面缘于当时传教士的鼓吹，也缘于当时流行于华人教会领袖的「人格救国」论，而且也方便于与儒家伦理的衔接。与侯活士不同，赵紫宸的神学伦理学对人格的重视，并不是逆潮流的。

然而，在其第二期思想中，赵紫宸意识到基督信仰与中国文化有无可缓冲的冲突，意识到神学不能成为「巴比伦的俘虏」，因此放弃了早年的儒基贯通论。他特别重视教会论，认为只有当教会忠心耶稣基督，在教会生活中彰显基督精神，教会才能成为一个模范社会，解救国运。教会与社会是两个同心圆，教会是内圈；上帝对人世的改变，是由同心圆的内圈扩散至外圈。因此，教会一方面要勇于提出信仰的声音，不要老是附和国家主流曲调，另一方面要自己身体力行，这样才能为中国社会与文化溶入新血。用今天的语言说：教会如何影响社会？当务之急是让教会成为教会，成为社会的抗衡群体及模范群体。赵氏这个转变，是在被日本军队监禁期间自己体会出来，似乎没有受其他神学家的影响。

从殊途同归到分道扬镳

因此，这两位中国及美国的神学家，因着教会与社会不同的文化脉络，而各自发展出一个强调品格及教会为中心的基督教伦理，可说是殊途同归了。基督教伦理学的任务是透过个别信徒或教会群体以笃信力行对社会宣讲，他们的教会论都强调教会对社会的他性，教会要拒绝随波逐流。然而，因为各自社会脉络不同，以致这两位神学家在某些特定论点上，又各自分道扬镳。

侯活士与赵紫宸都认为耶稣反对暴力革命，所以他们都认为教会必须崇尚和平，反对以暴力屈人。侯活士生于第二次世界大战结束后，但在其涯中，美国都不断打仗或备战。因此，侯活士认为教会的他性必须批判国家政权对暴力的依赖，批判美国不断以正义为说辞，实质上以武力缔造国际关系；针对自己国家政权的暴力倾向，教会必须坚定不移主张和平主义。赵紫宸也强调爱仇敌，宣扬化解对敌人的憎恨，然而他没有参与当时主张绝对和平主义的「唯爱运动」。面对日本的侵华野心，他很早意识到爱仇敌与自卫战争没有冲突，基督徒也有责任卫国卫民，挺身而战（1926 年出版的《耶稣的人生哲学》，第九章）。在这个绝对的和平主义问题上，这两个本应惺惺相惜的神学家却竟然立场南辕北彻。因此，我们可以就他两的分歧进行彼此拷问的工作。

赵紫宸对侯活士的拷问

从赵紫宸的立场而言，侯活士在美国主张绝对和平主义比较轻松，因为美国从没有经历过亡国的威胁。再者，美国有一批门诺会教派的人，他们对绝对和平主义的坚持，是从 16 世纪开始没有放松过。有他们在身边，侯活士的绝对和平主义只是拾人牙慧而已。若侯活士与赵紫宸易位而处，侯氏面临国土不断被占领，人民受屠杀，身边的唯爱主义者都一一放弃绝对和平主义立场，中国的文化土壤也从来没有绝对和平主义的思想，全国共识都是以武力抗日，侯活士还能只身一人在中国大声呼吁以和平博爱化解国家覆亡危机吗？

侯活士对赵紫宸的拷问

然而，身为一个后现代主义者，侯活士并不需要把他主张的和平主义变成一个放之四海而皆准的理性真理；一切都要从历史文化脉络上来理解。侯氏的绝对和平主义是建立在两个前设上。一方面，西方近代文化与武力有不解之缘（教会主张以武力镇压异端，欧洲人在美洲新大陆以武力传教，西方国家在全世界武力殖民）。另一方面，教会作为一个模范及抗衡群体，必须针对社会的恶习来建立品德，树立教会的印记。因此，针对近代西方文化的暴力倾向，针对美国二战后的源源不绝发动战争，西方及美国教会应以绝对和平主义为印记，树立群体德行，对付社会恶习，就完全有必要。

侯活士可以让步，不勉强赵紫宸及当时的中国教会也要拥抱绝对和平主义。但侯活士可以反问，中国教会如何成为中国社会的模范及抗衡群体？中国教会的道德印记是什么？赵紫宸虽也强调教会要成为中国社会的模范群体，但只是笼统地说，没有指明具体在哪些方面中国教会应旗帜鲜明成为社会的模范，抗衡社会歪风。若论述人格德性及教会践行，都只是泛泛而论，面面俱圆，与社会保持和谐关系，不会得罪任何社会人士，这样的教会岂不是又反过来被社会同化了吗？责备教会被社会同化，随波逐流而不自知，正是侯活士立论的起点。因此，侯活士必定反问赵紫宸，中国教会若不坚持绝对和平主义，中国教会在哪些具体问题上能够承担成为社会的抗衡群体？中国教会在其脉络中，如何显示基督的他性？要回答这个拷问，中国教会就必须要有文化及社会自觉，自觉近代中国社会的恶习是什么？也需要对教会论有更深反思，能道出在中国社会文化脉络，中国教会及基督徒人格的重要道德印记是什么？

　　透过这个相互拷问，我们对侯活士及赵紫宸的神学伦理学就可以更深刻的认识。以上笔者所述，只是一个简单引论；详细内容，可以从赵文娟这本重要著作中找到。希望上述的引论，能引起大家兴趣，把这本著作仔细读完。是为序。

罗秉祥
香港浸会大学
文学院副院长
应用伦理学研究中心主任
宗教及哲学系教授
2015.12.31

目

次

引　言

一、问题缘起与时代意义

20 世纪 50 年代，西方德性伦理复兴，其标志是：英国哲学家安斯科姆（G.E.Anscombe）在 1958 年发表的论文 "现代道德哲学"（Modern Moral Philosophy）中最早提出了恢复德性伦理之主张，这对现代德性伦理之复兴产生了深远的影响。继而在 20 世纪 80 年代，麦金泰尔 1981 年出版的《追寻美德：道德理论研究》（*After Virtue: A Study in Moral Theory*）则被视为西方德性伦理研究的纲领性文献，并由此掀起了一场声势浩大的德性伦理复兴运动，使得德性伦理逐渐成为当代伦理学发展的前沿理论。该发展不仅在哲学界熠熠生辉，同样在新教与天主教界大放异彩。正如波特（Jean Porter）所言，"20世纪 70 年代初期，在新教和天主教神学家中有两股德性伦理复兴的潮流。一是来自新教和天主教神学家对阿奎那的道德思想之复兴；二是来自美国神学家侯活士（Stanley Hauerwas, 1940-）[1]以德性和品格为起点的基督新教道德生活反省"。[2]

1　香港和内地学者分别将 Hauerwas 译为侯活士和哈弗罗斯，本书采纳侯活士的翻译。

2　Jean Porter, "virtue Ethics," In Robin Gilled., 2012, p. 98. 波特的评价如实，侯活士 60 年代尚在耶鲁神学院攻读博士之时，就以《品格与基督徒的生活：神学伦理学之研究》（*Character and the Christian Life: A Study in Theological Ethics*）为主题撰写博士论文，该论文 1975 年出版，随后多次再版，备受关注。该论文完成于 1968年，最初发表于 1975 年，1985 年修正后再版，1989 年、1994 年再版。侯活士声称，最初出版该论文是一种冒险，因为当时学者对品格或者德性的讨论较少，而以道德生活为中心探讨基督新教伦理的方法更是罕见。但是，时过境迁，二十年

笔者认为，在这两股复兴的潮流中，阿奎那道德思想的复兴并不为奇，毕竟阿奎那的道德思想作为天主教神学伦理学之基石，深远地影响着天主教神学家对其思想之探究热情与旨趣。较之，德性伦理在新教界的异军突起则更令学者关注。纵观基督新教伦理学史，新教领域的多数教派对德性伦理之探讨寥寥无几。究其原因，新教多数教派主要强调恩典的重要性，在恩典的背景下，反对将基督徒通过自己信仰所塑造的德性生活与获得的恩典混淆起来。换言之，基督教信仰所塑造的德性生活与上帝的恩典密切关联，却又截然不同。因为基督教信仰所塑造的德性生活属于人之经验范畴，而上帝的恩典则属于超越范畴，二者不可等同。所谓恩典，是指上帝对人类的恩惠、恩赐或者恩宠，并不是人可以依靠任何的德性与行为等赚取的。简言之，恩典是上帝绝对纯然之赐予，与人的任何内在、外在努力无关。基于此理解，导致了新教领域对德性伦理之探讨不足。

然而，仅仅强调恩典，或者恩典下的行为，以及神圣的律令，而否认信徒培养自己内在的善，则可能导致只注重律令的规范性，而忽视信徒作为道德主体应有的内在品格，以及信徒在现实生活中的各种正当情感诉求和愿望，从而掩盖了信徒之为信徒的根本价值要求。不仅如此，基督信仰中所强调的神圣律令亦可能沦为冷漠的规则，而不能真正解决信徒在道德实践中存在的各样难题。这尤其体现在现代生物医疗科技日新月异的今天。众所周知，随着生物医疗技术的进步，人体试验、安乐死、克隆人与基因工程等与道德密切相关的问题亦随之产生。它们一方面造福人类；另一方面也挑战着传统的

之后，学者不再忽视德性伦理之探讨，甚至对此给予不同程度的关注，而该论文对于德性伦理之复兴也起到了推波助澜之作用。参见, Stanley Hauerwas, *Character and the Christian Life: A Study in Theological Ethics*, Notre Dame, Ind.: University of Notre Dame Press, 1994a, pp. xiii-xiv。再者，赫特指出，在该论文出版之前，1973年第一卷宗教伦理期刊（Journal of Religious Ethics）已经刊登了侯活士的文章〈自我作为故事：从行为者的角度来探讨宗教与道德〉（The Self As Story: Religion and Morality from the Agent's Perspective）（Stanley Hauerwas, "The Self As Story: Religion and Morality from the Agent's Perspective," *Journal of* Religious Ethics, 1973, pp. 73-85）。此时，侯活士已在新教德性伦理领域崭露头角（Jennifer A. Herdt, "Hauerwas Among the Virtues," *Journal of Religious Ethics,* 40/2, 2012, p. 203）。可以说，文章〈自我作为故事〉与书籍《品格与基督徒的生活》是侯活士德性伦理反省之标志（Jennifer A. Herdt, "Hauerwas Among the Virtues," p. 207）。除此之外，赫特同样强调，侯活士的作品对德性在基督教伦理中的复兴影响深远（Jennifer A. Herdt, "Hauerwas Among the Virtues," p. 202）。

人伦物我关系。作为信徒，可能同时作为病患者，或者医者，如果仅仅依从神圣律令去面对与处理当下的伦理问题，则可能陷入道德的困境。

试举例说明，信徒张先生因某次交通意外导致全身瘫痪，生活完全不能自理，他顿觉失去了生活的全部意义与尊严，且成为家人之负担、累赘。其家人一方面确实无经济能力长期负担其巨额医疗与生活费用；另一方面日复一日的面对一位长期病患者，家人也颇感心力交瘁，无能为力。由此，病人尝试寻求安乐死以求解脱。但是，基于《圣经》"不可杀人"之诫命，病患者与医者（作为信徒）都不能违背诫命而做出安乐死之决定（当然，关于安乐死的问题相当复杂，在此限于篇幅无法对此详细讨论）。因此，病人只能苟延残喘的活着，深感累己累人却无法解脱。由此可见，如果仅仅基于"不可杀人"之诫命来选择是否实行安乐死则可能陷入道德两难之境地--选择接受则违背了基督徒不可杀人之诫命；选择放弃则累己累人，而无法体现生命存在之价值。但是，在此伦理讨论上，如果我们转向以行为者（病患者、医者与其家人）为中心，关注一个有品格之人的抉择，关注其动机、意愿与情感诉求，则可能免除道德困境。比如，在是否决定安乐死之前，重要的是帮助病患者、医者与其家人认识到生命的宝贵与意义，更体认到在世之生活是效法耶稣，实践忍耐、爱、怜悯、勇气与盼望等德性生活之历程。与此同时，积极建立病患者热爱生命，超越苦难，践行有德性生命之信心；医者本着爱与怜悯之德性更努力地寻求医治方式，以减轻其病痛；家人则在现实生活中实践何谓无条件的爱，竭力照顾他的日常生活与体贴他的精神需求，以提高其生活质量。不仅如此，作为守望之教会，同时也是效法耶稣，实践德性生活之群体，更切实的在病患者之信仰与经济等方面给予诸多支持，同行恩典之路。由此在"德性"而非"诫命"之伦理导向下，或许可以转化是否选择安乐死之道德难题。

基于此，从理论到具体实践，笔者认识到对于德性伦理在今天新教领域的发展值得关注与探讨。因此，笔者尝试以西方侯活士的品格伦理为研究对象，以促进中国新教学界对德性伦理之讨论。然而，在研究过程中，笔者惊喜地发现，其实早在20世纪初期中国新教神学界已经兴起了对品格（人格）伦理之探讨，其表表者是赵紫宸。遗憾的是，该人格伦理后来并没有得到进一步的发展。然而，对比当今西方信徒群体面临的道德问题与道德境况，同样在中国信徒群体中无法回避。换言之，品格伦理对当下中西方的信徒群体同等重要，应该引起学界之关注。那么，中国新教神学界与教会或许有必要重新检视与重视赵紫宸之品格伦理，并在其品格伦理之基础上进一步建构适合当今中国需要之品格伦理理论。既如此，笔者设想如果将侯活士与赵紫宸的品格伦理并置讨论，一方面可能进一步加深中西方学界对品格伦理之认识，并引发其对品格伦理探讨之热情；另一方面则可能更加全面地展现二者伦理思想之独特性，从而促进与丰富中西方学界在该理论上之交流。

然而，将侯活士与赵紫宸的品格伦理相提并论，是否具有理论与实践上比较之可行性？该比较意义何在？笔者认为有必要回答该类问题，以厘清学者之疑问。

首先，二者分别代表了基督新教领域德性伦理学之复兴与兴起。

毫无疑问，侯活士代表了西方新教德性伦理之复兴。正如波特（Jean Porter）之评价，"20 世纪 70 年代初期，在西方新教和天主教神学家中有两股德性伦理复兴的潮流。一是来自新教和天主教神学家对阿奎那的道德思想之复兴；二是来自美国神学家侯活士以德性和品格为起点的基督新教道德生活反省"。[3] 波特的评价如实，侯活士自 20 世纪 60 年代以来，批判性地大量引用亚里士多德、阿奎那与麦金泰尔等人的思想去重构新教之品格伦理学，强调品格在伦理抉择中的重要性。不仅如此，侯活士的品格伦理还获得了不同学者之广泛关注与讨论。[4]

另一方面，20 世纪 20 年代在中国新教领域兴起了人格（品格）伦理学，而赵紫宸则是该领域之表表者。需要指出，德性伦理学（儒家）虽然在中国由来已久，它体现了中国人的传统社会核心价值观。但是，由于历史语境之转变它在 20 世纪初期出现了严重危机。恰好在此时，新教人格伦理学应运而生，它是儒家德性思想与基督新教之结合体。因为新教人格伦理之构建，是借用基督新教的术语与内容来弥补儒家伦理思想之不足，同时又主要借重中国的言词，以求本土化，从而有效地为中国道德问题提供可行之出路。具体而言，当基督教在中国传播、发展后，作为深受儒家传统文化影响，同时又接受新教信仰且具备良好神学训练的神学家赵紫宸，发现旧有的儒家传统中难以找到维持道德伦理之依据，而耶稣基督道成肉身，具体示范了人之应为人之道，使得作为一个道德主体的人更明白如何负起伦理行为之责。因此，

3　Jean Porter, "virtue Ethics," p. 98.
4　详见参考文献"有关研究侯活士的作品"。

基督教（一种伦理的宗教）能够为中国提供良好的道德基础，为中国新的社会秩序作出贡献。由此，新教人格伦理学兴起，且在其时代产生了深远影响。

需要指出，在此提出侯活士的品格伦理与赵紫宸的人格伦理分别代表了基督新教领域德性伦理之复兴与兴起。那么，德性伦理是否等同于品格伦理，或者人格伦理呢？为什么它们会出现概念上之差异？

笔者认为，德性伦理、品格伦理与人格伦理都描述的是"以行为者为中心的伦理学"，它们关注的是有德性或者有品格、人格之人的行为。换言之，它们都关注行为者整全的生命，而不是行为者部分的行为。因此，它们都归属于规范伦理中的德性伦理范畴，而德性伦理又通常把道德解释为对某种品格的培养。但是，在学界主要以德性伦理来统称三者。然而，侯活士在其著作中特别用"品格伦理"来表达和讨论"德性伦理"，也有其用意。因为，侯活士认为品格（character）比德性（virtue）的外延和内涵更广。并且，"品格"一词与心理学中的"品格"一词截然不同，后者通常意指与性情（temperament），或者自然特性（trait）相关的特征，尤指人的自然本性，比如"性格"，或者"个性"（personality）；在前者中，"品格"一词源自亚里士多德，主要指人的"道德品格"（moral character），意指人有能力决定成为与人的自然本性相反的人。但是，"道德品格"与"德性"（virtue）相关，德性是道德品格的特性（trait），道德品格则反映了人是否具备道德的德性，而德性又是一种气质性向（disposition），能够帮助人成为其所是的样子。比如，我们说"善人"，就是拥有善之德性，并能够行出善之德性的有品格之人。

不仅如此，侯活士的这种区分其实也处理了他讨论的新教品格伦理与阿奎纳的天主教德性伦理之区别。在阿奎纳的德性伦理中，他主要探讨的是信、望、爱三种主德。较之，在侯活士的品格伦理中，他却主要强调宽恕、爱、友谊、忍耐和盼望这五种德性（这五种德性具有统一性（unity））。其中，忍耐与盼望是主要德性。并且，侯活士强调信徒群体践行这五种德性则可以成为有圣洁、和平品格的群体。

就赵紫宸的人格伦理而言，"人格"就是"品格"，"人格伦理"就是"品格伦理"。赵紫宸之所以用"人格"一词，主要受其时代的余日章影响。而余日章的人格概念也并非原创，它源于西方宣教士穆特（John R. Mott, 1865-1955）。具体而言，1912 年余日章从哈佛大学毕业回到中国后加入"中国基督教青年会全国协会"任总干事，该协会是"北美青年协会"在中国的分支机构，总领袖是穆特。穆特对中国的宣教事业有极大贡献，他强调社会福音，指出福音不仅仅能拯救个人，也能拯救社会。因此，穆特拟定青年会的宗旨是"忠事耶稣，敦品立行，更本己立立人之旨，服务同胞，改良社会"。[5]所谓"敦品立行"，意指砥砺品格，塑造品格，同时注重身体力行。基于此，余日章将"品格"一词翻译为"人格"，并在青年会提出了"人格救国"之方案，随之在全国推广，引起许多基督徒知识分子之广泛认同与回应。

然而，穆特的"品格"（即，余日章的"人格"）概念其实由来已久，它与美国十九世纪的大复兴运动密切相关。就历史背景而言，穆特生活的时代在一个相当广阔的范围里，包括美国一般的讲章、许多宣教士和世界著名布道家的宣讲，都强调在传扬福音的时候，同时需要建立基督徒的高尚品格，穆特则深受该主流思想之影响。然而，这种对基督徒品格的着重源自十九世纪，可在美国大复兴的敬虔生活和自由派的神学中发现。[6]尤其当时，英国浸信会牧师福斯特（John Foster, 1770-1843）的论文《品格决定论》（On Decision of Character）对基督徒的影响极大，该论文不断再版，广受欢迎。在本论文中，福斯特强调人们应该成为有决定能力之人，这需要通过培养品格来实现。而品格的形成又离不开有理性的勇气和对事物的热情（passion）等德性。人们的灵性生活和道德生活就是不断重复和强化这些德性之过程。[7]

由此可见，德性伦理、品格伦理与人格伦理这三种不同说法在本质上并无差别，它们探讨的基本内容也一致。并且，品格伦理与人格伦理所采用的基本概念也是具有美德特征的概念。换言之，三者之间并无显著差异，仅有细微之别。这也是能将它们作比较研究之基础。

其次，二者品格（人格）伦理学具有相似性与差异性。

侯活士与赵紫宸的伦理学方向一致--都是德性论之进路，且都关注信徒如何效法耶稣基督，从而成为有品格（人格）之人。这是二者重要的相似点。

5　袁访赉，《余日章传》（香港：文艺，1970），第21-22，31-34页。

6　比如，布什内尔（Horace Bushnell）（1802-1876）的书籍《耶稣的品格》（*The Character of Jesus*），New York，1890；麦卡恩（John MacCann）（1846- ）的书籍《品格的塑造》（*The Making of Character*），New York，1908.（参见，Winfried Glüer, *Christliche Theologie in China: T. C. Chao 1918-1956*, Gutersloh: Gutersloher Verlagshaus Mohn, 1979, p. 242）。古爱华，《赵紫宸的神学思想》，（香港：基督教文艺出版社，1998），第174页。

7　John Foster, *Decision of Character and Other Essays*, Ward, Lock, and Co., 2011, pp. 53-100.

尽管如此，他们的品格（人格）伦理学又来源于不同的文化背景，具有相异的内在概念。简言之，二者伦理学具有差异性。但是，这并不意味着它们不可通约。因为他们的伦理思考都关涉到"如何成为一个有品格（人格）之信徒"。而且，在本质上他们也没有按照人种、地域与文化来研究伦理学。换言之，其伦理学在本质上一致。不仅如此，"尽管二者各自的伦理学体系有其自身的语言和概念体系、各自的文化和社会背景。但在文化中原本具备的并不必然是具有文化局限性的；相反，他们的文化背景塑造了各自在处理人性共同问题时的差异性视角，并使对二者重要性的比较成为可能"。[8] 再者，二者的伦理学都在实践中尝试处理和平与战争之道德议题。并且，在不同的年代与背景下，他们间接地从各自的立场出发相互询问了道德实践之目的、原则和意义，进行了跨文化的对话。这种对话一方面展现了各自伦理思想的独特性，亦指出了各自实践主张在不同文化语境下实现，或者借鉴之可能。

　　进一步，就二者的伦理学发展而言，侯活士之品格伦理学在当代复兴，引起了广泛讨论。较之，赵紫宸之人格伦理学在其时代兴起，却未得到进一步发展，当然这有其时代之局限性。但是，反观今日中国的道德状况--道德让位于认知，实践活动沦为实现外在利益之工具。如此这般，人则成为被物异化之人，成为只追求私利而缺乏美德之人。因此，如果要改变令人忧心之道德现状，尝试寻求人的全面发展，则必须重视个体群体美德之培育。换言之，品格伦理不仅对西方有意义，对中国同样不可或缺。那么，尝试复兴赵紫宸之人格伦理学，对今天中国的道德建设无疑有积极作用。如果有此积极意义，赵紫宸之人格伦理学又能否从侯活士的品格伦理学，确切地说是从它们二者之相似性与差异性中获得裨益呢？且由此促进新教德性伦理学在中国之发展？这是笔者研究之初衷。

二、研究方法与目的

　　基于以上思考，笔者认为通过比较之进路探讨二者之新教品格伦理学有可行性。并且，就比较宗教伦理学这门学科本身而言，其发展已经比较成熟，且应用广泛。这尤其体现在实践上，它包含多重目的，比如丰富文化道德的自我认知，欣赏其他的传统，加强跨文化的沟通，处理共同的社会问题，以及

8　余纪元，《德性之镜：孔子与亚里士多德的伦理学》（北京：中国人民大学出版社，2009），第13页。

系统地在理论上建构宗教和伦理学。目前，常见的两种比较形态是：隐含和间接之比较（implicit and thin）；直接和全面之比较（explicit and robust）。前者关注分析类型--是否起源于西方，或者来源于先前的历史和比较研究，它通常是描述、诠释和分析一种传统，一个思想家，或者一种体裁。并且，该分析可以批判性地修正原初的分析类型。后者则详细比较两种不同的传统、两个思想家、两种文本，或者两种体裁，从而得出比较对象的重要相似点与不同之处。[9]

需要指出，针对这两种比较形态，该领域的专家特威斯（Sumner B. Twiss）还具体划分了四种比较宗教伦理学的方法，分别是：1、形式--概念（formalist-conceptual）的方法（用道德理论来分类）；2、历史--语言学（historical-philological）的方法（主要关注规范术语）；3、现象--人种志（phenomenological-ethnographic）的方法（对生活现实的调查研究）；4、诠释--对话（hermeneutical-dialogical）的方法（对道德见解、理性和实践的相互询问）。特威斯特别指出，在宗教比较的课题中这些方法可以选择性的单独使用，也可以结合使用，这主要取决于使用者选择之目的和材料，而该方法的多元性和互补性是目前该领域的主旨。[10]

就本论文而言，笔者将采纳形式--概念之比较方法与诠释--对话之比较方法来探讨二者的品格伦理。

其一、形式--概念之比较方法指，采用道德理论去阐释、分析和评估宗教伦理传统对实际道德议题的论证，或者采用道德理论去阐释、分析和评估哲学上和神学上对重要伦理规条或者德性的论证。不仅如此，这些道德理论对于反省道德实践议题至关重要；[11]

其二、诠释--对话之比较方法具体指，通过仔细阅读比较对象之文本，从而得出比较对象的重要相似点与不同之处，即，"移情式"（empathetic）地理解和欣赏彼此的异同，深入地反省（self-criticalness）文化的偏见，自觉地思考重要的信仰以及相关议题。不仅如此，还要求对比较对象之道德见解、理性与实践展开相互询问（mutual interrogation），旨在从其各自的立场出发相互询问道德实践之目的、原则和意义，从而进行跨文化的沟通对话。该方法的优点在于：

---

9 Sumner B. Twiss, "Comparison in Religious Ethics," In Schweiker, 2005, p. 151.

10 Sumner B. Twiss, "Comparison in Religious Ethics," p. 151.

11 Sumner B. Twiss, "Four Paradigms in Teaching Comparative Religious Ethics," In Sumner B. Twiss and Bruce Grelle eds., 1998, p. 13.

首先，针对人们关注的道德实践议题，该方法提供了更为切实的思考起点与对话原则。目前，诠释--对话的方法被学者广泛应用在宗教伦理学上，致力于同一宗教，以及不同宗教的道德实践议题之对话。这些议题包括当今世界滥用人权，毁坏环境，不间断的宗教、种族和伦理冲突与暴力等。因此，不同的宗教群体都尝试回答，如何在宗教和文化多元的世界思考和回应这些道德议题。这些不同宗教群体的参与者亦希望通过彼此的良好意愿，为建立更正义与和平的世界负上己任。并以此为对话起点来确定彼此认同的道德自知和实践政策，以及从不同宗教和文化传统获得新的见解。[12]当然，要尝试处理以上提及的不同宗教的道德实践议题。学者首先要批判性地阅读和讨论不同宗教，如佛教、道教、伊斯兰教等的文本和类似于文本的相关材料，以此了解这些宗教的重要前设，并以此反省这些前设对学者自身设定的前设、价值和生活方式的意义。不仅如此，学者与不同宗教个体与群体在文本上之相遇，更有利于他们／她们思考不同宗教的世界观以便建构切实可行的"共同道德世界"，从而创造性地描绘人类在自然世界正确生活的模式，以及设想个人和群体如何恰当地按照这种方式生活，乃至恰当地分析这些道德议题的意识形态与伦理之冲突。[13]

其次，基于文本的诠释、对话，超越了时间和空间的限制，使得学者对古今中外道德议题的研究成为可能。并且，该方法本身就是一种动态的状况，它要求被研究对象之间展开互动，以便全面展现各自的社会情况和道德传统。如果再结合学者自身社会文化语境和道德传统的反思，能够有助于我们回答这样一个伦理问题：我们彼此应该怎样生活？从而为当下的道德议题提供现实可行之参考答案。因此，就理论而言，诠释--对话的方法首先预设了比较宗教伦理学是一门道德实践之科目，由此，它要求阐释学者自身的道德传统与对话者的道德传统之共同道德世界。不仅如此，这种道德实践还要求辩证诠释（即，从他者的世界到学者自身的世界），辩证接收（即，进入他者的道德世界），以及通过学者自身世界和对话者世界的不断对话来回答道德生活的方式和目标。[14]

12 Sumner B.Twiss, "Four Paradigms in Teaching Comparative Religious Ethics," p. 17.
13 Sumner B.Twiss, "Four Paradigms in Teaching Comparative Religious Ethics," pp. 22-25.
14 Sumner B. Twiss, "Four Paradigms in Teaching Comparative Religious Ethics," p. 17.

再者，该方法要求学者在研究过程中客观理性的分析和诠释文本，并探讨文本本身所呈现的道德原则和议题，从而脱离与文本不相符合的一切偏见，避免文化扭曲。因此，该方法设定无论个人还是群体都是由历史、社会和文化语境所塑造的，这在某种程度上形成了受不同语境制约（context-bound）的理性模式。但是，尽管存在历史、社会和文化的多样性，个人与群体仍然具有共通性。换言之，具备相似的现实道德问题、观点和经验，这一切足以奠定对话基础与打破彼此的文化藩篱。从而"移情式"地理解、想象其他传统的语境和观点，进一步站在他者的立场去对话，以此减少实践分歧，以及扭曲他者文化。[15]不仅如此，让学者"移情式"地理解和欣赏不同的宗教伦理传统，并在此基础上思考实存的道德议题，或者实践的道德意义，以帮助学者在作出新的道德自知（self-understanding），或者可能接受的实践策略时，能够规范地把握传统的影响，并从中获得重要见解。[16]甚至，能够帮助学者在道德技能和德性中找到平衡点。[17]

鉴于此，笔者将严格依循形式--概念之比较方法与诠释--对话的方法论展开比较。具体而言，笔者首先将从品格（人格）之概念出发，依据相关道德理论去阐释、分析和评估哲学上和神学上对该类概念，以及德性的论证。在此基础上，笔者还将仔细阅读二者的相关文本，以此了解他们重要的神学伦理学语境、前设与内容；其次，将比较二者概念与内容上之重要的相似点与不同之处；再者，找出二者在实践中尝试处理的道德议题（战争与和平之议题），并从他们各自的立场出发相互询问（mutual interrogation）道德实践之目的、原则和意义，从而进行跨文化的沟通对话。 盼望二者之对话能够全面客观地展现他们各自伦理思想的差异性、独特性与互补性，并指出他们各自伦理理论、实践在不同文化语境下实现，或者彼此借鉴的可能性。最后，笔者将采用相关道德理论去分析和评估二者宗教伦理传统对此道德议题的论证和讨论。

---

15 Sumner B. Twiss, "Four Paradigms in Teaching Comparative Religious Ethics," p. 18.
16 Sumner B. Twiss, "Four Paradigms in Teaching Comparative Religious Ethics," p. 17.
17 Sumner B. Twiss, "Four Paradigms in Teaching Comparative Religious Ethics," p. 22.

第一部分　侯活士的品格伦理

　　侯活士（Stanley Hauerwas, 1940- ），一位被美国《时代》（Time）杂志评论为"美国最好的神学家"，[1]同时又被称誉为"北美最重要的神学伦理学家"，其在学术界的声誉斐然。[2]正如伯克曼（John Berkman）所述，"在新的千禧年之交，侯活士必定是得到最广泛阅读和引用的神学伦理学家之一。无论人们如何强烈地支持或者反对他的观点与方法，都无法忽视他"。[3]

1　Richard Stengel, *Time,* September 9, 2001, p. 76.
2　2000 年 4 月，美国的《今日基督教》（*Christianity Today*）杂志把侯活士的著作《品格的群体：基督教社会伦理的构建》（*A Community of Character: Toward a Constructive Christian Social Ethics*）列为 20 世纪宗教领域 100 本最重要的书籍之一（Christianity Today, 2000, pp. 92-93）；　2001 年，侯活士在圣安德烈大学（St. Andrews University）著名的吉福德讲座（Gifford Lectures）担任讲员，成为近四十年来美国首位享此殊荣的神学家。需要指出，侯活士是依然在世的神学伦理学家，其著述颇丰，且笔耕不辍。鉴于此，本书使用的文献截止于 2012 年 12 月 30 日。此外，尽管侯活士的写作仍在继续。但是，他解释其基本观点和立场并不会有所改变，他目前的写作是回应和澄清某些观点，尤其近期的文章主要反映了他对某些问题的进一步补充说明。并且，他反对学者将其作品分为前期和后期。比如，赫特（Jennifer A. Hert）将侯活士的作品分为前期与后期，而转折点始于"圣礼"（liturgical turn）（Jennifer A. Herdt, "Hauerwas Among the Virtues," p. 215）。然而，侯活士强调，其作品前后一致，尽管他在不断写作和回应的过程中可能对曾经忽略的概念有所补充，但这并不意味是一种转向。就此问题，笔者于 2012 年 9 月至 12 月在杜克大学（Duke University）做访问学生期间特别请教了侯活士教授。
3　John Berkman, *The Hauerwas Reader*, John Berkman and Michael Cartwright eds., Durham and London, Duke University Press, 2001, p. 3.

侯活士的学术建树在于，倡导基督新教德性伦理，并使品格（character）逐渐成为新教伦理的重要概念之一。波特（Jean Porter）在其文章"德性伦理"（Virtue Ethics）中评价道，"20世纪70年代初期，在新教和天主教神学家中有两股德性伦理复兴的潮流。一是来自新教和天主教神学家对阿奎那的道德思想之复兴；二是来自美国神学家侯活士以德性和品格为起点的基督新教道德生活反省"。[4]波特的评价如实，侯活士60年代尚在耶鲁神学院攻读博士之时，就以《品格与基督徒的生活：神学伦理学之研究》（*Character and the Christian Life: A Study in Theological Ethics*）为主题撰写博士论文，该论文1975年出版，随后多次再版，备受关注。侯活士的品格伦理主要批判以"行动为中心"（action-centered）的伦理学，而强调伦理应以"行为者为中心"（agent-centered ethics），主张品格、叙事和视景（vision）在伦理中扮演着重要角色。大多数学者都肯定侯活士的洞察力以及思想的深度。但是，也有学者质疑他的观点与方法论。然而，这种褒贬不一的评价却始终没有影响学术界对其品格伦理思想之关注。并且，由于侯活士的影响而引发的新教德性伦理之复兴仍在继续。

究其品格伦理而言，侯活士主要质疑当代伦理的理性主义。侯活士指出，当代道德论证受启蒙运动影响，逐渐抛弃了亚里士多德与阿奎那的美德伦理传统，却在伦理中倡议道德理论的客观性，认为道德判断的客观性必须建基于理性之上。理性遂被设定为人的美善本质，而人的品格和德性（virtue）则被视为相对性和偶发性的，不能作为伦理选择的基础，遂被边缘化。[5]然而，仅仅倚重理性所带来的道德困局却又成为现代社会问题的症结。因此，要解决该问题就必须重新发扬美德伦理传统。基于此，侯活士批判性地借鉴亚里士多德、阿奎那和麦金泰尔等学者的德性论去重构基督新教品格伦理，以及重新强调品格在伦理抉择中的重要性。

不仅如此，侯活士的品格伦理还展现了他对北美基督新教伦理之批判与建构。具体而言，侯活士批判北美新教伦理传统，即，以饶申布什（Walter Rauschenbusch, 1861-1918）的社会福音与尼布尔（Reinhold Niebuhr, 1892-1971）之负责任的现实主义为代表的伦理。侯活士认为，他们二者均致力用人类的努

4　Jennifer A. Herdt, "Hauerwas Among the Virtues," p. 202.

5　Stanley Hauerwas, *The Peaceable Kingdom: A Primer in Christian Ethics*, Notre Dame, Ind.: University of Notre Dame Press, 1983a, pp. 10-13；曹伟彤，《叙事与伦理：后自由叙事神学赏析》（香港：浸信会神学院，2005），第104页。

力来拯救这个世界，过于乐观于人的信心与理性，或者可称他们为实践上的"无神论者"。并且，二者的神学伦理学基于人的信心和理性，否定教会的真正本质和圣经故事的本意。侯活士强调，教会是在圣灵引领下生命转化之群体，教会的任务不是简单地参与社会，以及改变社会，而是见证上帝和平国度之可能。[6]而且，这和平国度已经在圣经故事中清楚展现。进一步，侯活士解释，基于前两者的神学伦理学前设，他们都可能主张暴力，或者使暴力合法化。尤其对于尼布尔而言，他强调新教伦理的任务是，在这个世界更大程度地实现上帝国度的理想，以及追求社会公义，而不是体现基督的和平品格。并且，追求该任务的结果可能引发暴力的手段，尽管尼布尔承认这手段有时候可能是悲剧性的，却更强调它是必要的。然而，侯活士批判这种新教伦理的阐释，主张教会是被呼召见证耶稣和平品格与和平国度的群体，它们已经在耶稣基督的生活、受死与复活中实现。[7]耶稣的生活已经完全呈现在教会而不是这个世界。因此，基督徒需要作耶稣的门徒效法耶稣，忠实见证上帝和平的国度。[8]换言之，群体的信心建基于上帝而非自己对这个世界的控制。

　　基于此，侯活士倡导教会群体不是要转变这个社会，而是效法耶稣的和平品格。侯活士的教会论建立于基督论与末世论，因他声称基督教盼望的缘由来自上帝的恩典与耶稣基督的复活。尽管侯活士的这种声称与主张有其依据，但是，在新教领域却遭遇了不同的批判与批评。总结而言，究竟侯活士的主张是否正确，是否具有现实意义，他为何要从品格伦理的角度去重新思考和建构基督教新教伦理？此外，侯活士的品格伦理建基于异教徒亚里士多德与天主教徒阿奎那的美德伦理传统。然而，作为新教伦理学家，其伦理何以能够展现基督新教的信念，并获得新教学者之认同？最后，为什么侯活士的品格伦理既独树一帜又至关重要，笔者认为必须对近现代北美新教伦理学建立、发展、演变之脉络展开分析与厘清，方能回答这些不可或缺的问题。

6　Stanley Hauerwas, *A Better Hope: Resource for A Church Confronting Capitalism, Democracy, and Postmodernity*, Grand Rapids, Michigan: Brazos Press, 2000, pp. 71-115.

7　Stanley Hauerwas, *The Peaceable Kingdom: A Primer in Christian Ethics*, pp. 15-16.

8　Stanley Hauerwas, *The Peaceable Kingdom: A Primer in Christian Ethics*, p. 102.

第一章　美德伦理传统之失落：
简要回顾北美新教伦理思想

　　就西方近代三百多年以来的伦理学研究而言，其主要关注的是"普遍理性主义的"规范伦理学进路。而对比过去几千年的历史，在人类道德生活中扮演着重要角色的美德伦理传统却日趋边缘化，似乎它的主张与现代人的道德生活方式格格不入。溯本求源，这种伦理的转向始于何时，所带来的新的道德危机又体现在何处，它对基督新教伦理的发展产生的影响是什么，这需要追溯到启蒙工程（the Enlightenment project）对当代道德理论产生的深远影响去探讨。

1.1 启蒙工程：康德的伦理学

　　启蒙工程的影响深远，比如，支配西方文化的现代精神就在启蒙工程中孕育形成，而代表西方价值的当代道德也是启蒙工程的产物，即使基督教神学与伦理学也不能独善其身。这体现在：在研究领域，基督教伦理学的研究从特定机构（如神学院）转向人文、科学领域的宗教研究；在方法论上，神学和规范性（normative）的方法转变为描述、分析和比较的方法；再者，世俗学者对宗教的研究倾向价值中立，不再受教义或者宗教信仰的影响。[1]

1　James M. Gustafson, "A Retrospective Interpretation of American Religious Ethics", In James M. Gustafson ed., 2007, p. 219.

顾名思义，"启蒙"指"欧洲历史从三十年战争结束（1648 年）到法国大革命（1789 年）这段时期"。[2]所谓启蒙，"意指反叛权威，以及个人理性和良知作为真理与行为的重要仲裁者之兴起。启蒙的特征是，自主理性（autonomous reason）精神广泛迅速的传播"。[3]作为启蒙运动的典型代表康德（Immanuel Kant, 1724-1804），也是真正讨论启蒙精神要义的重要人物，在其文章"什么是启蒙？"中定义："所谓启蒙，就是人摆脱自己的牢笼。这个牢笼意指人缺乏指导就不能运用自己的理解力。要有勇气运用你自己的理性！"。[4]因此，康德设定理性为伦理学之道德基础，以此确保不同信仰和社会背景的人可获得最低限度的共识。人作为理性存在者有能力按照自己制定的法则（law）去生活。这法则是理性固有的特征，被称之为绝对命令（the categorical imperative），要求人们履行自己的义务。绝对命令公式是"只能根据道德准则（maxim）行事，同时你能够让这准则成为普遍的规则"。[5]这原则经过学者们重新诠释和叙述，被广泛用作"普遍原则"（principle of generalization），或者在现实中称之为"道德观点"（the moral point of view）。

康德强调理性的本质就是规定普遍的、绝对的和内在一致的原则。因此，一些理性的道德所规定的原则，能够和应该独立于各种环境和条件而被人们采纳。并且，这些理性的行为者能够在任何场合持续地遵守这些原则。换言之，实践理性不采纳外在于其自身的标准，也不诉诸经验的内容。[6]由此，康德反对使用上帝启示之论证来谈论道德的基础和前设。他为伦理学设定的任务是，把基督教从形而上和历史的前设下拯救出来。因为，人作为个体道德的行为者，他／她把自己构想为个人道德的权威统治者，则不再受外在神圣

---

2 James C. Livingston, *Modern Christian Thought: From the Enlightenment to Vatican II*, New York: Macmillan; London: Collier Macmillan, 1971, p. 1.

3 James C. Livingston, *Modern Christian Thought: From the Enlightenment to Vatican II*, p.3.自主（autonomy）是指自我管理（self-governed），意味着人从自己的牢笼下解放出来，从理性和意志没有外在的帮助就无能的状况下解放出来。启蒙时期的理性是一种特别的理性，意指对经验事实的检验（James C. Livingston, *Modern Christian Thought: From the Enlightenment to Vatican II*, pp. 3-4）。

4 Immanuel Kant, *Foundations of the Metaphysics of Morals; and What Is Enlightenment?*, Trans. By Lewis White Beck, New York: Macmillan: London: Collier Macmillan, 1985, p. 85.

5 Immanuel Kant, *Foundations of the Metaphysics of Morals; and What Is Enlightenment?*, p. 39.

6 Alasdair MacIntyre, *After Virtue: A Study in Moral Theory*, Notre Dame, Ind.: University of Notre Dame Press, 2007, p. 45.

律法、自然目的论或者等级制度权威的约束。[7]换言之，任何关于上帝启示、神圣律法和自然目的论之类的论述都不能推断出关于道德律法的命令。因此，古典道德有神论形式的道德架构被康德绝对的理性瓦解了。道德成为宗教的"本质"，宗教的信念却成为次要。康德的思想影响了很多学者，尤其是康德的作品《单纯理性限度内的宗教》（*Religion within the Limits of Reason Alone*）对后来的新教神学家影响深远。

1.2 新教自由神学家：特洛尔奇的神学伦理学

　　启蒙工程产生的其他影响是，基督新教伦理学从强调客观真理转向强调主体认知。其结果是，伦理学的重点转变为反映当代西方个人的自我认知而非基督新教传统的实践。同样的，康德的思想几乎成为新教自由神学的影子。[8]德国新教自由神学家特洛尔奇（Ernst Troeltsch, 1834–1919）就是典型代表。特洛尔奇认为，信仰是一种观念，也是一种心性，它生而具有对上帝的认识并促使人们行动。他把新教伦理视为心性伦理。他解释，对新教而言，宗教观念导致了宗教实践。所有宗教和伦理行为的激发与维持均取决于观念，而不是取决于某些难以理解的圣礼。宗教和伦理行为之所以能为人们所理解，是因为它们在逻辑上和心理学上起源于宗教观念的含义本身。[9]

　　特洛尔奇解释康德伦理学赋予了新教一种古典和富有说服力的形式，即，心性伦理构成了现代世界中所有唯心主义观念和宗教的本质。尽管心性伦理在这种形态中不断冒着失去宗教根基的危险。但是，上帝在善良意志中的临在，以及心性通过宗教献身所达到的净化和复兴，仍然一再得到肯定。进一步，心性伦理成为现代宗教观念所采取的生活原则之展开，表现了"善的原则"与"恶的原则"的持久冲突。[10]尽管该冲突是持久的。但是，特洛尔奇从新教历史的发展说明新教、新教教会仍然能够处理社会问题。[11]因此，他设定

7　Alasdair MacIntyre, *After Virtue: A Study in Moral Theory*, p. 62; p. 68.

8　Stanley Hauerwas and Samuel Wells, "Why Christian Ethics Was Invented," In Stanley Hauerwas and Samuel Wells eds., 2004, p. 32.

9　特洛尔奇著　朱雁冰等译，《基督教理论与现代》（香港：汉语基督教文化研究所，1998），第 260 页。

10　特洛尔奇著　朱雁冰等译，《基督教理论与现代》，第 264 页。

11　Ernst Troeltsch, *The Social Teaching of the Christian Churches,* Volume1, Louisville Ky.: Westminster/John Knox Press, 1992, pp. 128-171.

当今新教伦理学的任务是维持现代自由社会的秩序，强调新教教会的责任是使社会生活秩序化。[12]

特洛尔奇的思想对美国新教自由神学家产生了深远的影响，这在社会福音运动中得到了充分体现。

1.3 社会福音运动：饶申布士的神学伦理学

19 世纪末，20 世纪初，社会福音运动在美国兴起，期望"救赎"能够解决美国社会问题。当时，一批新教牧师从希伯来圣经的先知传统出发，反对当时美国的政治和经济结构，认为它们是导致贫穷的根源。这些牧师认为自己重新发现了原来的真理--基督宗教的基本特征：坚持宗教与道德，神学与伦理学的有机统一。[13]

作为社会福音的倡导者饶申布士（Walter Rauschenbusch, 1861-1918），受德国新教自由神学家特洛尔奇与利奇尔（Albrecht Ritschl）等的影响，对形而上学和教义不感兴趣，却强调历史上耶稣的重要地位。他指出，耶稣是神圣群体的开创者，该神圣群体意指天国。因此，饶申布士从社会和伦理的角度看待救赎，认为耶稣的教导要点是天国的信息，天国从来不是个人纯粹内在的、精神的领域。[14]他解释，

> 耶稣所言所行，以及希望做的一切，目的是为了人类全部生活的社会救赎……基督教创立了伟大的社会理想。基督宗教的真正内容是，希望看见神圣社会秩序在地上建立。[15]

由此，饶申布士提出"社会秩序基督教化"（Christianize the social order）的构想，主张用耶稣的教导和生活作为组织社会的原则。这成为当时新教伦理学的内容。[16]需要指出，从该时期起，神学与伦理学分野，新教伦理学逐渐兴起，主要强调天国的信息，以及个人的道德行为。因此，古斯塔夫森（James

---

12 Troeltsch, *The Social Teaching of the Christian Churches*, p. 23.

13 Stanley Hauerwas, "On Keeping Theological Ethics Theological," In John Berkman and Michael Cartwright eds., 2001, p. 56.

14 James C. Livingston, *Modern Christian Thought: From the Enlightenment to Vatican II*, p. 263.

15 James C. Livingston, *Modern Christian Thought: From the Enlightenment to Vatican II*, p. 263.

16 James M. Gustafson, "Christian Ethics By James M. Gustafson," In Paul Ramsy ed., 1965, p. 288.

Gustafson）总结，19 世纪的新教道德学科一方面关注个人行为，另一方面却重点关注主要的社会问题，[17]这主要与社会福音密切相关。沃尔皮豪斯基（William Werpehowski）同样指出，这时期的伦理学主张"上帝之国"的教义，认为社会福音能够带来社会和谐，以及消除个人性的和结构性的不公义。并且，坚持爱的原则，强调用教育的力量来引导人们走向正义之途。更为重要的是相信上帝是在历史中实现他的神圣目的。因此，基督徒可以寄希望于真实的和持续的社会进步。[18]

基于此，19 世纪"基督新教伦理学"的特征是，强调如何用教会的力量更新社会，倡导社会福音"发展教会的异象，以及用上帝的意志塑造人类的目的"。[19]此时期，基督新教伦理学的方法、研究者和研究内容也相应地发生改变，神学的方法转向社会科学的分析方法，研究基督新教伦理学的学者转变为研究宗教的社会学专家。[20]并且，对正义战争传统、国际政治、核武器等问题的研究也逐渐纳入基督新教伦理学的研究范畴。[21]

总结而言，在美国，"基督新教伦理学"似乎是福音运动的产物，它也开始逐步转变成为一门学科，并要求确定其任务。于是，理查·尼布尔（H. Richard Niebuhr, 1894-1962）作为该现象的代表应运而生。确切地说，无论是莱因霍尔德·尼布尔（Reinhold Niebuhr, 1892-1971），还是其弟弟理查·尼布尔都没有简单地拒绝社会福音的视野，尽管他们对社会福音存在不同程度的批判。[22]但是，总体上他们都尝试坚持社会福音对社会公义问题的关注。并且，"耶稣的伦理"和上帝在历史中动态行动的观念始终在他们各自的伦理思想中占据着重要地位。简言之，他们将基督教转变为维持社会秩序的真理。[23]

---

17 James M. Gustafson, "Christian Ethics By James M. Gustafson," p. 288.

18 William Werpehowski, "Theological Ethics," In David Ford ed., 1997, p. 312.

19 Walter Rauschenbusch, *A Theology for the Social Gospel,* Nashville, TN: Abingdon Press, 1945, p. 140.

20 Stanley Hauerwas, "On Keeping Theological Ethics Theological," p. 57.

21 James M. Gustafson, "A Retrospective Interpretation of American Religious Ethics", p. 224.

22 比如，莱因霍尔德·尼布尔认为社会福音中"上帝之国"的观念缺乏对罪的认知，以及上帝对人的邪恶之审判；理查·尼布尔则指出"上帝之国"作为一种理想，缺乏耶稣终末论的视野。

23 William Werpehowski, "Theological Ethics," p. 312.

1.4 莱因霍尔德·尼布尔的神学伦理学

以上提及莱因霍尔德·尼布尔对社会福音的认同。但是，尼布尔的神学伦理学也反映出他对社会福音的批判。首先，尼布尔认为社会福音强调以爱的伦理来建构上帝之国的可能性是一种过分乐观的看法；再者，尼布尔解释社会福音虽然批判了个人主义，以及揭露了社会之罪恶，却对成就社会正义之方法有误解。[24]此外，尼布尔怀疑《圣经》福音故事转化社会之能力。他认为，基于人的本性他们／她们根本承担不起道德的责任。

因此，尼布尔从人的本质及其困境入手来分析他对社会福音之批判，以及提出他的现实主义主张。具体而言，尼布尔指出人类既是有限的，又是自由的存在。确切地说，作为有限的存在，指人类依赖于自然、他者与上帝；而作为自由的存在，则体现于人类能够超越自然与人际的环境。[25]但是，这种有限与自由的重合却让人产生焦虑，缺乏安全感。因此，尼布尔设定人类的生存法则是对上帝和邻人的无私之爱，因为只有在这种爱中，人类才可能克服焦虑实现自我超越。但是，这种爱源于耶稣，只有耶稣基督的爱才是完全无私的爱，当人类不再担忧自己的安全，愿意在信仰中顺服时才能回应基督的爱。

尽管爱是绝对的伦理标准，且具有重要意义。但是，尼布尔基于其人性论，认为人类永远也无法达到"基督之爱"所要求的境界。并且，基督的爱主要体现在耶稣的自我牺牲和承受的苦难之中，而拒绝参与历史要求的模式。因此，基督的爱是"不可能之可能性"（impossible possible），从而无法在历史中得到证明。它的历史结果则是一种自我牺牲的生活之悲剧性终结，毕竟历史是由竞争和自利所要求的模式构成的。由此，尽管这种无私的爱可以为了某种可容忍的社会生活而达致调和，它却最终要审判这一切。再者，上帝之国在较大程度上远离所有的政治纲领，因为这些政治纲领都涉及到暴力和抵抗的因素，而这些因素又与纯粹互爱之国度相悖。[26]

---

24 王崇尧，《雷因霍·尼布尔：美国当代宗教哲学家》（台北：永望文化事业有限公司，1993），第 25 页。

25 Reinhold Niebuhr, *The Nature and Destiny of Man*, Volume I. New York: C. Scribner's, 1946a, p. 150.

26 William Werpehowski, "Theological Ethics," p. 314.

因此，社会福音所谓的上帝之国难以实现在人间。当然，这并不否认上帝之国与罪的世界是有关联性的。基于此，尼布尔认为，政治是一种由基督教故事神秘性预示的艺术，它能够帮助人们实践"上帝之国"之最大可能，尽管它本身就是一种理想不可能在地上实现，却不可否认它可以较好地为社会服务。[27]

另一方面，基于对人性本质的认识，尼布尔认为人追求自我利益，且由此而可能影响到他者。这种情况下，爱的规范可能无能为力。那么，为达致社会的和谐就必须诉诸于正义，以制衡利益可能导致的冲突。但是，正义并不排斥爱，正义与爱是一种辩证关系，即，爱既完成又否定历史中正义所成就的一切。或者从反面而言，历史中正义的成就可以达致更完全的爱与兄弟情谊之可能。但是，正义所成就的每个新阶段也包含着与完全的爱相矛盾之因素。[28]

总结而言，人类的爱不可能达到历史的完美，现实社会总是充满着冲突。因此，新教社会伦理之任务就是去达致更多的正义。基于此，尼布尔的伦理思想蕴含着一种先知的基础，即，对现存社会制度的不断批判。他强调人类在历史中需要承担道德的责任，而批评人们维持道德纯洁性的徒劳无益。这主要体现在他反完美主义的立场，他挑战基督教的和平主义，认为这是对罪的忽视，是不切实际的理想主义。[29]

1.5 理查·尼布尔的神学伦理学

在 1.3 中提及，在美国"基督新教伦理学"似乎是福音运动的产物，它也开始逐步转变成为一门学科，并要求确定其任务。于是，理查德·尼布尔（H. Richard Niebuhr, 1894-1962）作为该现象的代表应运而生。理查德·尼布尔是二十世纪美国基督新教神学伦理学界最重要的人物之一，他对美国基督新教伦理学的发展影响极大，他在耶鲁神学院任教三十一年，提出了一套伦理学方案，以及设定了基督新教伦理学的内容。他的《基督与文化》（*Christ and*

---

27 John B. Thomson, *Living Holiness: Stanley Hauerwas and the Church*, London: Epworth Press, 2010, p. 12.

28 Reinhold Niebuhr, *The Nature and Destiny of Man*, Volume II. New York: C. Scribner's, 1946b, p. 246.

29 William Werpehowski, "Theological Ethics," p. 315.

Culture）亦成为基督新教伦理学的经典。[30]古斯塔夫森称，尼布尔的这本书呈现了特定宗教传统的规范性伦理学；[31]马蒂评价，该书正式展现了基督新教伦理学的发展，成为后来伦理学者必须参考的重要书籍。[32]

其实，这本书同样体现了新教自由神学家特洛尔奇对尼布尔神学伦理学的影响。因为尼布尔从特洛尔奇的神学中获得了某种对待神学的历史和社会取向（orientation），[33]他的《基督与文化》不仅吸收了特洛尔奇的思想，而且更加丰富了前者的教会、宗派和神秘主义类型说。[34]尤为突出的是，尼布尔展示了基督新教伦理学的五种类型：基督反文化（Christ against culture）；基督属文化（Christ of culture）；基督超越文化（Christ above culture）；基督与文化的吊诡性（Christ and culture in paradox）；基督改变文化（Christ the transformer of culture）。[35]

具体而言，尼布尔的神学伦理学主要建基于对上帝之实在（reality）的信仰。他解释，上帝既审判和摧毁人类的偶像事业，又在人类认罪和忠信于他的时候施恩于他们／她们，人类在上帝面前的存在永远是对那"在一切实在之后与实在之中的先在的实在"（the reality behind and in all realities）之回应。[36]因此，尼布尔批判教会与世界中的偶像信念。他更用彻底的一神论（radical monotheism）来区分多神论（polytheism）、单一主神论（henotheism），强调彻底的一神论是批判国家和教会这种单一主神论的基础。他认为，单一主神论其实反映了国家主义，以及集团主义等非基督教信仰的偶像存在。由此，唯有彻底一神论的信仰才能让人类远离自卫之爱（self-defensiveness），而转向对上帝创造的一切之欣赏，明白所有人都是在信仰中与上帝复合，且在这复

---

30 理查·尼布尔在《基督与文化》这本书的序言中强调，"本书是对特洛尔奇《基督教教会之社会教导》（*The Social Teaching of the Christian Churches*）的补充和修正。"参看，Waldo Beach and H.Richard Niebuhr, *Christian Ethics: Sources of the Living Tradition,* New York: Ronald Press, 1955, p. xii。

31 古斯塔夫森在 2001 年版的《基督与文化》中作序，参见，James M. Gustafuson, "Preface: An Appreciative Interpretation," In H.Richard Niebuhr, 2001, pp. xxi-xxxv.

32 Martin E. Marty, "Foreword," In H.Richard Niebuhr, 2001, pp. xiii-xix.

33 James C. Livingston, *Modern Christian Thought: From the Enlightenment to Vatican II*, p. 449.

34 D.M.Yeager, "H.Richard Niebuhr's Christ and Culture," In Gibert Meilaender and William Werpehowski eds., p. 466.

35 H.Richard Niebuhr, *Christ and Culture*, San Francisco: Harper, 2001, pp. 40-44.

36 H.Richard Niebuhr, *Christ and Culture*, p. 88.

合中彼此成为朋友。因此，彻底一神论信仰的基督徒生活，也就是寻求一种真理的普遍关系，以及对宇宙中的一切主体都为真的真理生活。[37]

基于此，立于恩典中，复合的实践与彻底的信仰成为可能。那么，耶稣基督能够成为人类文化生活中的转变者。在这种前提下，尼布尔才在《基督与文化》中呈现了对上帝整个实在的阐释。沃尔皮豪斯基认为，在这五种文化形态中，尼布尔要表达的主题是，人类文化成就处于审判之下，却亦处于上帝这位创造者和救赎者的主宰之下。受造与堕落并不相同，一切受造都是在"上帝之言"中进行的。因此，在堕落者追求各种善与价值的人类文化中，救赎的工作可以在上帝历史行动的恒常可能性中更新它而不必消除它。[38]

侯活士则指出，尼布尔的五种文化形态的确为基督新教伦理学家提供了一套方法，它不仅具有过去基督新教"伦理学"之特征，而且更具有当代各种伦理学之特征。但是，尼布尔的伦理学方法显然忽视了教会的具体实践，或者教会的作用。[39]但是，这却正是尼布尔强调的要点，他指出新教伦理的精神只可能建基于神人与人神关系之中，如果尝试在人或者教会之中寻求伦理之基础将是错误。当然，尼布尔也并不因此缺乏对教会与世界关系之阐释，只是他的看法具有历史的敏感性和不稳定性。这体现在他不同时期的主张，二十世纪三十年代，他主张教会要脱离资本主义和国家主义的束缚；二十世纪六十年代初期，他又主张教会的改革要抽离基督教的单一主神论而进入这个现实世界，却又不必遵从这个世界 。[40]

1.6 拉姆齐的神学伦理学

拉姆齐（Paul Ramsey, 1913-1988）的伦理学仍然在处理美国社会的政治问题。但是，作为尼布尔兄弟伦理思想的继承者[41]，拉姆齐并不完全认同他们

---

37 单一主神论，意指坚持一个单一的社会价值核心，这个核心类似于教会、国家、阶级等这样的小集团。H.Richard Niebuhr, *Radical Monotheism and Western Culture: with Supplementary Essays,* New York: Harper & Bothers, 1960, pp. 32-33; p. 60; p. 126; p. 88.

38 William Werpehowski, "Theological Ethics," p. 316.

39 Stanley Hauerwas and Samuel Wells, "Why Christian Ethics Was Invented," pp. 33-34.

40 William Werpehowski, "Theological Ethics," p. 316.

41 拉姆齐在耶鲁神学院攻读博士学位时曾受教于理查·尼布尔，拉姆齐在六十年代也曾短暂的与莱因霍尔德·尼布尔在大学里做过同事（William Werpehowski, "Theological Ethics," p. 317）。

的观点。拉姆齐认为他们的作品，或者新教思想并不能为道德论证找到足够的依据。因此，拉姆齐关注天主教的传统，却又不接受罗马天主教自然律的道德前设。在拉姆齐的作品中常呈现这种张力，即，关注神学对道德生活的解释，同时又要展现神学对公共问题讨论的意义。[42]就其作品而言，拉姆齐伦理学涵盖的内容相当广泛，涉足到神学、医学与政治学。

拉姆齐的新教神学伦理学主要根植于"圣爱"（agape）这原则，以此为基础对基督徒道德生活展开诠释。他认为新教伦理不能脱离其宗教的基础，《圣经》所叙述的神爱世人之模式早已呈现在以色列与耶稣基督的历史中。这历史反映了上帝基于神圣之约而对人的信实，揭示了上帝对弱者、罪人和边缘人物的关注。基于这圣爱，基督徒同样应当爱邻舍，以实践道德义务。[43]尽管基督教信仰生活是必要的，但较之信徒的道德义务却次之。总之，爱邻舍的标准高于一切。

拉姆齐热衷于道德议题的公共讨论。他尝试通过对基督教"正义战争"的重构和修正来塑造他那个时代的政治伦理学。他积极回应诸如越战这样的难题。具体而言，他从圣爱的原则出发，并跟随奥古斯丁的正义战争论，指出基于对那些正在遭受非正义之攻击的无辜群体的爱，人们可以采用捍卫正义的暴力方式来保护受害者，这在道德上是正当的。与此同时，基于爱的原则，也必须限制正义战争。因为那些所谓"敌对的"非战斗人员应该避免被直接攻击。此外，根据"区别对待原则"（principle of discrimination），那些受正义战争影响的邻舍（指非正义方），因为他们／她们与非正义战争无直接的关系则不应该受到正义战争中的暴力侵犯。[44]在正义战争的讨论上，拉姆齐可称之为颇有建树的新教神学伦理学家。[45]

除去对正义战争之关注，拉姆齐还对医学难题，诸如人体实验、基因干预、生殖技术，以及对临终者的终极关怀等有积极的回应，堪称这方面的新教领军人物。他要求保护人们不受社会追求更大效用而减少生活质量由此给人们带来的侵害。他解释，在上帝的眼中，邻舍的价值不是按照社会效用的

---

42 Stanley Hauerwas, "On Keeping Theological Ethics Theological," pp. 64-65.

43 Paul Ramsey, *Basic Christian Ethics,* New York: Scribner, 1950, pp. 1-24.

44 Paul Ramsey, *War and the Christian Conscience: How Shall Modern War Be Conducted Justly*, Durham: Duke University, 1961, pp. 3-59.

45 拉姆齐 1968 年的著作《正义之战：暴力与政治责任》（*The Just War: Force and Political Responsibility*, New York: Charles Scribner's Sons）进一步详细论述了正义战争理论。

最大化来衡量的。例如，对病患者和智障人士的医治不是按照医学需要和前景来决定的，即便是医学实验对象本身，他们／她们也必须对此有足够的了解后才自由决定是否参与。总结而言，拉姆齐的伦理学展示了他对社会议题的洞察与关注，其伦理学可称之为公共伦理学。他的公共伦理学要求保护人们免受剥削和虐待，因为所谓的社会事业，以及某些个人、集团的利益常常对人们带来伤害。这主要在于，人的罪性是难以驾驭的，如果在情感上过多的期望堕落人类的善意志和道德理想将十分危险。由此可见，如果把拉姆齐视为莱茵霍尔德·尼布尔"基督教现实主义"范式的代表并不出奇。因为二者同样致力于寻求可容忍的社会，尝试以正义的力量来制约人的恶。[46]

因此，侯活士评价，拉姆齐的基督教神学伦理学虽然以神学和圣经为基础，却同样依循的是社会福音的主张，即，设定基督教神学伦理学的基本主题是支持和维持美国社会的道德根源。所不同的是，拉姆齐通过重新诠释正义战争的传统来限制人类的恶，以及减少现实主义所导致的后果论倾向。[47]

1.7 古斯塔夫森的神学伦理学

以上提及理查德·尼布尔的伦理学对后来的新教伦理学家产生的影响极大。除去拉姆齐，自六十年代以来美国新教神学伦理学的领军人物古斯塔夫森（James Gustafson, 1925- ）也是理查德·尼布尔的学生，与尼布尔在学术与个人生活方面交往甚深，其伦理学亦展示了对尼布尔伦理学的继承与诠释。但是，二者的伦理学又有分别。因为古斯塔夫森不仅仅强调神学作为新教神学伦理学的基础，他还设定伦理学的来源可以由自然科学、社会科学和哲学提供。[48]其理由是，到目前为止宗教和科学都是理性的活动。神学上的宣称能够根据我们认识的社会科学和自然科学加以改正和修正，这些科学也能够作为伦理学的来源。[49]但是，这并不否定伦理学应该以神学为中心，且这以神学为

---

46 William Werpehowski, "Theological Ethics," p. 318.

47 Stanley Hauerwas, "On Keeping Theological Ethics Theological," p. 65.

48 需要指出，古斯塔夫森早期社会学专业的知识背景对他的神学和伦理学方法论思考有较大影响。James M. Gustafson, "The Sectarian Temptation: Reflections on Theology, the Church, and the University," In James M. Gustafson ED., 2007, PP. 151-152.

49 Stanley Hauerwas, "Why the 'SectarianTemptation' Is a Misrepresentation: A response to James Gustafson," In John Berkman and Cartwright, Michael eds., 2001, p. 93.

中心的视角允许人们去评价自然、文化和历史。因为，伦理学主要基于人们怎样理解上帝对受造物之目的，这目的让人们尊重自然、人格和文化。再者，古斯塔夫森认为，伦理学既不是客观的又不是主观的，它产生于情感和理性的相互关系之中。因为，理性针对本性的冲动和欲望引发了秩序和形式的产生，相应的，理性又在方法和目的之寻求中获得了内容和方向。人们相信上帝，诠释道德生活，以及强调灵性的感觉，这些都决定着人们对道德经验的理解。

古斯塔夫森的著作《上帝中心论的伦理学》(Ethics from a Theocentric Perspective)是一部系统神学伦理学专著，[50]它具体展现了作者对基督论、普世伦理，以及教会生活的道德维度这些重要问题的研究。该专著基本涵盖了他对新教伦理学的理解，可谓比较成熟的著作。具体可从以下四个方面描述他对以上帝为中心的伦理学之解释：

首先，古斯塔夫森认为，上帝不是为着人类的利益而存在。反之，上帝才是人类事奉的中心。因此，他批判一切"以人类为中心"(anthropocentrism)的神学伦理学，而主张"以上帝为中心"(God-centered)的神学伦理学，并以此为基础来理解人类的道德生活。他解释，神学伦理学的要点是诠释上帝，以及上帝与这个世界（包括人类）的关系。因此，这种诠释更倚重于科学与我们认识这个世界的知识来源，包括人类经验，而不是传统基督教伦理学所提供的知识。此外，尽管《圣经》中关于创造的叙事、诗篇和智慧书卷可以被引证为圣经的论据。但是，《圣经》不能作为基督教神学伦理学的绝对权威来源。[51]古斯塔夫森认为，《圣经》中有关上帝的知识和目的仅仅为人类生存的世界提供了意义的框架，以帮助人类对其环境和目标作出合理解释。因此，他反对传统神学伦理学"唯独圣经"的主张。

其次，这种"以上帝为中心"的伦理学与人类的敬虔密切相关。但是，敬虔主要意指人类对世界普遍被认知的经验的一种传统化的宗教表达。这种敬虔也反映了人类的宗教情感，它体现在人类对上帝管治的忠诚与人类各种情感之间的关联上，这些情感包括感恩、义务、信靠、忏悔等。[52]在基督教传

---

50 作者称本书为历时至少三十年的"家庭作业"，也是他15年学术生活的结晶。参见，Gustafson, 1981, pp. ix-x.

51 James M. Gustafson, *Ethics from A Theocentric Perspective,* Volume II. Chicago: University of Chicago, 1984, p. 144.

52 William Werpehowski, "Theological Ethics," p. 321.

统中，耶稣主要体现了这种敬虔和信实。其中福音书对耶稣生平和事工的描述，则能够让人们对此获得认知。并且，这种敬虔和信实的连续性又展现在耶稣与犹太人的历史和传统中。因此，基于福音书的叙述，基督徒的生活能够和应该成为根植于敬虔和信实对象的有勇气和爱的生活。[53]需要指出，古斯塔夫森的这种诠释也展示了他对基督教传统的批判，即，仅仅认为耶稣是人类灵魂得救的工具，而忽略了耶稣的实际生活。

再者，“以上帝为中心”的伦理学涉及到上帝与这个世界的关系。古斯塔夫森解释，人类是彼此依赖而又独立的存在者，人类不可避免地处于各种复杂关系之中。因此，人类的道德生活就置于上帝对这种相互依赖与发展的关系模式之设置的基础上。[54]基于上帝的创造，大自然的存在方式在某种程度上表明了上帝设定的秩序，这在广义上可以诠释为各种实体与它们参与“整体”（上帝）（the whole）之间的关系。由此推论延伸到社会领域可知，人类的利益可以通过他们／她们与他者在家庭里，以及在其他社会、经济、政治和生物等彼此之间的关系中获得。[55]古斯塔夫森强调人与人，人与自然之间的关系。他指出，人类需要向上帝负责，即，在现实生活中，人类需要对人自身和自然万物承担历史性的责任。换言之，人类需要向上帝之创造负责，即，对自己的生存和世界的合理秩序负责。[56]然而，罪却使人类抽离了这种责任。要校正这罪则需要人类在自己与万物的关系，以及与上帝安排的生活秩序之关系中得到更切实的结合与调适。[57]

因此，沃尔皮豪斯基指出，按照古斯塔夫森的解释可以得出这样的结论：当人们获得神圣秩序的保证时，则可以将关注的焦点转向各种公共的利益，甚至为其作出自我牺牲。此观点类似于理查德·尼布尔的彻底一神论。因为，在古斯塔夫森而言，人类的道德行为是解释上帝与世界，以及上帝与人类的关系。说明人类作为暂时而又负责任的存在者与上帝的管治密切关联，且上帝要求人类参与其中。[58]由此产生的道德基本问题是，“何谓上帝要求我们作

53 James M. Gustafson, *Ethics from A Theocentric Perspective,* Volume I, Chicago: University of Chicago, 1984, p. 276.

54 James M. Gustafson, *Ethics from A Theocentric Perspective,* Volume I, p. 283; James M. Gustafson, *Ethics from A Theocentric Perspective,* Volume II, p. 7.

55 James M. Gustafson, *Ethics from A Theocentric Perspective,* Volume II, p.15; p. 287.

56 James M. Gustafson, *Ethics from A Theocentric Perspective,* Volume II, p. 287.

57 James M. Gustafson, *Ethics from A Theocentric Perspective,* Volume I, pp. 306-307.

58 William Werpehowski, "Theological Ethics," p. 321.

为这种参与者而成为其所是与有所为？”（to be and to do）这回答是，“我们要让我们自己与万事万物以一种适当的方式将我们和它们与上帝的关系联系在一起”。[59]

需要指出，正是基于对自然和创造教义的重视，古斯塔夫森[60]对侯活士的伦理思想展开了较多批评。他认为侯活士的神学伦理学缺乏对上帝整个实在的严肃思考，并指出侯活士的伦理学方法强调从叙事到教会，尤其是忠实于叙事而无需外在论证。这其实是典型的分离主义（sectarian）。[61]然而，侯活士却对此有不同的看法，对此笔者将在论文4.2.4中详细阐释。

1.8 小　结

以上对启蒙，以及启蒙以来的北美新教伦理思想之产生、发展和演变作了简要回顾，我们可以从中管窥美德伦理传统失落之原因。简言之，启蒙以来的道德论证逐渐抛弃了亚里士多德的美德伦理传统，却在伦理中倡议道德理论的客观性，认为道德判断的客观性必须建基于理性之上。理性遂被设定为人的美善本质，而人的品格和德性则被视为相对性和偶发性的，不能作为伦理选择的基础。因此，过去几千年的历史中，在人类道德生活扮演着重要角色的美德伦理传统日趋边缘化。其结果是，西方伦理学对行为者的讨论定位在“应然”的维度，即，关心行为者追求的终极目的之指向应该是什么，以及行为者为了达致终极目的应该遵循怎样的规范和原则，而不再思考行为者的美德。然而，纵观启蒙以来现代人之生存境遇，又发现新的道德危机无法避免。症结在于：现代社会强调理性，公共生活只注重制度和规范的完善，

59　James M. Gustafson, *Ethics from A Theocentric Perspective,* Volume II, pp. 306-307.

60　需要指出，侯活士作为古斯塔夫森的学生，尽管他与古斯塔夫森的伦理学在方法论上存在分歧。但是，侯活士最早的德性伦理观念却受益于古斯塔夫森的建议--基督徒道德生活的本质可能最好通过品格与德性来阐释。因此，侯活士根据古斯塔夫森早期的作品《基督与道德生活》（*Christ and the Moral Life*），以及《伦理是基督教的？》（*Can Ethics Be Christian?*）展开了一系列的伦理反省（Jennifer A. Herdt, "Hauerwas Among the Virtues," p. 204; p. 206; Stanley Hauerwas, *The Peaceable Kingdom: A Primer in Christian Ethics*, p. xxi; Stanley Hauerwas, *Hannah's Child: A Theologian's Memoir,* Grand Rapids, Mich.: Wm. B. Eerdmans Publishing Company, 2010, p. 58; James M. Gustafson, "A Protestant Ethical Approach," In John T. Noonan ED., 1970, PP. 101-122.

61　James M. Gustafson, "The Sectarian Temptation: Reflections on Theology, the Church, and the University," p. 148.

而忽视道德主体的内在品格,忽视行为者在现实生活中的各种正当情感诉求和愿望,掩盖了人之为人的根本价值要求。由此,道德似乎变成冷漠的规则,伦理成为"规中无人"的伦理。这种形式主义的伦理并不能解决当前道德实践中存在的各种问题,比如,道德权威的失效,道德信念的丧失等。鉴于此,复兴德性伦理的主张应运而生。英国哲学家安斯科姆(G.E.Anscombe)在1958年发表的论文"现代道德哲学"(Modern Moral Philosophy)中最早提出了恢复德性伦理的主张,这对现代德性伦理的复兴产生了深远的影响。继而在20世纪80年代,麦金泰尔1981年出版的《追寻美德:道德理论研究》(*After Virtue: A Study in Moral Theory*)则被视为西方德性伦理研究的纲领性文献。

在这种德性伦理复兴的浪潮中,侯活士1975年以《品格与基督徒的生活:神学伦理学之研究》为起点,在基督新教领域掀起了德性伦理复兴的高潮。侯活士在其作品中批判自启蒙以来,以目的(teleological)和义务(deontological)为中心的伦理学。他指出,该伦理学描述的是"以行动为中心的理论",或者是"以义务为中心理论"(duty-centered),主要思考"我应该做什么?"(what shall I do),重点关注行为者的抉择目的和义务。并且,该伦理学主要设定一些可被普遍化的理性原则能够解决道德问题,而无需诉诸行为者(agent)的信仰、习性(disposition)、意向(intention)、背景等。[62]事实上,这种伦理规范和前设的弊端却无法避免:其一,将道德问题集中在"义务"和"规则"上,使行动(action)脱离了行为者(agency),可能扭曲行为者的道德心理。因为,在实践中行动并不能独立于行为者,以及行为者的信仰、习性等。换言之,行为者的意向对于行动的道德描述和评价至关重要。[63]理由是,行为者如果只是按照规则行动,而不理会其行为是否出于自愿。那么,其行为的道德价值是有限的;其二,这种伦理设定任何表面的道德冲突都必须根据一些普遍原则来解决问题。但是,在现实中却有很多道德冲突是无法依据普遍原则来解决的。[64]比如,某人遵行了所有的责任或者义务,却可能是以一种极其不人道的方式采取行动,这将令他者无法接受或者可能受到受害。

---

62 Stanley Hauerwas, Richard Bondi and David B. Burrell, *Truthfulness and Tragedy: Further Investigations in Christian Ethics,* Notre Dame, Ind: University of Notre Dame Press, 1977, p. 16.

63 Stanley Hauerwas, *The Peaceable Kingdom: A Primer in Christian Ethics*, p. 21.

64 Stanley Hauerwas, *The Peaceable Kingdom: A Primer in Christian Ethics*, p. 22.

因此，针对以行动为中心的伦理学存在之弊端，侯活士重申品格伦理的意义。他解释，品格伦理描述的是"以行为者为中心的伦理学理论"，主张道德问题应该思考"我们应该成为什么人？"（what ought we to be），重点关注行为者的品格，关注一个有品格的人之抉择，而不是关注如何以行为者的行动为中心来思考伦理的抉择。因此，品格伦理关注行为者的动机、意愿和情感诉求；关注行为者内在品格的养成，而不只是行为者外在行为的规则。[65]因为只有当行为者具有内在的品格时，才能真正遵守道德规范。由此，品格伦理所采用的基本概念是具有美德特征的概念，如善、好、福祉等，而不仅仅是应该、责任这样的义务概念。

此外，就侯活士的品格伦理而言，亦体现了他对北美新教伦理传统的批评与回应。确切的说，他主要批判以饶申布什的社会福音与尼布尔（Reinhold Niebuhr）负责任的现实主义为代表的伦理主张，以及后来在尼布尔兄弟伦理思想影响下，新教伦理学家拉姆齐以爱的名义要求"正义战争"，与古斯塔夫森要求人类作为暂时而又负责任的存在者必须参与上帝在现实世界管治的伦理主张。侯活士解释，以尼布尔（Reinhold Niebuhr）为代表的新教伦理旨在构建一种社会行动的社会伦理，是为社会、国家谋求利益的政治伦理。[66]基于此种理论前设，他们都可能主张暴力，或者使暴力合法化，而忽略了基督教群体的任务不是在这个世界建构一个更公义的社会／国家，而是依据《圣经》故事去效法耶稣基督的和平品格，见证一种真实的生活。

侯活士认为，对于尼布尔而言，新教伦理的任务是，在这个世界更大程度地实现上帝国度的理想，以及追求社会公义。其结果可能引发主张暴力手段的理论。[67]不难发现，后继的新教神学伦理学家，比如拉姆齐就积极主张"正义战争"（合法的暴力）理论来维持社会公义。但是，侯活士强调，基于基督教的叙事和故事，和平才是基督徒群体见证上帝在历史中，以及在现实中统治的规范模式，而任何以爱的名义诉诸"正义战争"的理论法则都需要回应《圣经》对耶稣生活、受死和复活的解读，以及对"正义战争"产生之社会语境的回应。[68]由此，侯活士指出，如果以一种政治现实主义的立场来理解上

---

65 Stanley Hauerwas, *The Peaceable Kingdom: A Primer in Christian Ethics*, pp. 21-22; Stanley Hauerwas, Richard Bondi and David B. Burrell, *Truthfulness and Tragedy: Further Investigations in Christian Ethics*, p. 16.

66 Stanley Hauerwas, "On Keeping Theological Ethics Theological," p. 59.

67 Stanley Hauerwas, "On Keeping Theological Ethics Theological," pp. 58-60.

68 Stanley Hauerwas, *The Peaceable Kingdom: A Primer in Christian Ethics*, pp. 87-91.

帝在历史中的行动，将被统治者借以为暴力、杀虐作为掩饰的理据，这是新教伦理需要重点反省之处。

　　基于此，侯活士立足于基督教的叙事和故事，以品格作为新教伦理学反思的起点，并结合视景（vision）理论来建构新教品格伦理理论。具体内容，笔者将在以下章节中详细阐释。

第二章 品 格

　　侯活士以行为者（agent）为中心来讨论伦理，主张从品格、历史、信仰等方面来观察行为者的行动（action）。他设定行动和行为者之间有一种螺旋运动的逻辑关系，即，行为者通过确定的（determining）信仰、意图（intention）等塑造其行动。这行动揭示行为者曾经是怎样的人，说明行为者受其行动影响，在行为者所行所思的过程中，行为者形成了持久的性向（disposition），确定行为者可以成为其所是的样子。换言之，行为者塑造行动，行动又塑造行为者。但是，行为者是怎样的人与这行为者的行动之间的关系是通过道德品格来建立的。道德品格说明行为者的生活不是由决定构成，而是通过行为者的信仰、故事和意图塑造而成。道德品格揭示自我不能站在历史或者偶发性（contingency）因素之外。因为，行为者受其行动影响，在选择和行动的过程中，行为者已经成为确定类型的人。换言之，行为者已经形成确定的道德品格。这道德品格又揭示自我（self）是历史的自我，因为自我是通过历史的主观能动行为（agency）来确认的。同时，在历史的主观能动行为中，行为者的道德品格不断被揭示和限定（qualification）。

2.1 侯活士的品格定义

　　侯活士从伦理学的角度定义，

　　　　品格是行为者自我主观能动行为（self-agency）的形式，它由
　　　行为者确定的信仰（belief）、意图（intention）和行动（action）构

成。透过该信仰、意图和行动，行为者获得了道德历史，这道德历史符合其作为自我决定（self-determining）的存在者之本质。[1]

在这里，"意图"概念对于理解人的本质，即，作为能够行动的人十分重要。通常，把行动描述为有意图的行动，是为了有别于把行动仅仅描述为有目的之行动（purposive behavior），[2]它强调在理解行动时需要关注行为者的重要角色。基于此，"意图"显示了行动的方向性（direction），指明行动只能是行为者的行动。换言之，行动不能脱离"意图"。那么，描述行动是有意图的行动，则指人们能够根据他们／她们自己的理性和对处境的描述来塑造行动。因此，这"意图"概念包括了所有描述和展望人们行动的观念，比如，信仰、动机和理性等。[3]

在该定义中，侯活士强调行为者的主观能动行为，是行为者主动选择一种品格，尽管选择的主体可能受到自身背景，如信仰、理性、动机的影响。但是，主体的主动性居于首位；[4]再者，侯活士强调行为者不能站在其行动之外，即，行为者是通过主动选择一种品格而成为怎样的人（成为其所是）。因此，他／她在行动中就获得了道德的历史或者品格；此外，侯活士强调品格与主观能动行为的一致性。换言之，行为者基于确定的意图和信仰做出选择，这意指行为者知道自己的行动，而不是从旁观者的角度来解释自己的行动具有某种目的性，且这种选择塑造了品格。与此同时，具有该品格的行为者在未来的行动中，会倾向于依据之前的选择来行动。即，行为者能够决定其未来的行为，以及超越当下的行动。这体现了品格、行动和主观能动行为的关联性与一致性。并且，行为者的这种品格不是自发的，它必须通过培养而获得。正是从该意义而言，侯活士定义品格是我们自我主观能动行为的形式。

1　需要指出侯活士最初定义，"品格是我们自我主观能动行为的限定。"（Stanley Hauerwas, *Character and the Christian Life: A Study in Theological Ethics*, San Antonio: Trinity University Press,1975, p. 11.）。该定义 1968 年最早出现在其博士论文《品格与基督徒的生活》之中，该博士论文在 1975 年出版。继而在 1985 年，1989 年，1994 年再版。从 1985 年再版直到后来的版本，侯活士都在导言中修正品格定义为，"品格是行为者自我主观能动行为的形式"，特此说明。

2　对此，将在 2.2.5 中详细阐释。

3　Stanley Hauerwas, *Character and the Christian Life: A Study in Theological Ethics*, p. 97.

4　Stanley Hauerwas, *The Peaceable Kingdom: A Primer in Christian Ethics*, p. 39.

需要指出，品格这概念本身的含义相当丰富。在心理学中，通常指与性情（temperament），或者自然特性（trait）相关的特征。该品格指人的自然本性。比如，人们通常谈论某人的品格是内向或者外向的，就是指人的性格。但是，侯活士所定义的品格与此类"品格"截然不同。侯活士所定义的品格强调人有能力决定成为与人的自然本性相反的人。比如，假定某人选择成为某种品格的人，这人能够和应该为他／她成为这样的人负责。[5]当然，侯活士并不否认与自然特性相关的品格能够对人产生影响。除此之外，侯活士也不否认特定的社会、环境可能对品格的形成产生影响。[6]他只是反对纯粹的环境决定论，他解释，

> 尽管心理和环境的因素不可忽视，但是，人不是这些因素互动的简单结果。相反，人在本质上是自我决定的存在者，他／她透过其本质和环境提供自我特殊形式的生活。并且，成为人就是成为其自主行动的中心和决定的来源，他／她的知识、意愿和行动来自他所是的行动。[7]

侯活士一方面强调行为者有能力自由地、主动地去接受或者解释其社会、环境和心理的决定因素；另一方面又承认行为者无法回避心理、社会和环境因素的影响。在主动选择与被动接受之间，似乎存在张力。奥克（Gene Outka）解释这种张力存在的原因是，侯活士没有认识到社会环境对品格的影响对于全面解释品格的形成至关重要。奥克阐述，

> 他者的影响无处不在，事实上，来自他者的信息塑造了我们每一个人。我们很难分清楚什么是给予我们，什么又是我们所做的。比如，一些人在少年时期常常受到他人的负面评价，这些人长大后比较容易依赖他人。[8]

但是，布莱克（Rufus Black）认为奥克的阐释并不正确。布莱克指出，侯活士的品格概念说明社会环境的影响仅仅是一方面，却不能否定其他诸多

5　Stanley Hauerwas, *Character and the Christian Life: A Study in Theological Ethics*, p. 12.

6　Stanley Hauerwas, *Character and the Christian Life: A Study in Theological Ethics*, p. 115.

7　Stanley Hauerwas, *Character and the Christian Life: A Study in Theological Ethics*, p. 18.

8　Gene Outka, "Character, Vision, and Narrative," *Religious Studies Review*, 2/6, 1980, p. 112.

因素对品格的影响。并且，这些迥异的因素，需要行为者在评估他们／她们品格的时候加以考虑。再者，侯活士从来没有声称行为者能够自信地分清楚一切给予他们的信息。相反，行为者只能根据给予他／她的可能性选择来决定其品格。换言之，行为者只能在有限的选择中决定其品格。[9]

布莱克对奥克的回应正确反映了侯活士的本意。因为侯活士的品格概念强调，

> 人们不仅仅由发生在他们／她们身上的事情所决定，尽管不能排除心理等因素对其产生的影响。但是，我们的品格应该是我们努力塑造的结果，而不是对这些因素的负面回应，人们能够根据其选择所是的能力来行动。并且，他们／她们能够对其选择的品格负责。[10]

由此可见，布莱克的阐释正确反映了他对侯活士品格概念的理解，奥克却误解了侯活士品格概念之本意。理由是，奥克过分强调社会环境在很大程度上对行为者产生的影响，具有环境决定论倾向，却忽视了行为者的主动性。就侯活士而言，他强调在对行为者产生影响的诸多因素中，最重要的是他／她如何根据自己的意图主动审慎地选择影响自己的因素。换言之，人们可以更多选择接受社会环境的影响，或者选择受其自身信仰历史的影响，并以此来塑造自己的品格，这关键在于主体的主动性。并且，侯活士后期借用叙事概念进一步解释品格概念，[11]他甚至提出品格决定环境，认为即便环境可能强加于人。但是，通过能够解释道德活动的故事，人们仍然可以决定环境。

当然，尽管侯活士强调行为者的主动性。但是，他亦指出了行为者的有限性--这主要体现在行为者可能受外在文化背景的影响。然而，这种有限性仅仅是一种限制，而非决定。他解释，

> 行为者的主观能动行为不能否认其生活的命运。比如，由于某人的文化和社会背景，某人"命定"处于此类文化和社会的选择中；某人又注定是在特定的社会和时间诞生。这意味着人们需要忍受诸多发生在其生活中的事情。但是，即便如此，人们也不是被动的回

9 Rufus Black, *Christian Moral Realism: Natural Law, Narrative, Virtue, and the Gospel*, Oxford: Oxford University Press, 2000, p. 253.

10 Stanley Hauerwas, *Character and the Christian Life: A Study in Theological Ethics*, pp. 17-18; p. 12.

11 侯活士如何用叙事概念来进一步解释品格，这将在第四章中详细阐释。

应这些事情，而是按照特定的方式积极塑造自己去接受他们／她们
所经历的一切。[12]

由此可见，侯活士的品格概念既不属于环境决定论（determinism）的范
畴，又不属于自由论（libertarian）（非决定论）的类别。较之，他主张二者的
兼容而非绝对的对立。

整体而言，侯活士对品格的定义比较清楚。但是，他整个的品格观不是
原创，而是建基于亚里士多德的德性论基础上。[13]在亚里士多德看来，道德德
性是通过习惯培养而成，它的名字"道德"（ēthikē）就是从"习惯"（ethos, habit）
这个词演变而来。因此，道德德性不是天生形成，因为天生形成的东西不能
塑造与其本性相反的习惯。比如，石头就其本性而言是向下落，它就不可能
形成向上运动的习惯；再者，德性需要人们首先实践它们，才能获得它们，
这正如技艺一样，人们必须先学习怎样做才能依循其方法而做。[14]换言之，亚
里士多德强调德性是人们不断从事德性活动的结果。但是，仅仅机械地重复
德性活动又不能使人获得德性，正如人们从事正义的活动却没有成为正义者。
因为它还包含着同样的感受、情感和愿望，这些都是有德性的行为者所具备
的特征，不可忽视。不仅如此，要成为有德性的人，还必须要求其好的行动
来自好的习惯。

由此可见，人们要成为有德性之人需要经过长期复杂的实践过程，且需
要具备一定的条件。亚里士多德解释，

　　要成为有德性的人，首先，行为者必须具备特定的知识；其次，

12　Stanley Hauerwas, *Character and the Christian Life: A Study in Theological Ethics*, pp.
　　18-19.

13　亚里士多德的德性伦理对侯活士的品格伦理影响深远。作为一名基督新教神学伦
　　理学家，侯活士声称，他对《尼哥马可伦理学》（*The Nicomachean Ethics*）的熟知
　　程度甚至比他对《新约》文本更甚（Stanley Hauerwas, *Dispatches from the Front:
　　Theological Engagements with the Secular,* Durham: Duke University Press, 1994b, p.
　　22）。奎因（Philip Quinn）认为，亚里士多德的伦理学对侯活士的影响过大，以至
　　于侯活士对整个基督新教伦理学的论证都有所欠缺（Rufus Black, *Christian Moral
　　Realism: Natural Law, Narrative, Virtue, and the Gospel*, p. 213）。

14　Aristotle, *The Nicomachean Ethics*, 1103a15-30. 需要指出，本文采用的版本为
　　Aristotle, *The Nicomachean Ethics*, trans.,（from the Greek）by David Ross, Oxford:
　　Oxford University Press, 1980；就亚里士多德而言，德性分为理智德性（intellectual
　　virtue）和道德德性（moral virtue），前者通过教导而产生和发展，因而需要经验和
　　时间；后者则通过习惯培养而成（Aristotle, *The Nicomachean Ethics*, 1103a10-15）。

> 行为者必须选择行动，且是为着那行动本身而选择行动；最后，行
> 为者的行动必须来自一种确定和稳定的品格。[15]

简言之，有德性的行动必须来自确定和稳定的品格，这解释了亚里士多德 "道德品格的循环性"。亚里士多德认为，

> 通过实施正义和节制的行动，人们成为正义和节制的人。但是，
> 为了实施正义和节制的行动，人们必须首先是正义和节制的。[16]

这意味着，行为者处于其行动中。在行动中，行为者不仅揭示了他／她是怎样的人，而且也塑造他／她成为怎样的人。简言之，要求行动出自和归回该行为者。并且，行动与行为者不能彼此分离。[17]

因此，根据亚里士多德德性观的基础与前设。侯活士总结，行动必须来自确定和稳定的品格。行为者有能力按照确定的方式行动，从而获得品格，行为者又根据他／她是怎样的人（有品格的行为者）采取行动。[18]简言之，行动来自品格，行动又决定行为者获得品格的方式。在行动与品格的这种动态关系中，说明对自我不能作出僵化和抽象的解释。同时，这亦揭示了自我是历史中建构的自我，它能够根据其历史的主观能动行为不断更新和修正，且行为者的品格也在历史中形成的。

需要指出，尽管侯活士的品格观建基于亚里士多德的德性伦理，却又与之有别。在强调品格／德性之实践上，亚里士多德要求个人首先要借着训练而养成好的习惯，而这种训练是个人要成为学徒跟从师傅（哲学家），并透过师傅的指导而达致道德上的美善德性。然而，就侯活士而言，该实践始于信徒首先要成为群体（教会）的一员，必须学习在教会群体中生活和学习成为耶稣的门徒，才能培养道德的品格。并且，至为重要的是，信徒跟从的师傅是耶稣，这体现了二者德性伦理之本质分别。[19]再者，侯活士的品格伦理是基督新教的品格伦理。因此，他强调信徒道德习惯的形成过程中圣灵之工作不可或缺。[20]

---

15 Aristotle, *The Nicomachean Ethics*, 1105a30-1105b5.

16 Aristotle, *The Nicomachean Ethics*, 1105b5-10.

17 Stanley Hauerwas, *Performing the faith: Bonhoeffer and the Practice of Nonviolence*, Grand Rapids, Michigan: Brazos Press, 2004b, p. 39.

18 Stanley Hauerwas, *Character and the Christian Life: A Study in Theological Ethics*, p. 40.

19 Stanley Hauerwas and Samuel Wells, "How the Church Managed Before There Was Ethics," In Stanley Hauerwas and Samuel Wells eds., 2004, p. 40; Stanley Hauerwas, *Matthew, Brazos Theological Commentary on the Bible*, Grand Rapids, Michigan: Brazos Press, 2006, pp.74-75.

20 Jennifer A. Herdt, "Hauerwas Among the Virtues," p. 3.

2.2 自我、主观能动行为、行动与品格

　　侯活士在品格概念中清楚阐释了人是自我决定的行为者，这主要指人有主观能动行为，或者有能力主动行出自己的生活方式，且在其中自我又没有丧失他／她本身。因此，基于这种决定论，侯活士反对行为主义（behaviorism），其原因是它将人们的行为约化为外力作用在人们身上的结果，否认"内在"自我（internal self）的任何意义。因此，这种行为主义主张的自我观不能解释行为者的主观感受，也不能说明人作为自我决定的存在者之本性。[21]

　　当然，侯活士更反对非决定论思想，如自由论者。这种思想的前设是，人有自由意志，是自由的存在者。自我的能力使自我作出行动，却又不受其行动影响。如果行为者受其行动影响，将限制人的自由意志，让人不能成为自由之人。简言之，行为者为了自由地选择行动，就必须超越其过去的决定。因此，自由论者强调自我是自主的选择者，独立于历史或者品格之外。而且，这种自由论者的自我观否定品格的意义，认为品格具有负面特性，即，限制人的行动。从而要求人们超越品格，以便真正做到自由的选择。自由论者甚至提出，真正的自我必须独立于任何实际行动的决定。[22]

　　这种自由论者的思想是现代性的产物，现代概念把自由当作道德生活内容本身。关注的是人们所渴求的事物，而不是人们渴求什么。设定人们的任务就是成为自由者，但这不是通过获得德性来实现，而是通过阻止自己被决定来实现的，这样人们就能够向"选择"保持开放。于是，人成为自身历史的官僚（bureaucrat），永远不为任何决定负责，即使这决定是由其本人作出的，也不为其负责。这种逃避，或者避免历史，将导致自我自足性（self-sufficiency）之缺乏，即，不能声称自我的生活是自己的。因为这种声称将肯定自我的被决定性，从而遭致追求自由之失败。[23]由此可见，自由者是与其过去断裂之人，为了维持自由的身份而无法获得道德生活的一致性。

　　总结而言，以行为主义为代表的决定论者尝试解释行动和主观能动行为之间的关系，而非决定论者则尝试维持行为者的自由。但是，二者的共同点是，否认品格的重要性。侯活士对它们展开批判并指出，品格十分重要，且

---

21 Stanley Hauerwas, *Character and the Christian Life: A Study in Theological Ethics*, pp. 25-26.

22 Stanley Hauerwas, *Character and the Christian Life: A Study in Theological Ethics*, pp. 21-23; pp. 26-27.

23 Stanley Hauerwas, *The Peaceable Kingdom: A Primer in Christian Ethics*, p. 8.

品格正好解决了二者的矛盾，品格既强调历史的决定又强调自由的选择。因为品格是一种导向（orientation）。[24]所谓导向，则不是一种强制性的力量，而是指具有某种指导方向，能够指引人们在未来的行动中作出选择。换言之，这种导向不是指用人们现在的所行来决定人们未来应该做的一切事情。由此可见，行动、主观能动行为与自由之间的关系极其复杂难解。如果要深入理解品格的本质，需要进一步详细分析自我与自我主观能动行为这两个重要概念。同时，侯活士在论证自我，以及自我与道德决定关系的过程中，亦展示了他对当今道德哲学的批判和对基督教伦理学的反省，以及重申品格伦理之必要。

2.2.1 当今道德哲学的自我观

从当今道德哲学而言，侯活士总结，康德、罗尔斯（John Rawls）和功利主义倡导者都尝试使道德行为脱离行为者信仰、性向和品格的偶发性本质。[25]他们强调超越的自我（transcendental self），意欲去除行为者的特殊性，将其感受和信仰排斥在理性范围之外；他们的伦理理论使命是尝试寻找没有历史偶发性的基础。以康德和罗尔斯为例，康德认为人作为理性存在者有能力按照自己制定的法则（law）去生活。这法则是理性固有的特征，被称之为绝对命令（the categorical imperative），要求人们履行自己的义务。绝对命令公式是"只能根据道德准则（maxim）行事，同时你能够让这准则成为普遍的规则"。[26]因此，绝对命令要求超越的自我（noumenal）抽离其信仰、历史等偶发性的因素。

此外，罗尔斯在其自由政治哲学中同样表达了超越的自我观。他首先设定"原初状态"（original position）来保证自由社会的人们能够依据正义原则获得公平的抉择。在"原初状态"的模式中，他创造性的提出"无知之幕"（veil of ignorance），意指需要剥夺自由群体中成员的一切带有偏见的知识，而这些知识与成员偶发性和特殊性的历史有关。比如，成员的性别、种族和

---

24 Stanley Hauerwas, *Character and the Christian Life: A Study in Theological Ethics*, pp. 21-23; p. 117.

25 Stanley Hauerwas, Richard Bondi and David B. Burrell, *Truthfulness and Tragedy: Further Investigations in Christian Ethics,* Notre Dame, Ind.: University of Notre Dame Press, 1977, p. 16; pp. 57-58; p. 23.

26 Immanuel Kant, *Foundations of the Metaphysics of Morals; and What Is Enlightenment?,* p. 39.

出生状况等。[27]侯活士指出，罗尔斯的"原初状态"是自由理论非历史范畴（ahistorical）进路的一个隐喻，因为自我脱离了其历史与个体的偏好和偏见。[28]因此，罗尔斯如同康德，设定只有超越的自我是自由和理性的主体。罗尔斯解释，

> 我的建议是，把原初状态看作是超越自我观察这个世界的起点。而超越自我有绝对的自由来选择其想要的原则；但是，超越自我也希望表达其作为理性的、平等的成员之本质。[29]

由此可见，在康德和罗尔斯的道德哲学中，他们都否定能够塑造自我的某些特定因素，他们也可能剥夺自我的愿望、兴趣和激情。正如功利主义倡导者，他／她尝试为每一位自我设定人生美好的蓝图，自我只需按部就班的根据结果行事即可。似乎自我如同一个观察者在审视自己的生活，而不是活出生活。于是，自我成为一个异化者（alienation），将自己抽离历史，使得自我的过去与现在分离，因而自我不再成为一个统一的、持续的自我。[30]

2.2.2　天主教伦理学的自我观

这种超越的自我观不仅在当今道德哲学中盛行，而且在基督教伦理学，主要是天主教伦理学中也有一定的影响。[31]天主教伦理学家主要强调自我与自由的密切关系，将"自由"置于超越的自我观中。其中，奥康奈尔（O'Connell）就是典型例子。他把自我模拟为洋葱，解释自我像洋葱一样包含许多层次，每个层次都具有自己的身份，却又不可独立自居。最外面一层指环境、人们的世界和人们所拥有的事物。由外层向内层推进，人们可以发现其行动、行为和其所做的事情；之后是身体，这身体既"属于"这人，又是这人；再向内层推进，可以发现情感、情绪和感觉；而直至最后的中心层，就是人自己--大写的我（the I）。这个"我"（the I）不可能是客体，而是所有可知的一切之

27　John Rawls, *A Theory of Justice,* Cambridge. Mass: Belknap Press of Harvard University Press, 1999, pp. 118-122.

28　Stanley Hauerwas, *A Community of Character: Toward a Constructive Christian Social Ethic,* Notre Dame, Ind: University of Notre Dame Press, 1981a, p. 82.

29　John Rawls, *A Theory of Justice,* p. 225.

30　Stanley Hauerwas, Richard Bondi and David B. Burrell, *Truthfulness and Tragedy: Further Investigations in Christian Ethics,* pp. 23-24.

31　需要指出，基督新教受路德神学影响，强调上帝的恩典、诫命，以及人的顺服，较少谈及人的自由。因此，新教伦理学较少强调道德的行为者或者行为者道德的行动这些概念，也较少提及超越自我这个概念。

可能性条件，因为这个"我"需要其他主体来认识它为一个客体。因此，作为行为者，我是可以变化的；作为主体，我必须是不变的。为了确保"我"的自由，他将存在（being）和行动（doing）分离。设定自由只能通过确认我不仅仅是历史、生物、环境，或者其他偶发性因素的产物，才能够获得保证。换言之，自由只能基于"我们体验到自己是自由的，不仅仅是作为行为者，而且是作为人格（personhood）"。[32]具体而言，奥康奈尔解释，

> 我本身的内在核心--这个'我'是我的人格，它面对着超越一切范畴之现实（reality）。它面对的现实是：我的世界、我的境遇、我的身体、感觉、态度和偏见。事实上，它甚至面对着实在的可能之条件：上帝。从我本身的核心--我所是的主体性而言，这个宇宙法则包含的客观性把自己呈现为一个需要作出决定的对象。一个简单唯一的决定是：是与否。那么，人类的自由就不是绝对的自由（categorical freedom）。它是超越所有范畴的的自由，称之为'超越的自由'。[33]

侯活士认为奥康奈尔的自由观存在不少问题。比如，奥康奈尔没有清楚地阐释超越的自由与绝对自由之间的关系，并且这二者的区别也涉及到康德对本质世界和超越世界的区分。在奥康奈尔的思想中存在这样的前设：自我真正的身份（即，奥康奈尔称之为大写的"我"）在历史之外，却在自我定义的决定中。在那里，为了以人格来定义自己，人们实践超越的自由。[34]因此，奥康奈尔的观点包含着对历史的偏见。

2.2.3 基督新教神学伦理学的自我观

基督新教神学伦理学尽管较少提及超越的自我，但是，在其神学传统的影响下所建构的自我却是被动的和原子式的自我。并且，在自我与行动的关系上，它亦否定行动对自我的决定作用，以及行为者的主观能动性。[35]甚至，就路德而言（Martin Luther），他反对亚里士多德德性伦理对新教伦理之意义。他否定行为者的外在行动能够带来其内在的转变，从而造就有德性之人。其

---

32 Stanley Hauerwas, *The Peaceable Kingdom: A Primer in Christian Ethics*, p. 40.

33 Timothy E. O'Connell, *Principles for A Catholic Morality,* San Fancisco: Harper San Francisco, 1990, pp. 70-71.

34 Stanley Hauerwas, *The Peaceable Kingdom: A Primer in Christian Ethics*, p. 41.

35 Jennifer A. Herdt, *Putting On Virtue: The Legacy of the Splendid Vices,* Chicago: University of Chicago Press, 2008, p. 185; p. 188.

理由是，人犯罪后彻底堕落且丧失了上帝的形象。由此，人无法实践有德性之活动（效法上帝）而成为有德性之人。即使行为者从事德性之活动亦仅仅是外在的模仿，而无法从外在行为转化为内在的更新。由此，路德解释德性仅仅是上帝爱的恩赐（gift），而不是通过培养获得之道德成就（achievement）。[36]基于此，基督新教神学伦理学很少关注品格伦理。

侯活士指出，基督新教神学伦理学倾向于用诚命的隐喻（metaphor of command）来塑造基督徒道德生活。根据这诚命，基督徒的义务是顺服上帝的律法和成就上帝的旨意。所谓的道德生活就是不断地预备自己遵循上帝的新诚命。当然，在新教的不同传统中对于何为上帝的旨意与如何知道上帝的旨意二者之间存在分歧。但是，基本上都还是依据诚命和顺服来理解上帝与人的关系。并且，以此来解释基督徒的道德生活。基于诚命的隐喻，自我不断需要救赎和称义，自我不能行善，亦不能决定善，只有上帝才是至善。因此，自我只能在上帝的恩典下顺服上帝的诚命和作出善的行为。于是，自我呈现的样式是被动和原子式的。[37]

再者，在新教的语境下，神学伦理学的主要任务是反对基督徒把通过自己的信仰所塑造的生活与获得的恩典混淆起来。因为前者属于人的经验范畴，这尽管与超越的上帝有关，却不能等同于上帝的恩典。[38]上帝的恩典是绝对的恩典。为了不混淆二者，新教由此强调自我的二元本质，即，有罪的被动的自我与积极主动向善的自我。按照路德的解释是，内在称义的自我（属灵的自我）与外在有罪的自我（属身体的自我）。这二者分离，意指自我的外在所行与内在称义的自我不相关联。外在的自我仅仅是内在自我的模糊体现，而这内在自我既不能得到塑造又不能成长。这样的自我是一个断裂而非整全的自我。这样的自我观否定行为者的行动对行为者的决定作用，由此可以解释在新教的传统中并不关注品格伦理之原因。

但是，就侯活士而言，诚命与自我并不对立，二者彼此关联。因为上帝的诚命要求人做出回应，没有回应，诚命也就失去了意义。因此，在基督徒

---

36 Jennifer A. Herdt, *Putting On Virtue: The Legacy of the Splendid Vices,* p. 174; p. 180; p. 193; p. 195. 较之路德，加尔文则比较强调行为者的主动性，认为信徒能够透过所行塑造其品格。因此，在加尔文的神学著作中不难发现他对信徒成圣之重视。

37 Stanley Hauerwas, *Character and the Christian Life: A Study in Theological Ethics,* pp. 21-23; pp. 2-3.

38 James M. Gustafson, *Christian Ethics and the Community,* Philadelphia: Pilgrim Press, 1971, p. 13.

的道德生活中，基督徒能够顺服上帝的诫命和不断重复这种善的行动，并且培养自己内在的善之品格，以此过像上帝一样圣洁的生活。因此，品格伦理对新教神学伦理学同样重要。

2.2.4 侯活士的自我观

从以上对当今道德哲学的批判和对天主教伦理学的反省可知，在这些理论中自我的典型特征是自我需要抽离其历史存在之偶发性因素。那么，这人是怎样的人与这人应该做什么二者没有逻辑关系，人应该做什么是由"原初状态"，或者"理想的旁观者"（ideal spectator）之视角决定的。根据道德心理学的观点，这意味着自我与其所行无关。反之，为了获得"客观"、"公正"、"自由"或者"权威"，则需要设定"我"处于行动之外，不受行动影响。只有这样"不受影响"的行为者才能够面对新的情形。由此产生的问题是：既然自我缺乏历史的连续性，"我"怎么能够总是由某时刻的要求来决定？自我与其行动之间的关系是什么？这些问题不仅包含正确理解行动与自由的关系，而且要求道德心理学关注道德自我的塑造和连续性，同时为自我与其行动之间的关系提供确定的解释。

再者，反省基督新教神学伦理学，尽管它较少提及超越的自我。但是，基于诫命的隐喻，呈现出的自我却是被动的和原子式的自我。并且，行为者的行动与行为者分离，否定行动对行为者的决定作用，自我成为一个断裂的自我，而缺乏整全性。

因此，侯活士并不满意当今道德哲学和基督教伦理学的理论，他认为伦理学需要从抽象主体的选择转向对行为者的关注上，应该从行为者为中心去理解伦理，才能解决这一系列的问题。并且，道德生活是复杂广泛的，当今道德哲学过度强调责任、义务，忽略行为者的动机，以及动机与价值之间的关系，可能使人们的道德生活出现断裂和不一致。

基于此，侯活士主张道德品格的重要性。在其品格观中，他强调自我的历史性，指出自我受其所行（what it does）影响，自我不是站在行动之外。甚至，他认为自我就是一个历史（the self is a history）。[39] 并且，在塑造行动的过程中，行为者塑造了她／他自己。行动与行为者相关联。如果将自我独立于

---

39 William Werpehowski, "Talking the Walk and Walking the Talk," *Journal of Religious Ethics,* 40/2, 2012, p. 231.

其主观能动行为之外，以及认为行动不涉及行为者。那么，主观能动行为与行动之间的内在联系将不存在。基于此，道德判断需要与行为者自身的处境相关联。再者，自我与行动之间的内在联系一旦建立起来，就必须放弃超越的自我观，以及为追求自由而要求行为者绝对控制其所行的观点。

2.2.5 侯活士的主观能动行为、行动与品格

在品格概念中，侯活士强调思想与行动的内在关系，而此关系建基于形而上形式的自我观。他指出，成为自我就是成为行为者，也就是成为自主（autonomous）行动的中心，以及成为自己决定的来源。一切他／她的所知所行所想都来自他／她所是。[40]因此，侯活士解释主观能动行为这个概念的前提是，为了行动，自我必须决定去行动。该决定不是来自外在原因，而是人有能力决定自己，成为自我就是成为自我决定的存在者。既然人们能够作为自我决定的行为者，那么他们／她们就不像外在原因作用于事件那样与他们／她们的所行相关。简言之，主观能动行为一旦作为形而上的一部分，那么，

> 不必为人们的行动设定'原因'。人们有能力行动，无需进一步解释。成为人就是指人有能力产生有效的因果关系。自我不会产生活动或者拥有经验。我是我的活动和行为模式，而不是拥有我的活动和行为模式。[41]

以上说明了主观能动行为是自我形而上形式的一部分。以此为基础，侯活士避免了超越的自我这种前设，即，为了带来行动，"大写的我"必须站在行动之外。并且，自我主观能动行为说明自我所行的一切不能脱离自我主观能动行为--我是我的行动，而不是拥有我的行动。[42]

此外，在以上确认自我是行为者，也是行动的决定者，行动与行为者相关之后，相关问题随之提出：如何决定行为者是按照何种方式决定行动？侯活士指出，行为者是根据其意图决定行动。但是，他进一步强调行为者的意

40 Stanley Hauerwas, *Character and the Christian Life: A Study in Theological Ethics*, p. 18.
41 Stanley Hauerwas, *Character and the Christian Life: A Study in Theological Ethics*, p. 26.
42 Emmanuel Katongole, *Beyond Universal Reason: The Relation Between Religion and Ethics in the Work of Stanley Hauerwas*, Notre Dame, Ind.: University of Notre Dame Press, 2000, p. 43.

图与行动之间不是因果关系，因为行为者的意愿、动机、意图和理由不能使他／她展开行动，然而，行为者的行动却体现了这些因素。这些因素实际上塑造和影响了他／她的行动。[43]

再者，侯活士强调不能从生理、目的等角度来解释行动。他解释，意图和目的不同，只有人被称之为按照意图行动，动物却被称之为有目的之行动。并且，行动是与行为者相关，只有行为者能够描述行动是什么，目的却是从观察者的角度来描述行动。[44]因此，只有人类可以依据其意图塑造自己的行动，且行动与行为者之意图相关，如果将二者割裂，会扭曲行动的本质。

在以上确定了行动与主观能动行为相关，行动与行为者相关的基本原则。这说明道德问题不能始于"我应该做什么?"，而应该是"我要成为怎样的人?"因此，在伦理反省中，道德品格能够更好地解释意图与行动的内在联系，以及说明自我与自我行动之间的循环性。

基于此，侯活士总结，

> 品格能够使我们成为决定的道德行为者。我们的品格不是某种深刻却更为隐藏的真实的自我之影子，而是我们主观能动行为通过我们的信仰和行动获得的形式。[45]

侯活士甚至解释："主观能动行为的观念说明我们认识到品格不是自我的表面呈现。我们就是我们的品格"。[46]

> 由此，通过对以上自我、主观能动行为和品格的分析可知，

> 我们的品格是我们自我的样式（aspect of our self），通过我们的品格我们能够根据我们的选择审慎地作出行动。我们品格的局限性实际上是我们可能之意图的局限性。正如我们的主观能动行为是决定的（意指能够让人们作出行动），我们的品格实际上是我们行动的原因，因为我们的品格决定了我们所有适合于我们的描述。[47]

---

43 Stanley Hauerwas, *Character and the Christian Life: A Study in Theological Ethics*, p. 88; p. 21.

44 Stanley Hauerwas, *Character and the Christian Life: A Study in Theological Ethics*, pp. 95-96.

45 Stanley Hauerwas, *Character and the Christian Life: A Study in Theological Ethics*, p. 21.

46 Stanley Hauerwas, *Character and the Christian Life: A Study in Theological Ethics*, p. 39.

47 Stanley Hauerwas, *Character and the Christian Life: A Study in Theological Ethics*, p. 113.

换言之，在主观能动行为的实践中，行为者塑造了他／她的品格，这品格是行为者主观能动行为的限定。并且，当行为者体现出确定的行动是其意图时，这种品格的塑造才能够实现。

2.3 学者对侯活士品格概念的批评与侯活士的回应

2.3.1 品格与情感

侯活士对品格的定义和解释，以 1975 年出版的《品格与基督徒的生活：在神学伦理中的研究》(*Character and the Christian Life: A Study in Theological Ethics*) 为蓝本，被奥格里特里（Ogletree）、邦迪（Bondi）、琼格（Jung）分别在其文章〈品格与叙事：侯活士对基督徒生活的研究〉(Character and Narrative: Stanley Hauerwas's Studies of the Christian Life)；〈品格的要素〉(The Elements of Character)；〈成圣：鉴于体现的一种诠释〉(Sanctification: An Interpretation in Light of Embodiment) 中，批评具有一种理智主义（intellectualism）倾向。[48]并且，这种批评似乎此起彼伏，尽管侯活士在该书 1985 年的再版序言中对此批判有所回应。但是，这种回应似乎并不足够，1994 年，刘易斯（Paul Lewis）同样提出了类似的批评。

在辨析学者的批评是否合理之前，首先需要回顾侯活士对该问题的阐释。具体而言，侯活士解释，亚里士多德和阿奎那都认为某人有品格是指这人获得了确定的习惯--称之为德性。进一步，这德性不仅仅是习惯（hexis），而是通过活动（activity）形成的习惯。换言之，

> 人的不确定性不能通过其被动的习惯形成德性，因为人是理性的，要求自身通过活动积极地塑造其生活，而这人的活动是通过其意愿和选择实现的。[49]

---

48 Thomas W. Ogletree, "Character and Narrative: Stanley Hauerwas's Studies of the Christian Life," *Religious Studies Review*, 6/1, 1980, p. 26; Richard Bondi, "The Elements of Character," *Journal of Religious Ethics*, 12, 1984, p. 202; Patricia B. Jung, "Sanctification: An Interpretation in Light of Embodiment," *Journal of Religious Ethics*, 11/1, 2009, p. 78.

49 Stanley Hauerwas, *Character and the Christian Life: A Study in Theological Ethics*, p. 71.

这解释了意愿、选择与行动之间的关联性。按照亚里士多德的解释，仅仅是理性，而没有意愿，则不能让人做出行动；仅仅有意愿，而缺乏理性的塑造，则不能影响世界。选择是对我们能力范围内的事物之审慎意愿：我们基于审慎获得决定，因此再让审慎引导我们的意愿。通过选择，我们将我们的决定转变为行动，这行动是通过我们的意愿和理性来实现的。通过选择，人们成为其行动的有效原因。[50]因此，这亦构成了侯活士对行动理论的完整论述。正是这种论述（品格是一个审慎过程之结果）体现了其德性中的理智角色。[51]

对此，最具有代表性的批评者琼格指出，侯活士的品格定义具有理智主义的偏见，不能正确解释人们的生物属性（意指其他来自身体非自愿的行动）。比如，人饥饿、劳累时就会自然地产生各种反映。进一步，选择的意愿因素和非意愿因素彼此作用，品格的塑造不仅仅是理性选择，或者审慎思考的结果。更确切的说，品格的塑造是不同意愿和非意愿因素内在化的过程。[52]

侯活士在《品格与基督徒的生活：一个神学伦理学的研究》1985 年的再版序言中回应，"这种批评产生的原因是学者并没有真正理解情感（passion）对于解释德性之重要性"。[53]

显然，侯活士的解释没有清楚回应以上学者的批判。因此，刘易斯进一步批评，尽管侯活士没有排除情感，却把理性与情感视为两种不相关联的实体（discrete entities），前者塑造后者。[54]换言之，理性较之情感具有优先性。简言之，尽管侯活士所倡导的特殊理性与自由主义的理性不同。但是，侯活士品格观中的理智主义影响还是明显的。刘易斯解释，

> 侯活士对自由主义理性的批评尚不足够，因为其理性主义的偏

---

50 Stanley Hauerwas, *Character and the Christian Life: A Study in Theological Ethics*, pp. 47-48; Aristotle, *The Nicomachean Ethics*, 1113a10-14.

51 Stanley Hauerwas, *Character and the Christian Life: A Study in Theological Ethics*, p. 71.

52 Patricia B. Jung, "Sanctification: An Interpretation in Light of Embodiment", pp. 78-79.

53 但是，这些批评从另一方面也说明了学者对德性伦理之关注，这是侯活士一直期望的结果。他认为，他对品格伦理之讨论只是继新教伦理学者对德性问题之关注的延续。侯活士解释，其实在新教伦理中讨论德性意义的学者并不少见，比如关于德性的讨论最初可在尼布尔兄弟的作品中发现端倪，后来在古斯塔夫森、拉姆齐和托马斯（George Thomas）等的作品中都能够找到相关论述（Stanley Hauerwas, *Character and the Christian Life: A Study in Theological Ethics,* pp. xvi-xvii）.

54 Paul Lewis, "The Springs of Motion: Jonathan Edwards on Emotions, Characater, and Agency," *Journal of Religious Ethics*, Fall 1994, p. 289.

见影响他不能超越此范围。因此，他批判的是空洞的、普遍的理性，倡导的是偶发的、特殊的理性。尽管他揭示了理性普遍要求的矫饰（pretentiousness），却没有质疑理性在道德传统中的中心地位，而只是质疑理性的本质。[55]

刘易斯认为该缺点不仅呈现在侯活士的品格概念中，其他新亚里士多德的德性伦理进路，比如麦金泰尔的德性伦理学，也不可避免的具有该缺点。因此，他进一步指出，

> 讨论或者纠正决定主义缺陷的工作只完成了一半，因为新亚里士多德的德性伦理仅仅处理了决定主义的一个错误。决定主义的错误不仅仅在于单向度地将道德关注约化为伦理原则，而且还将道德的描述置于道德主观能动行为的理智主义概念中。因此，新亚里士多德的德性伦理只是有效地处理了第一个问题，却没有很好处理第二个问题。其原因是忽略了品格的感情或者情感维度。[56]

由此，刘易斯把这种缺点归结为所罗门（Robert Solomon）[57]所谓的"激情神话"。这个神话的主要特点是，理性与情感彼此对立。理性展现了人积极和独特的一方面，情感则被视为原始的、破坏性的因素。情感始于人的自发性，必须受到控制和压抑。并且，情感甚至会导致理性误入歧途。刘易斯解释，该"激情神话"是西方思想中持续已久的偏见，这可在亚里士多德的著作中找到依据。[58]比如，亚里士多德描述，"我们说人的活动（功能）（function）是灵魂遵循理性原则的活动或者实践"。[59]基于亚里士多德的这种理性主张，刘易斯指出，作为亚里士多德德性伦理的继承者，侯活士不能避免"激情神话"。

---

55 Paul Lewis, "The Springs of Motion: Jonathan Edwards on Emotions, Characater, and Agency," p. 289；也可参见脚注 11。

56 Paul Lewis, "The Springs of Motion: Jonathan Edwards on Emotions, Characater, and Agency," p. 276.

57 关于所罗门对情感的解释可参见其著作与文章。比如，*The Passions: The Myth and Nature of Human Emotion*（Notre Dame, Ind.: University of Notre Dame Press, 1983）; "On Emotions as Judgments", In *American Philosophical Quarterly* 25, April 1988, pp. 183-191; "Beyond Reason: The Importance of Emotion in Philosophy", In *Revisioning Philosophy*, edited by James Ogilvy, New York: State University of New York Press, 1992, pp. 19-47.

58 Paul Lewis, "The Springs of Motion: Jonathan Edwards on Emotions, Characater, and Agency," p. 277.

59 Aristotle, *The Nicomachean Ethics*, 1098a12-20.

　　卡唐格（Emmanuel Katongole）解释，刘易斯误解了亚里士多德和侯活士德性伦理中的情感观念，其批判过于夸大。其实，研究亚里士多德的专家努斯鲍姆（Nussbaum）和舍曼（Sherman）都指出情感在亚里士多德实践理性中扮演着重要角色。同样，侯活士也强调情感。因此，把"激情神话"归于亚里士多德和侯活士都是不合理的。[60]

　　如果仔细分析侯活士在该问题上的阐述，则可以明白侯活士的解释是否具有理智主义倾向。就侯活士而言，他具体解释，

> 亚里士多德认为，选择是一种独特的理性和意愿之融合，它不仅包括我们理智的决定，而且包括我们自我根据意愿对行动的投入（commitment）。[61]

　　作为对该观点的确认，侯活士引用亚里士多德的原文结论，"选择是理性和欲求的结合，不仅包括理智的决定，也要求人们根据欲求而行"。[62]由此清楚说明，就亚里士多德而言，人的品格是其理性的结果，也是激情与意愿的结果。另一方面，侯活士借用阿奎那对理性和意愿内在关系的解释来说明，作为亚里士多德德性伦理的继承者阿奎那，他与亚里士多德一样，都没有所谓的理智主义观念，他们都认同情感的作用。侯活士指出，

> 如果留意亚里士多德和阿奎那对人类行为的分析，可知他们都意识到了理性与意愿之间的相互依存。[63]他们二者都坚持德性是"本性"和"理性"之独特结合，情感不需要控制，而需要引导。[64]

　　因此，关于所罗门的"激情神话"之批判，侯活士予以坚定地否认。侯活士解释，

> 必须拒绝所罗门所谓的'激情神话'--它解释激情是理性的对立面。基于这种神话，激情被视为肉体的干扰和心理的分裂而必须受到理性的控制。恰恰与此相反，情感基本上是我们存在的核心。

60　Emmanuel Katongole, *Beyond Universal Reason: The Relation Between Religion and Ethics in the Work of Stanley Hauerwas*, p. 54; 也可参看同页脚注63。

61　Stanley Hauerwas, *Character and the Christian Life: A Study in Theological Ethics*, p. 55.

62　Aristotle, *The Nicomachean Ethics*, 1112a11-1113a28.

63　Stanley Hauerwas, *Character and the Christian Life: A Study in Theological Ethics*, p. 47.

64　Stanley Hauerwas, *A Community of Character: Toward a Constructive Christian Social Ethic*, p. 124.

理性的情感与情感的理性包含在对德性的解释之中，二者是我们历史本质的表现。正如历史不能与本质分割，本质是历史的基本特征，因此，理性与情感也不能分割。作为人，则意味着我们的理性和情感实现在德性中。更具体而言，理性和情感是德性发展的基础。[65]

侯活士的这段话清楚回应了他对理性与情感的看法和观点，澄清了学者对其思想和作品的误解。一言蔽之，侯活士本身没有反对情感或者激情，也没有主张情感高于理性，或者情感与理性彼此对立。相反，他认为理性与情感相互依赖。不仅如此，侯活士还把情感与德性生活联系起来，他解释，"情感让我们成为我们所是"。[66]在对品格观念的完善过程中，侯活士后来引入叙事概念，并进一步解释情感基于叙事，主张情感需要进入叙事传统的具体实践中获得理解，

因为持续的习惯塑造我们的情感和激情，指导我们以某种方式来感知。既然情感和激情是提醒我们是怎样的人之标记，这感知就决定我们应该成为怎样的人。[67]

换言之，叙事传统的实践和习惯可以塑造情感，教导人如何去感知与分辨对错。这说明情感并非一种非理性的要素，情感与理性同等重要。甚至，侯活士进一步强调情感在品格概念中的重要性，他明确指出要成为有品格的人，不仅需要有恰当的性向，而且还需要具备恰当的情感和愿望（desire）。[68]由此可见，学者批评侯活士的品格观念具有理智主义倾向并不正确。但是，通过学者的批评，侯活士在不断完善品格观念的过程中，也更加关注情感的重要性，并对此问题有更加清楚地表述，这不容忽视。

2.3.2 品格与责任

在侯活士的品格观中，他强调行为者的主观能动性，以及行为者的自由决定和选择。他解释，品格是我们自我主观能动行为的限定（qualification），

---

[65] Stanley Hauerwas, *A Community of Character: Toward a Constructive Chrstian Social Ethic*, pp. 124-125.

[66] Stanley Hauerwas, *Character and the Christian Life: A Study in Theological Ethics*, p. 266; 可参见脚注 50。

[67] Stanley Hauerwas, *The Peaceable Kingdom: A Primer in Christian Ethics*, p. 117.

[68] Stanley Hauerwas and Charles Pinches, *Christians among the Virtues: Theological Conversations with Ancient and Modern Ethics*, Notre Dame: University of Notre Dame Press, 1997a, p. 152.

或者决定（determination）。[69]换言之，行为者透过选择而形成品格，也就需要为其品格的形成负责。[70]该观点建立在两个重要的前设上：一、行动是责任的基本承载者；二、责任的基础在于行为者控制行动的能力。这说明行为者即使面对影响品格的社会、心理或者生理等因素，行为者都有能力决定其行动，或者有能力透过其意图去构成行动。基于此前设，侯活士尝试将品格的形成建基于主观能动行为之上。[71]并且，他特别关注审慎的行动与理性的选择。这主要是受亚里士多德和阿奎那的影响，他们强调人的理性本质要求人通过意愿和选择积极地塑造人的生活；强调通过选择，人们能够成为怎样的人。因此，侯活士解释，

> 观念不能像选择那样限定我们，因为我们可以成为好人却同时持有坏的观念。但是，我们不能成为好人却做出坏的决定。因为选择意味着我们是按照某种确定的方向而不是其他方向决定我们自己，但是，持有某种观念却并非如此。由此，亚里斯多德认为选择与德性密切关联，通过选择，我们获得品格。[72]

侯活士认为，通过选择，我们获得品格。同时，也就需要为品格的形成负责。侯活士这种"人们需要为其品格负责"的观点在神学领域和哲学领域受到了不同学者的批判。前者认为这种观点是"自愿主义"（voluntarism）的结果，因为仅仅强调品格，则忽略了基督教的信仰，比如恩典、饶恕等，可能导致伯拉纠主义（Pelagianism）的形式。[73]后者认为，品格的观念过于强调自我决定、选择和"我应该成为怎样的人"，则可能引发自我制造者（self-maker）之观念，即，认为人是一切的主宰，仿佛如尼采笔下的"超人"（Übermensch），即，只关注自我的发展。再者，过分强调自我决定可能给人品格蓝图的错误印象，即，人们可以按照品格蓝图成为同类的人。[74]

---

69 Stanley Hauerwas, *Character and the Christian Life: A Study in Theological Ethics,* p. 11; Stanley Hauerwas, *The Peaceable Kingdom: A Primer in Christian Ethics*, p. 39.

70 Stanley Hauerwas, *Character and the Christian Life: A Study in Theological Ethics*, pp. 17-18; p. 12.

71 Emmanuel Katongole, *Beyond Universal Reason: The Relation Between Religion and Ethics in the Work of Stanley Hauerwas*, pp. 61-63.

72 Stanley Hauerwas, *Character and the Christian Life: A Study in Theological Ethics*, pp. 48-49.

73 Gilbert C. Meilaender, *The Theory and Practice of Virtue,* Notre Dame, Ind.: University of Notre Dame Press, 1984, pp. 51-56.

74 Emmanuel Katongole, *Beyond Universal Reason: The Relation Between Religion and Ethics in the Work of Stanley Hauerwas*, pp. 63-64.

　　侯活士将责任追溯到行为者的选择和决定，过于关注审慎的行动和理性选择，确实为其品格观带来了不可避免的批评。侯活士本人也意识到这弊端，他承认自己过分强调行为者的自我决定和选择，而没有清楚阐释品格形成的被动层面，比如社会文化的影响。但是，他认为麦金泰尔（Alasdair MacIntyre）的叙事概念却能够帮助他更好地完善品格概念，以及行为者的选择和决定。[75]

　　侯活士解释，基于叙事概念，自我决定只是一方面，而品格的形成与社会的文化--语言体系密切关联，品格的责任需要在品格的社会性语境中获得理解。其中，叙事和传统作为品格形成的语境十分重要。因为叙事和传统观念说明品格的形成需要行为者占主导，同时，品格的群体也至关重要，由于品格是通过群体的实践而实现的。品格的群体观念说明品格不是先验的，而是后天培育的结果，即，在一个传统的社会文化--语言体系中获得实践和培养。由此可知，这种叙事和传统解释品格不是完全自我决定，或者自我制造，而是十分依赖行为者所身处的传统叙事。因此，"品格是行为者自我主观能动行为的形式。"[76]这既确认了自我的主动性、决定性，又揭示自我将不可避免的遭遇各种社会性与脆弱性，说明自我的确处于各种限制之中。由此可见，学者的批评有其合理性，这帮助侯活士更加深入地思考自我、主观能动性与品格这些概念。关于叙事概念如何帮助侯活士更好地完善品格观念，以及侯活士如何进一步阐释自我、品格概念，笔者将在第四章叙事中展开详细讨论。

　　总结而言，从以上章节的讨论可知，侯活士的道德品格观念呈现了对康德式的道德哲学之批判。后者强调自我和行动的外在关系，而前者强调二者的内在关系，反对把行为者和行动的关系看作是外在的原因。因此，前者确定行为者是通过其意图塑造他／她的行动，这行动不仅揭示行为者曾经是怎样的人，而且说明行为者本身受其行动影响。换言之，行动和行为者之间有一种螺旋运动的逻辑关系。进一步，在行为者的所行所想中，他／她塑造自己，并且形成持久的性向，由此产生行动。这种描述反映了道德品格的基本特征。在道德品格中，亦揭示自我是历史的自我，因为行为者的品格是通过历史的主观能动行为不断确定和揭示的。基于历史的自我，也解释了道德品

75　Stanley Hauerwas, *Character and the Christian Life: A Study in Theological Ethics*, pp. xix-xxii.

76　Stanley Hauerwas, *Character and the Christian Life: A Study in Theological Ethics*, p. xx.

格关注道德生活的有限性和脆弱性之原因，说明自我的历史偶发性是无法避免的。因为自我不是本体论上自我存在的自我，自我可能处于各种不同的有限性之中。

不难看出，品格是侯活士伦理反省的重要起点，以此为基础，他还深入解释了视景（vision）、叙事概念，说明品格与视景、叙事密切相关。揭示品格伦理不仅仅关注"我们要成为怎样的人"之问题，还说明有品格的道德生活需要关注如何视景这个世界、自我和他者。

第三章　视　景

　　在第二章中，侯活士批判了现代哲学和伦理学对行为者的假设，即，认为行为者是全然理性和自由的选择者。相反，他指出行为者的选择其实极其有限，行为者不能超越其品格、历史和信仰背景来作出行动。并且，人作为有罪的受造物，其本性常常因着虚幻的诱惑而被扭曲，即使人倾向于善，却亦难以真实地走向美善。因此，作为道德的行为者，其道德的使命是祛己（unselfing），即，通过注视那超越者，以至于忘却自我，才能成为具有品格之人。基于此，侯活士从莫多克（Iris Murdoch）引入了视景这个隐喻来具体说明道德生活不仅仅是作出理性的选择，还需要正确的观看世界、自我和他者。他解释，视景是品格伦理的重要主题，因为视景不仅仅塑造人们的品格，还帮助人们正确地观看世界，品格和视景构成辩证的关系，品格调校视景，视景又塑造品格。[1]视景更说明道德生活是不断持续进行的，通过视景也揭示了道德生活的特殊性和复杂性。

　　进一步，要正确的、真实的观看这个世界，人们还必须训练自己正确使用语言的能力。因为人们的视景是通过特殊传统的文化--语言体系来传达的。并且，语言的运用又需要通过训练获得，这种训练与权威（authority）密切相关。具体而言，人们需要进入传统，如同学徒师从师傅参与实践，才能学会特定的语言。此外，侯活士用技艺来模拟道德生活，揭示善内在于这技艺之中，意指不能从外界提供善之标准。技艺的性质和内在于它的善（internal good），只能从技艺自身发现。其次，道德如同技艺亦包括技艺的历史性。学

1　郑顺佳，《天理人情：基督教伦理解码》（香港：三联书店，2005），第 295 页。

习一门技艺是进入一段历史中，包括承认权威和接受师傅对自己的判断。同样的，要成为道德的人，就必须如同跟从师傅学习技艺一般吸收知识，并施行自身的转变，以及接受生命的塑造。

总之，基于视景，侯活士强调正确的观看决定正确的行动。因此，伦理的重点并不在于如何作出道德的抉择，而是如何塑造生命和培养品格。

3.1 莫多克的道德视景观

把道德作为视景，把道德生活视为视景的生活，这种思想来源于莫多克。[2]莫多克认为人们要成为有品格的人，则需要通过自我遗忘和注视超越对象（至善（Good））来实现。但是，自我蒙蔽，自我中心，以及外在的假像都常常使自我无法注视超越对象（至善）。因此，道德的挑战是祛己和注视至善。德性和视景则是这种道德挑战的两面，它们能够帮助人们突破自我的帷幕看见至善，或者事物的本相，而道德生活就是循序渐进地脱离无知之帷幕走向至善。

莫多克的道德视景观始于对启蒙运动的批判，她认为启蒙运动对当代伦理产生了较大的负面影响。她解释，"我们都是启蒙运动、浪漫主义和自由主义的承袭者，这些传统留给了我们过于肤浅的人格概念（human personality）"。[3]而这种贫乏和肤浅的人格概念又主要来自宏大和乐观的自我概念：现代人的自我是理性、自由、独立、有权威、自主和负责任的自我。其中，代表这种自我概念的突出人物是康德。他为西方道德哲学提供了一个典型的个体形象，即，个体是自由理性的独立意志者。对于康德而言，没有什么能超越个体理性选择的律法。在康德之后，从尼采到存在主义，从存在主义到当今的分析哲学，都是现代自主的自我之不同呈现。[4]

莫多克批判这种自主的自我观，她认为以这种自我观为主导的道德哲学关注的问题是"我应该怎样做"，而不是"如何使我变得更好"。然而，道德哲学应该呈现真实的和正确的人类状况，同时表明人们可以如何改善道德生

---

2 莫多克（1919-1999）出生于英国都柏林（Dublin），是著名的哲学家和小说家。在其创作中，哲学占有很重要的地位，她把小说视为解释哲学的工具，但又不失文学作品的生动活泼。

3 Iris Murdoch, "Against Dryness: A Polemical Sketch," In Stanley Hauerwas and Alasdair MacIntyre eds., 1983, p. 43.

4 Iris Murdoch, *The Sovereignty of Good*, London: Routledge & Kegan Paul, 1970, pp. 79-80.

活，而不是过度强调人的理性和选择，比如康德把伦理约化为一种道德的律令。真正的道德生活应该追求完善（perfection），尽管这不容易达到。然而，道德哲学仍然需要致力于该目标，且应该关注，

> 我们从自我为中心的真实概念转向以他者为中心的真理概念……需要重新理解道德生活的复杂性和人的模糊性。需要更多的概念去描述我们存在的实质；通过丰富和深化概念，道德的进步才得以进行。西蒙薇依（Simone Weil）说，道德是关乎注视，而不是意志。我们需要一个新的词汇"注视"。[5]

在这段引述中，莫多克强调把伦理从自我中心的真实概念转向以他者为中心的真理概念。强调真理并非自我创造，而是自我如何发现的。并且，在视景的隐喻中，她找到了"注视"这个新词汇，同时丰富了道德概念。她尝试使用视景这个隐喻来摆脱选择和决定这类道德语言，以此描述道德生活的复杂性。她总结，道德生活不仅仅是选择，而是视景；不是意志，而是专注；道德生活是观看这个世界。人与人不同，不是因为他／她选择了不同对象，而是观看世界的方式不同，且他／她的观点是由不同的个人经历所塑造的。她解释，

> 当我们评价人们之时，我们不能仅仅思考他们／她们给予特别实践问题的答案，而需要考虑更复杂的其他方面，或者可称之为生活的视景（vision of life），这体现在其话语或者沉默不语的方式中，或者言语选择中，或者对他者的评价中，或者自己的生活概念中等等。[6]

需要指出，莫多克不是否定决定在道德生活中的作用。但是，她更强调人们需要真实地观看具体处境，遵从现实以作出决定。如果具体处境不清楚，则需要从故事，或者某种持续的概念来解决问题，以及重新呈现另一种理解方式。[7]

基于此，默多克强调视景对道德生活的重要性，她指出道德的善来自超越的对象，这对象在人的意志之外。道德的任务就是真实地观看和回应这个对象，而不带有自己的需要、偏见和欲望，具体做法是注视这个超越对象。再者，视景也让莫多克认识到道德意识的重要性，确认道德的任务不是寻找行动的普遍理性或者原则，而是对具体的、个体的人与处境的真实感知。

5　Iris Murdoch, "Against Dryness: A Polemical Sketch," p. 49.
6　Iris Murdoch, "Vision and Choice in Morality," In Ian T.Ramsey, 1966, p. 202.
7　Iris Murdoch, "Vision and Choice in Morality," p. 211.

3.2 侯活士的道德视景观

莫多克的视景观极大地影响了侯活士对道德生活的理解。侯活士认同莫多克的视景观，并将之视为道德生活的目标，指出人们需要通过训练来获得这种技能。他亦采纳默多克形而上和人类学的前设来理解这个问题：为什么坚持善的任务特别困难。

就莫多克而言，这个世界缺乏目的和确定性。[8]同样的，"人们的生活也没有目的……人们只是其感觉下的产物"，又常常被自我所蒙蔽。[9]面对现实，人们或者坠入不切实际的幻想，或者建构帷幕来隐藏其存在的无意义感。其后果是导致人们无法真实的观看世界，或者观看自己，因为人们被包围在自己的幻想世界中。

在侯活士而言，人类的罪就等同于莫多克所谓的帷幕，罪掩盖了人类的真实处境，让人无法清楚地观看自己和这个世界。罪中的自我只会寻求自爱，而不懂得爱他人／她人，甚至将所爱的对象转化为自我延伸的部份。[10]因此，侯活士总结，人类的普遍状况是不能承受现实，甚至"成为人就是创造虚幻"。[11]

那么，现代道德哲学所言的那个理性的、自由和有权威的自我其实并不存在。尽管道德哲学尝试提供更多的自我反省，其结果却是使人陷于更深的个体幻想之中。基于此，侯活士和莫多克都强调，真正的自我不过是那个天生自私的自我，这个自我不愿意面对令人不愉快的现实，而我们的自我更扭曲了我们的洞察力，让我们只能专注于自我，而不能看见外面真实的世界和他者。由此，道德的任务应该是祛己。简言之，就是除去那个只能专注于自己，而不能将目光投射在身外之世界与他者之自我，从而帮助自我真实地、清楚地观看这个世界和自己。

但是，这种祛己不是某种道德或者神秘的宗教经验，而是一种日常的经验。这如同学习一门外语。莫多克自己的经验是学习俄语。这种学习帮助人们抽离自己的欲求，完全进入异己的处境。犹如自我观赏大自然，完全沉醉于忘我的境界与喜悦中。换言之，让客观现实捕捉人的注视，把自我降服在客观现实的权威下，投入忘我的境界，清除自我的私欲。

---

8 Iris Murdoch, *The Sovereignty of Good*, p. 100.

9 Iris Murdoch, *The Sovereignty of Good*, p. 79; p. 100.

10 Stanley Hauerwas, *Vision and Virtue: Essays in Christian Ethical Reflection*, Notre Dame,Ind.: University of Notre Dame Press, 1981b, p. 33.

11 Stanley Hauerwas, *Vision and Virtue: Essays in Christian Ethical Reflection*, pp. 31-32.

因此，祛己需要通过一定的训练培养而成。莫多克采纳柏拉图的观点，认为通过训练人们注视的习惯能够培养人们祛己的能力。但是，这种注视是一种神秘主义式的凝视，对像是至善。莫多克以柏拉图的至善观为依归，强调至善是不可替代的、完美的专注对象。[12]由此，莫多克的视景观具有高度的个人主义的特征。

然而，侯活士认同默多克的这种注视习惯，却强调注视的对像是上帝，他指出人们是在神圣的模式下学习观看这个世界，以及祛己。[13]并且，人们注视的对象--上帝，能够帮助人们成为像上帝一样的人。再者，这种祛己不是个体性，而是群体性的活动。此外，侯活士还将品格和视景联系在一起。他解释，一方面，人们的品格主要是持续注视的结果；另一方面，人们视景的质量和客观性，取决于人们通过其个人和社会的叙事而成为怎样的人。[14]这样的人之注视结果是不断塑造他们／她们的品格。由此可见，品格和视景构成辩证的关系，品格调校视景，视景又塑造品格。[15]而且，注视和视景说明道德生活是不断持续进行的。

从以上讨论可知，侯活士与默多克的注视对象截然不同，二者的视景观亦不相同。毕竟，侯活士是基督新教神学家，而莫多克是无神论者。[16]尽管二者都强调世界的偶发性，但是，对世界的根本看法却存在分歧。莫多克主要从形而上的层面解释这个世界和人类缺乏目的和意义，认为世界的偶发性使得人们无法逃离虚幻的迷宫、自我主义和幻觉。然而，侯活士却解释，

> 尽管我们的生活受罪的控制，但是依然有盼望。基督徒对罪和盼望的理解与对创造的解释是彼此关联的，这确定了这个世界和我们存在的目的论之解释。[17]

具体而言，侯活士认为，上帝从虚无创造这个世界和人类，尽管它们不必存在，却因着上帝的恩典而实际存在。这种存在的偶发性不是虚无而是有

---

12 Iris Murdoch, "On 'God' and 'Good'," In Stanley Hauerwas and Alasdair MacIntyre eds., 1983, p. 75.

13 Stanley Hauerwas, *Vision and Virtue: Essays in Christian Ethical Reflection*, p. 46.

14 Stanley Hauerwas, *Vision and Virtue: Essays in Christian Ethical Reflection*, pp. 58-62.

15 郑顺佳，《天理人情：基督教伦理解码》，第 295 页。

16 Stanley Hauerwas, "Murdochian Muddles: Can We Get through Them If God Does Not Exist?," In Maria Antonaccio and William Schweiker eds., 1996, p. 191.

17 Stanley Hauerwas, "Murdochian Muddles: Can We Get through Them If God Does Not Exist?," p. 194.

目的，人类因为创造而认识上帝的存在，且赞美上帝。上帝不仅仅创造这个世界（creatio ex nihilo），还继续护佑它，人类有过去的历史，还继续有未来。尤其末世的盼望给予人类信心去面对未来。[18]由此可见，侯活士从基督新教神学的角度赋予了这个世界和人类存在之目的，而莫多克却从人类学的角度强调从虚无的世界创造意义和价值。

再者，默多克的视景观具有高度的个人主义倾向，仅仅强调个人对至善的注视；而侯活士的视景观则是群体性与关联性的，他强调人们注视上帝的同时上帝亦帮助人们祛己和观看真实的世界和自己，且视景依赖于教会群体。因此，侯活士的视景观否定任何个人主义的倾向。再者，由于默多克的视景观缺乏上帝创造之目的，由此她颠倒了偶发性和必然性，认为人们可以从特殊性中管窥必须性。然而，侯活士却指出基督教的创造论可以帮助人们正视偶发性，而不必回避它，或者扭曲它。并且，偶发性的事物也并非毫无意义，它们因着创造而被视为礼物，为的是完成赞美创造主之目的。

尽管以上论述了二者视景观之区别，但是，在如何训练人们的注视方法上，二者却较一致。莫多克和侯活士都认为，艺术（art），尤其是文学作品能够为人们的注视提供良好的训练。原因在于：（一）艺术能够提高人们的敏感度，这对道德的认知十分重要。比如，艺术作品的最大优点是，能够在千变万化的形式中保存和传达各种生活的细节、多样化和语境，而且不带有自我的沉迷、虚幻或者墨守成规的模式。其中，文学通过人物角色描绘了"真实的"人类本质，揭示了"人类真实的状态"，人们通过专注于自己的生活经验可以认识真实的自己；[19]（二）艺术能够为人们的认知提供深刻的见解，其中德性概念与人类境况紧密连接。这尤其体现在好的艺术作品上，它们能够安慰观者和隐藏现实生活中的死亡、多变和偶发性；或者击破惯常的安慰，揭示人类生存的悲伤、痛苦和苦难的另一面。换言之，它们既可展示喜剧的一面，又可揭示悲剧的另一面，二者并置。并且，观看者透过注视这些作品能

---

18 Stanley Hauerwas, "Murdochian Muddles: Can We Get through Them If God Does Not Exist?," pp. 204-206; Stanley Hauerwas, *Wilderness Wandering: Probing Twentieth-Century Theology and Philosophy,* Boulder, Colorado: Westview Press, 1997b, pp. 162-166.

19 Iris Murdoch, *The Sovereignty of Good,* pp. 87-88; Stanley Hauerwas, *Dispatches from the Front: Theological Engagemnets with the Secular,* pp. 31-57; 努斯鲍姆也认同这个观点，可参看其作品，*Love's Knowledge: Essays on Philosophy and Literature,* New York: Oxford University Press, pp. 148-167.

够洞察生命的美善与阴暗，认识生命的复杂性与含混性。而道德的任务就是培养人们真实地观看事物和正确地作出回应，而这与德性密切相关；[20]（三）艺术和道德都是以他者为主导，都是祛己的形式，需要抽离自我全然地转向他者。因此，侯活士承接莫多克的观点，认为艺术家是道德之人的范式，他们／她们通过自己让他者存在，即，艺术家通过艺术作品完全展示他者。[21]侯活士也指出，真、善、美都是祛己的基石，作为道德的行为者，他／她需要培养注视他者的特殊性，能够允许他者通过自己得以真实的存在。[22]需要指出，在这里侯活士指出了艺术与道德的关系，他强调二者的关系主要是模拟的（analogical）关系。正如努斯鲍姆所言，道德的想象在某种方式上如同富有创作想象性的艺术作品。[23]

3.3 侯活士与默多克道德视景观之主要区别

以上讨论了侯活士之视景观主要来源于默多克，二者都强调视景对于道德生活的重要性。但是，在具体的视景方法论上，二者却有明显的区别。因为，侯活士主要从文化--语言的体系来理解视景。他解释，"我们不是通过感知（perceiving）来认识世界，而是当我们学会使用我们的语言时才开始认识世界"。[24]因此，侯活士指出，

> 我认为与莫多克视景观的区别在于，她主张在注视的语境中发展语言。但是，我却接受维根斯坦（Wittgenstein）的观点，认为我们只能看见我们受训练去言说的对象。[25]

换言之，语言在先。由此可见，二者视景观方法论之区别主要在于：对经验和语言关系的不同设定。根据莫多克，她采纳"先见后说（see-saying）"的模式，按照林贝克（George Lindbeck）的说法，就是"先经验后表述（experiential-

20　Iris Murdoch, *The Sovereignty of Good*, p. 87; Stanley Hauerwas, *Dispatches from the Front: Theological Engagemnets with the Secular*, pp. 31-57.

21　Stanley Hauerwas, *Vision and Virtue: Essays in Christian Ethical Reflection*, pp. 39-40; Iris Murdoch, *The Sovereignty of Good*, pp. 85-86.

22　Stanley Hauerwas, *Vision and Virtue: Essays in Christian Ethical Reflection*, p. 39.

23　Martha Craven Nussbaum, *Love's Knowledge: Essays on Philosophy and Literature*, New York: Oxford University Press, 1990, p. 148.

24　Stanley Hauerwas, *Vision and Virtue: Essays in Christian Ethical Reflection*, p. 17.

25　Stanley Hauerwas, "Murdochian Muddles: Can We Get through Them If God Does Not Exist," p. 192.

expressivism）"的模式。根据该模式，经验先于语言的表述，"人在所见的世界中，先经验到恐惧、快乐、信任或者上帝的存在，才用语言、行动和赞美来表达这些感受"。[26]这种经验的先存性非常适合莫多克柏拉图主义和神秘主义的视景观。

但是，这种"先见后说"的模式受到了后期维根斯坦对语言和文化关系的质疑。维根斯坦认为，不可能存在纯粹经验的前设。经验需要通过"文化--语言"的体系来传达，"文化--语言"部份组成了经验。这意味着一般的"文化--语言"体系与特殊的语言在逻辑上先于经验，是经验可能的条件。因此，侯活士采纳维根斯坦"先说后见（say-seeing）"的模式来揭示语言和经验之间的关系。举例而言，"先说后见"意味着人们如果要信奉某种宗教，就必须首先学习该宗教的语言。通过掌握这些特殊的语言之后才来学习宗教经验，以及体验神秘事物。基于这种解释，侯活士总结，"我只能行出我所见的，而我所见来自学习到的语言"。[27]这意味着，文化--语言体系是普遍的，语言却是特殊的。视景现实则需要基于文化--语言的体系来实现。

基于文化--语言体系的道德视景观，侯活士在伦理观念上反对用选择或者决定这类语言来解释道德生活。因为这种道德生活不能说明语言的意义，也不能给人们提供感知的技能。[28]理由是，"决定"作为道德的范畴，旨在解决道德生活的疑难"事实（fact）"。然而，根据维根斯坦的观念，并不存在纯粹的"事实"。这些"事实"都需要语言诠释，以及把它们"按照什么去看（seeing as）"。[29]换言之，侯活士认为人们在做决定之前，必须先具备自己的道德概念（语言），才能对此作出决定。因此，这种道德概念是一种语言的概念，人们需要这些语言中的道德概念来理解行动的道德问题。比如，我们没有感知到说谎，但我们知道说谎这种行为。而且，这种认知已经体现在我们内在的认知观念中。这说明我们不是通过感知知道这个世界，而是通过我们学习到的语言认识到这个世界。[30]基于此，侯活士强调学习使用合适的语言与学习按照确定的方式观看这个世界密切相关。人们如果要正确地观

---

26 Gerard Loughlin, "See-Saying/Say-Seeing," *Theology*, 91, 1988, p. 202.

27 Stanley Hauerwas, *The Peaceable Kingdom: A Primer in Christian Ethics*, p. 117.

28 Stanley Hauerwas, Richard Bondi and David B. Burrell, *Truthfulness and Tragedy: Further Investigations in Christian Ethics*, p. 18.

29 Ludwig Wittgenstein, *Philosophical Investigations*, trans. By G.E.M.Anscombe, Oxford: Basil Blackwell, 1958, p. 193^e.

30 Stanley Hauerwas, *Vision and Virtue: Essays in Christian Ethical Reflection*, pp. 16-17.

看这个世界，就必须学习一定的语言，或者词汇。并且，人们要掌握这种语言，也必须活在这个语言的世界中。比如，基督徒沉浸在基督教的文化--语言传统中，他／她就已经置身于特定的群体。他／她使用基督、十字架、称义、成圣等不同概念，并以此来看待现实世界和未来世界，也为其道德生活定格，并在该道德生活中不断实践这种语言。这体现了道德视景的复杂性和不可分割性，说明人们需要不断使用某种确定的语言，沉浸在特殊的视景中和成为特定的人。

不仅如此，侯活士还强调语言的使用也涉及到自我的转变（transformation），因为自我需要转变才能适应语言。此外，他反对人们对道德与非道德的概念作截然不同的区分。这主要指分析哲学倾向于把事实与价值，是与应该对立，把语言分为描述性的语言和评价性的语言。侯活士却采纳后期维根斯坦的语言概念，认为"桌子"与"谎言"等这种道德与非道德的概念在功能上相似。它们的区别在于各自应用在不同的语言游戏，或者叙事语境中。因此，学习使用语言的概念至关重要，语言的概念是感知的技能，意味着我们必须学习正确的使用语言。换言之，人们不能通过表面上（ostensive）的定义来学习语言概念的意义，因为这些概念体现在生活中，例如桌子、谎言、堕胎、黄色等词语的意义都是在具体的生活方式中展现出来的。并且，学习使用这些语言概念，与诠释（或者传统）的历史密切关联，这意指语言概念在群体中运作，语言与共同体之间关系密切。我们学习语言概念需要依赖特定的共同体，以及该群体的历史经验。[31]

因此，道德视景观揭示了视景、语言和群体之间的关系。一方面，道德的语言概念来自历史群体的经验；另一方面，它们又反映、塑造了群体经验，并使群体经验成为可能。这种关系说明视景不是静态和被动的，反之，它是动态的，且与人们的实践相关。基于此，自我的转变亦涉及人们从理论建构到实践的转变，就侯活士而言，真理不仅仅是概念与事实的相符合，而且要帮助人们正确地观看世界，真理要改变人们。因此，自我转变关涉到自我反思和回顾自己的历史，认识自己的身份，以及自己所属的群体，从而参与群体生活而获得身份的认同与获得品格。

总结而言，侯活士强调的道德生活不仅仅是一种决定的生活，而是一种视景的生活，它包括如何观看这个世界。而这种"观看"不是来自感知"事

---

31 Stanley Hauerwas, *Vision and Virtue: Essays in Christian Ethical Reflection*, pp. 15-19.

实"，而是指我们必须学习如何正确地观看，或者更好的认识这个世界，即，按照这个世界的本相去认识它。道德生活就是训练人们如何观看这个世界。[32]

3.3.1 道德的想象

基于文化--语言体系的道德视景观，侯活士也强调道德的想象，认为道德的想象力也是语言的能力。他解释，道德的想象是一种与视景的挑战密切关联之任务。作为一种任务，道德的想象包括重新视景（revision）语言中的基本符号和概念，这将脱离世界的虚幻和社会习俗，以提供新的和更加丰富的现实视景。这种想象在多数人而言，难以实现。因为多数人认为想象与自发性（spontaneity）、创造性和不受限制的"自由活动"有关，它不能提供现实的现实主义视景，而只可能让自我进入更加虚幻的幻想中。莫多克的困惑正是如此，她一方面承认清楚的视景是道德想象的结果，另一方面又认为道德的任务是克服偏见，避免诱惑和控制想象。[33]

侯活士解释莫多克对想象的怀疑，也反映出理性主义者基于现代知识论对想象的理解。[34]他认为自启蒙运动以来，多数人理解想象只是存在于人们"头脑中"的力量。这种想象的概念抽象而空洞，它主要是关于知识论的议题，却与特殊群体的实践分离了。侯活士反对这种启蒙运动以来的想象观，主张想象诉诸的是群体实践和生活方式的叙事语境。[35]因此，侯活士反对任何形式的个人主义概念。他提出，想象作为道德的任务在于，为了观看，我们的视景必须通过我们言说能力之训练。因此，想象是语言的成就。作为语言的技能，想象能够重新整理一些基本的符号和概念，它们通过隐喻塑造了我们的视景。通过这些隐喻的语言，我们能够创造性地丰富或者修正我们继承的道德词汇。

3.3.2 权威与如同技艺的道德生活

侯活士将视景置于文化--语言的架构，指出我们视景现实是通过特殊传统的文化语言体系来实现的。其中，概念的作用如同感知的技能，道德想象本

---

32 Stanley Hauerwas, *Vision and Virtue: Essays in Christian Ethical Reflection*, p. 20.
33 Iris Murdoch, *The Sovereignty of Good*, p. 37; p. 40.
34 Stanley Hauerwas and Philip D. Kenneson, "The Church and/As God's Non-Violent Imagination," *Pro Ecclesia*, 1/1, 1992c, p. 87.
35 Stanley Hauerwas and Philip D. Kenneson, "The Church and/As God's Non-Violent Imagination," p. 81; p. 83.

身也是一种语言能力。这说明必须训练人们正确使用语言的能力，才能使之真实的视景现实。但是，如何训练人们的语言能力，侯活士认为这与权威密切相关。因为人们需要进入传统，仿效他人，犹如学徒师从师傅参与实践，并从中吸取经验，才能学会特定的语言。这说明他人的权威在整个实践生活中不可或缺。但是，侯活士强调，在使用权威一词之时，必须重新加以定义。因为权威一词的基本含义在启蒙运动之后有所被扭曲，带有一定的负面意义，似乎与理性这词相对立，具有盲从的意味。因此，侯活士批判启蒙和后启蒙的权威概念，重新立定权威一词，确立权威在道德生活中的重要性，他指出权威是理性的必要条件，[36]传统也是理性的必要条件。[37]换言之，权威与理性并不对立。需要指出，侯活士主要从道德的层面来言说权威的涵义，他还补充权威包括愿意接受他者的判断。[38]

因此，侯活士所言的权威不是一种专横的权威主义，他也反对自由主义的个人权威主义，这种个人权威主义表现为主张道德生命是以个人的理性决定为基础，而无需他者的指导。康德的绝对命令则体现了这种观念。在绝对命令的前设下，康德解释所有人无需训练都是道德的人，作为道德的行为者，人们需要抽离历史和群体的偶发性特征，仅仅通过理性去面对和解决道德问题。[39]换言之，个人即是道德的权威者，理性代替了群体继承的权威，个人的道德生活与群体所继承的传统无关。侯活士批判这种纯粹理性的道德方式，他强调权威是理性的必要条件，传统也是理性的必要条件。权威与理性相关，传统与理性相关，尝试将理性抽离传统注定是失败的。在文化--语言模式下的道德生活更容易说明传统与理性，权威与理性之间的关系。

除去道德的权威性，侯活士还强调这种道德的权威与实践息息相关。他强调，如果要成为道德的人，就必须成为特定的人去获取关于正确与善之知识，但如何成为这种人，则必须施行自身的转变，具体的做法是如同学徒师从师傅学习技艺，学徒需要顺服于师傅的权威，并接受师傅权威的考核。侯

---

36 Stanley Hauerwas, *After Christendom: How the Church Is to Behave If Freedom, Justice, and a Christian Are Bad Ideas*, Nashville: Abingdon Press, 1991, p. 105.

37 Stanley Hauerwas, "The Church As God's New Language," In Jogn Berkman and Michael Cartwright eds, 2001, p. 43; pp. 39-62.

38 Stanley Hauerwas, *Suffering Presence: Theological Reflections on Medicine, the Mentally Handicapped, and the Church*, Notre Dame: University of Notre Dame Press, 1986a, p. 39.

39 Stanley Hauerwas and William H. Willimon, *Resident Aliens: Life in the Christian Colony*, Nashville: Abingdon Press, 1989, p. 98.

活士基于自身的生活经验，从砌砖的例子来说明道德的技艺。他解释，为了学习砌砖，仅仅是告诉你如何做并不足够，你必须学习各种与砌砖活动相关的技艺。在你砌砖之前，你必须学习调和泥灰（mortar）、搭支架等。你还会被师傅告知如何使用泥铲，如何抹泥浆等。仅此不够，你还需要日复一日的不断实践。并且，砌砖不仅仅包括学习技艺，还涉及语言的塑造。比如，你必须学习什么是泥铲（trowel）、泥灰，以及如何使用它。建筑工人通常把泥灰说成是泥浆（mud）。由此可知，这些语言都是内在的实践，你不能正确的交流，就不能学会正确的砌砖。[40]在砌砖的例子中，侯活士揭示了学徒师从师傅学习，以及语言在实践中的重要性。也说明师傅的权威是基于其自身的经验和判断，这些经验和判断能够帮助学徒正确地视景事物。学徒只有通过顺服和反复实践才能获得正确的视景，从而达到目的。

侯活士既然用砌砖来说明了道德的技艺，可见在道德与技艺之间存在一定的相似性。首先，道德与技艺都是一种实践，需要付诸于行动；其次，二者都具有历史的本质，需要从历史中获得知识的权威。因为师傅的权威来自其历史的成就，师傅的经验和判断力来源于传统的知识；最后，道德（的生活）与技艺是动态的。因为师傅是从事技艺工作的最好榜样，他／她知道如何运用从过去传统继承的知识技能来指导学徒朝向目标完成工作。师傅知道如何将过去与未来连接起来，让技艺的目标（telo）以新的方式呈现出来。[41]因此，学徒师从师傅朝向目标的过程是循序渐进、迂回曲折的。

以上通过技艺的模拟说明了道德生活中训练和权威的必要性。这种必要性基于道德生活（正如技艺）关注的是内在的善之（internal goods）实现。这种善是通过具体的判断在历史中发现的。这说明道德（技艺）是历史性的，不能脱离人们确定的实践教育。基于侯活士的视景观，强调人们不能通过观看而看见，还需要自我的转变才能真实的看见。而要成为道德的人，则需要人们成为特定类型的人去获得关于真理与善的知识。由此可知，道德知识和人的品格，视景和特定类型的人之间具有密切的关系。这种密切关系说明行为者需要塑造，而知识在道德行为者之塑造中扮演着特殊的角色。进一步，道德生活作为视景的生活，也需要知识，这种知识与视景相关，是一种像学

---

40 Stanley Hauerwas, *After Christendom: How the Church Is to Behave If Freedom, Justice, and a Christian Are Bad Ideas*, p. 101.

41 Stanley Hauerwas, *After Christendom: How the Church Is to Behave If Freedom, Justice, and a Christian Are Bad Ideas*, p. 106.

习技艺一般需要通过实践获得的特殊知识。而"真理在这个意义上也像技能（skill）只能通过师傅传递给学徒"。[42]因此，知识亦在道德领域扮演着极其重要的角色。

总结而言，本章探讨了侯活士的视景观，侯活士把道德生活看为视景生活，而该视景概念来源于莫多克，却又与之有所不同。通过视景概念，侯活士揭示道德生活不仅仅是关于道德行动的决定和选择，还需要学习以特定的方式正确地观看世界、自我和他者，而这种观察又需要自我的转变才能适应道德生命的视景。同时，视景的生活展示了道德的特殊性，道德的特殊性在于训练人们视景的语言技能，而语言又关涉到传统，那么，道德的特殊性最后居于群体。因为群体的不同故事、隐喻和品格等训练人们以某种特定地方式去观看现实世界。由此可见，视景是历史性的，也是语言性的，这主要体现在视景是透过文化--语言体系的历史和习俗而学习获得的。当中，自我的转变至关重要，它是品格视景的语言性的一种训练，这种训练如同学徒师从师傅学习工艺，工艺是历史性的，视景的历史性与工艺的历史本质相关。如果学徒要学习工艺，就必须先学习工艺的历史，掌握工艺的语言。同样，生命的转化作为品格视景的一种训练，它要求行为者必须先学习品格的历史，掌握有关品格的语言和观念，才能达致品格的视景。基于此，侯活士十分强调语言的重要性，语言决定了行为者的视景，也帮助塑造行为者成为怎样的人。但是，侯活士也说明这种视景的语言并不意味着视景处于静态，反之，它强调视景处于动态之中。这种动态体现在挑战和修正群体观念的道德性想象，这道德性想象意指对语言世界中的观念之再视景化（re-visioning），即，是对一些基本观念的重新创造，以此带来突破社会惯例的新视景，从而指导群体往新的方向前进。比如，基于这种道德性想象，侯活士倡导教会群体需要重新视景这个世界和自己，以及相信和理解天国的存在，要认识到"天国"这个概念挑战着信徒惯常的前设，即，认为安全与和平是通过暴力来实现的。反之，透过想象性的视景，信徒要明白安全与和平来自对上帝护佑的信靠。作为信徒，最重要的是成为耶稣的门徒，学习宽恕敌人、彼此相爱和忠信上帝和平的权能，在这个充满了暴力的世界展现和平生活的可能性和实在性。[43]

---

42 Stanley Hauerwas, *A Community of Character: Toward a Constructive Christian Social Ethic*, p. 62.

43 Stanley Hauerwas, *Against the Nations: War and Survival in a Liberal Society*, Notre Dame: University of Notre Dame Press, 1992a, pp. 57-58.

　　在本章中提及人们如何透过群体叙事所赋予的语言技能来观看、注视和想象。但是，这种叙事是一种怎样的叙事，它与品格又构成怎样的关系，笔者将在第四章解释。

第四章　叙　事

　　在第三章论及道德生命就是视景生命，道德生命的基础在于群体的叙事，叙事提供了训练视景的语言技能，以帮助人们以特殊的方式去观看和注视世界、自我和他者。因此，叙事与行为者的视景密切相关。不仅如此，侯活士认为叙事对品格的发展至关重要，因为叙事说明了行为者行动的可理解性。换言之，叙事揭示了行动的历史性，如果要尝试了解某人的行动，就必须把关于行动的事件置于叙事历史的脉络中，这历史不仅仅是行为者个人的历史，亦是事情发生的原委（来龙去脉）。基于此，行动之所以能够被理解，是因为它具有历史的性质。再者，人们是从其活出的叙事理解自己的生命，因此叙事是理解行动的途径。并且，人们首先是活出故事，才能够讲述这故事。由此说明，意识不只是一种觉察能力，更是把行动置于可理解的叙事之中的能力。[1] 因此，侯活士批判西方以"内省的自我"（introspective self）作为意识的典范，认为它缺乏品格的本质和意义。尽管侯活士对叙事概念赋予重要意义，却也不可避免的遭致了不同学者的批评。在对这些批评的回应中，侯活士更加清楚地展示了他对叙事概念的理解和辨析。

　　不仅如此，叙事更展现了基督新教伦理之独特性，并说明基督徒道德生活的塑造与德性的实践必须根植其中。

1　Stanley Hauerwas, *Character and the Christian Life: A Study in Theological Christian Ethics*, pp.xxi-xxii.

4.1 弗莱与林贝克的叙事观

侯活士用叙事来说明信徒品格的发展与其信仰群体的语境密切关联，以及叙事揭示了行为者行动的可理解性，此举并非偶然。作为耶鲁（Yale）大学的硕士博士学生，侯活士师承耶鲁学派，[2]受益于弗莱（Hans Frei, 1922-1986）与林贝克（George A. Lindbeck, 1923- ）后自由叙事神学之熏陶，[3]并继承与发展了该学派的传统，他同样被称为后自由神学家。[4]

所谓后自由神学，它主要针对的是启蒙自由主义的哲学传统，而非政治上的某种立场。就后自由主义而言，自由主义似乎尝试在广泛的文化规范，或者普遍的人类经验中为真理的宣称（truth-claim）寻求基础，可称为基础主义。较之，后自由主义却是非基础主义的（non-foundationalist），其主张与基础主义相反。并且，后自由神学具有与此关联的特征："首先，后自由神学家反对这种主张--知识根植于一套非推理的，自明的信念之中。后自由神学家相信，经验来自于已经被诠释了的经验。比如，我对桌上的笔，圣坛上的十字架之经验是由我的语言与先前的经验所影响的。因此，我不能透过某种原始的，未被解释的经验来评估我的信仰；其次，后自由神学家不讨论系统的护教学。尽管他们／她们可以与哲学、艺术或者各种文化经验建立关系，却不相信任何非基督教的架构（比如哲学与文化）所设定的语境--当中基督教的宣称必定能够得到辩护；再者，后自由神学家关注诸宗教之间的差异性，而非相似性；最后，相对于抽离《圣经》故事的教义或者道德教训以作为其"真正意义"之方法而言，后自由神学家却强调《圣经》经文的故事或者叙事方法，认为透过它们基督徒能够认识上帝与基督教群体，从而理解基督徒的生活"。[5]正是该主张对侯活士品格伦理产生了深远影响，凡是熟悉后自由神学范式的学者都不难在侯活士的神学伦理学方法中窥探到蛛丝马迹。

总结而言，"耶鲁的后自由叙事神学是一种反基础的，文化--语言的进路。它受到维根斯坦的语言哲学影响，所关注的是'描述'之功夫。换言之，它对自由神学要求建立一个有助理解宗教经验的基础兴趣不大，它所关注的是

2　后自由神学兴起于七十年代美国耶鲁大学，故又称耶鲁学派，其中以弗莱与林贝克为领军人物 。

3　Stanley Hauerwas, *Hannah's Child: A theologian's Memoir*, pp. 47-72.

4　William Werpehowski, "Talking the Walk and Walking the Talk," p. 243.

5　William C. Placher, "Postliberal Theology," In David F. Ford, 1997, PP. 344-345.

描述（以致能解释）基督教信仰的意义，而意义内在于基督教的传统中。该描述性的神学强调《圣经》的叙事，强调要识别神作为践行者的身份（即，神在叙事中作为践行者的身份，以及神在基督徒群体生命中所展示的身份）。它认为叙事本身就是解释--能展示《圣经》的规范，又能塑造基督徒的自我理解和自我实践。由此可见，后自由神学对《圣经》叙事的讨论产生了广泛的影响，叙事因此成为当代神学的一个主要术语，其应用从《圣经》诠释转到神学，并成为神学伦理学之重要术语。从而对基督教伦理产生的影响深远，侯活士的品格伦理则是该影响下之产物"。[6]

具体而言，建基于弗莱与林贝克的叙事观，侯活士认为基督教的叙事能够提供隐喻和观念去决定行为者的视景，从而塑造其生命的品格。并且，作为受叙事塑造的信仰群体，教会需要成为聆听《圣经》故事的群体，从而能够忠实于该故事展开道德的生活。不仅如此，基督教叙事作为真实的叙事还解释了行为者行动的可理解性，以及自我的一致性。由此可见，要理解侯活士的伦理观念，有必要简单回顾后自由神学的领军人物弗莱与林贝克的叙事神学观念。

弗莱 1922 年生于德国，随父母于 1938 年迁往美国。1942 年在北卡罗来州（North Carolina）的州立大学获得工程学学士，后前往耶鲁大学攻读神学，于 1945 年获得道学学位。1947 年返回耶鲁大学师从尼布尔（H. Richard Niebuhr），于 1956 年完成博士课程，后在该校任教。他在耶鲁大学任教三十多年，其间影响了无数学生。尽管弗莱著述不多，但是，他的著作却在神学界举足轻重。他最经典的著作《被掩盖的圣经叙事》（*The Eclipse of Biblical Narrative*）于 1974 年问世，引起了圣经学者与神学家的广泛关注与评论。此外，他在 1975 年出版了《耶稣基督的身份》（*The Identity of Jesus Christ*），继而陆续发表了十多篇重要文章。弗莱离世后，他的学生汉辛格（George Hunsinger）与普莱克（William C. Placher）将其演讲稿编辑成书《基督教神学的类型》（*Types of Christian Theology*），并将一些主要文章编成书《神学与叙事选集》（*Theology and Narrative Selected Essays*）。[7]

弗莱的《被掩盖的圣经叙事》标志着对自由主义神学的批判。在该书中，弗莱强调基督教神学的焦点是圣经中那些具体的叙事，而非抽象的核

---

6 曹伟彤，《叙事与神学：后自由叙事与神学赏析》，第 xix-xx 页。
7 William C. Placher, "Introduction," In Hans W. Frei, 1993, pp. 3-5.

心经验与普遍原则。而叙事的意义是自主的，即，指向自己，而非所指涉的故事以外之信仰原则与经验。[8]该书与《耶稣基督的身份》代表了弗莱神学诠释学的基础，但它们却不是其叙事神学诠释论的最后见解。自八十年代开始，弗莱进一步转化他的叙事诠释论。他晚期的《基督教神学的类型》标志了他的新取向。假如《被掩盖的圣经叙事》与《耶稣基督的身份》的重点是福音书叙事文本的意义（the meaning in the text）；《基督教神学的类型》则是关于文本的阅读（readings of the text）。换言之，弗莱不再以叙事的文学特征作为文本意义的主要内在因素，却转而强调基督徒群体对叙事意义的共识性的阅读。该共识建基于基督徒群体对有关叙事的字义阅读的历史上。弗莱的转变受益于其耶鲁大学的同事林贝克的"文化--语言"进路之影响。与林贝克一样，弗莱视基督教为一种社会现象，是一个"社会--语言"性的群体，乃由基督徒群体的特殊语言和实践所构成。另一方面，基督教被视为一个社群结构和文化框架，能将个体社会化，可塑造个体的经验、信念、期望和行为。[9]

因此，弗莱不接受基督教信仰为一种意识形态或经验的反思；反对视基督教的语言纯然为人类共通经验的特殊表达。相反，他指出语言先于经验。[10]因此群体的语言和实践学习不是去经历一个特别的宗教经验，而是去学习信仰之语言。基于"社会--语言"之观念，弗莱强调基督教神学第一序（first-order）的陈述或者宣称必须是在基督教实践与信仰中进行的；第二序（second-order）则是基督教的语言与实践是在群体本身的规范中获得的。[11]在该观念指导下，弗莱将神学设定在群体的语境中，指出神学需要从基督教群体开始。[12]同样的，《圣经》的阅读亦始于群体的阅读中。[13]由此可见，弗莱强调群体之重要性。然而，根植于"社会--语言"之观念，弗莱要面对的诘难是：群体与真理密切关联，则真理的客观性置于何处？需要指出，这不仅仅是弗莱与林贝克需要

8　Hans W. Frei, *The Eclipse of Biblical Narrative: A Study in Eighteenth and Nineteenth Century Hermeneutics,* New Haven: Yale University, 1974, p. 27.

9　曹伟彤，《叙事与神学：后自由叙事与神学赏析》，第37-39页。

10　Hans W. Frei, *Types of Christian Theology*, Edited by George Hunsinger and William C. Placher, New Haven, Yale University Press, 1992, p. 22. 事实上，关于语言与经验的关系，溯本求源在于维根斯坦之影响。

11　Hans W. Frei, *Types of Christian Theology*, p. 2.

12　Hans W. Frei, *Types of Christian Theology*, pp. 78-79.

13　Hans W. Frei, *Theology and Narrative Selected Essays,* Edited by George Hunsinger and William C. Placher, Oxford: Oxford University Press, p. 110.

解决的问题，作为叙事神学一脉相承的侯活士同样需要回答该问题。对此，笔者将在 4.2.4 中详细阐释。

以上提及林贝克对弗莱的叙事观产生了影响，其实，在林贝克的叙事神学中也可窥见弗莱叙事理论之影子。确切而言，二者彼此影响，共同推动了耶鲁学派的基督教神学，被称为后自由神学的表表者。林贝克于 1923 年出生在中国，其父母是瑞典裔美国人，是信义宗教会差派中国的宣教士。林贝克曾在中国和韩国生活了 17 年，而在中国文化语境的生活经验对他后来的神学思考有一定的影响。离开中国返回美国，1943 年，林贝克在美国明尼苏达州（Minnesota）的古斯塔夫奥德罗普学院（Gustavus Adolphus College）获得学士学位。1946 年，在耶鲁大学获得道学学位。1955 年，在耶鲁大学获得博士学位。期间，于 1952 年受聘于耶鲁大学，直到 1993 年退休。林贝克早期的教学与写作重点在于中世纪哲学与神学。1962-1965 年期间，林贝克曾被教宗约望二十三（Pope John XXIII）邀请参加天主教梵蒂冈第二次会议。确切而言，他是以观察员的身份代表信义宗世界联会（Lutheran World Federation）出席此次重要会议。该经历导致了林贝克的神学研究转向，即，从早期专注中世纪哲学与神学研究转为教会合一运动的神学建构，主要是信义宗与罗马天主教神学之对话。该书《教义的本质：后自由主义时代的宗教与神学》（*The Nature of Doctrine: Religion and Theology in a Postliberal Age*）便是这些对话活动之成果。[14]

在该书《教义的本质：后自由主义时代的宗教与神学》中，林贝克思考"文本内在"（intratexual）的进路所意指的教义功能。他具体提出了教义运作的三种模式：其一，命题主义者（propositionalist），强调宗教认知的层面，以及教会教义对客观实在的知识命题，或者真理宣称所发挥的作用；其二，经验--表现主义者（experiential-expressivist），将教义解释为内在情感、态度与生存定位的非知识性和非推论性符号（nondiscursive symbol）；其三，林贝克自己主张的文化--语言（cultural-linguistic）模式，或者规则（rule model）模式，它指出教会教义的功能突显在其应用上。它不是作为表现性的象征，或者作为真理的宣称，而是作为言说、态度与行动的群体性权威规则。[15]

14　Bruce D. Marshall, "George Lindbeck," In Donald W.Musser and Joseph Price eds., 1996, p. 271.

15　George A. Lindbeck, *The Nature of Doctrine: Religion and Theology in a Postliberal Age*, Philadelphia: The Westminster Press, 1984, pp. 16-18.

需要指出，林贝克的文化--语言的教义进路是相对于前两种类型的基督教神学教义观而发展出来的。他强调宗教犹如语言一般藏在文化中，而教义则是一种社群性、语法性的规则。林贝克的思路来源于人类学家戈尔茨（Clifford Geertz）[16]的文化观和维根斯坦的语言观念。[17]戈尔茨认为，"文化"（包括宗教）是一种语境（context），事物需在其中获得理解。[18]并且，"文化"是核心符号的累积体，它呈现了人类存在的基本状态。[19]换言之，人类存在于一个符号的世界之中。因此，人们尝试明白存在的意义，就必须置身于相关的符号体系之中。同样的，信徒要理解宗教的意义则必须身处于宗教群体所提供的符号系统中。

借着戈尔茨的文化观，林贝克发展了其"宗教为文化"的理论。同时，林贝克采纳了维根斯坦"神学乃语法"（theology as grammar）的观念。[20]二者共同构成了林贝克的"文化--语言"宗教观。具体而言，维根斯坦解释"语法"为语言内部的一致性，是言说的一部分。"语法"是语言实际用法之描述。并且，"语法"是已经被赋予的，需要经过学习而获得。人若要学习语言，就要学习一套被赋予的语法。他还将语言比拟为游戏。一个语言游戏之所以成为可能，是因为参与游戏者相信和学习有关的游戏文法。比如，孩子们玩游戏时，不是从无到有地创造和制定一些合宜的游戏规则（即，游戏的语法），而是先信任和学习一套游戏规则。[21]基于此，当宗教群体要谈论上帝时，他们／他们首先不是去询问上帝的本质是什么，而是去学习一套有关信仰的语法。林贝克则是在此基础上设定宗教独特的意义，解释宗教是一套能够塑造信仰群体生活的文化或者语言的架构／媒介。而"教义"亦可比对为"语法"，可被理解为一套权威性的原则，或者规则。[22]简言之，"教义"是宗教群体信仰生活的标准。不仅如此，该教义理论与其真理观密切关联，因为教义关注一

16 George A. Lindbeck, *The Nature of Doctrine: Religion and Theology in a Postliberal Age,* p. 20; Clifford Geertz, "Religion As a Cultural System," In Geertz, 1973, pp. 87-125.

17 George A. Lindbeck, *The Nature of Doctrine: Religion and Theology in a Postliberal Age,* p. 20.

18 Clifford Geertz, "Religion As a Cultural System," p. 14.

19 Clifford Geertz, "Religion As a Cultural System," p. 46.

20 Ludwig Wittgenstein, *Philosophical Investigations,* p. 116ᵉ.

21 曹伟彤，《叙事与伦理：后自由叙事神学赏析》，第 67-68 页；Ludwig Wittgenstein, *Philosophical Investigations,* p. 273ᵉ; p.116ᵉ.

22 George A. Lindbeck, *The Nature of Doctrine: Religion and Theology in a Postliberal Age,* p. 33; p. 18.

套宗教系统的一致性（coherence），且教义的真伪亦体现在该系统内。因此，教义的真实性是关乎教义表述与信仰生活的一致性。[23]

总结而言，林贝克的"文化--语言"有别于"命题主义者"与"经验--表现主义者"的宗教观。他关注的是教义在其宗教系统和信仰群体内的运用与展现（performance）。教义的意义在于信徒如何使用它：若用得连贯一致，那就是真；用得不连贯一致，那就是伪。换言之，信仰规则的使用必须能促进言说与行动的一致性。[24]由此，林贝克的"文化--语言"宗教观为侯活士的叙事真理性之阐释提供了理据，详见 4.2.4。并且，在如何培养行为者的视景技能上，侯活士的解释亦主要倚重于林贝克的"文化--语言"观念，这在论文 3.4 已经阐释。最后，关于真实的叙事如何塑造了行为者的品格，这将在第五章论述。

总之，弗莱与林贝克的叙事神学对侯活士的品格伦理影响深远。不难看出，叙事观念是侯活士品格伦理之重点，比如他用叙事概念连结了其伦理学的诸多主题，包括品格、视景、理性与道德情感等，并藉此对基督徒的道德生命作出了建构性的解说。因此，叙事观念至关重要。然而，侯活士究竟如何阐释与应用叙事观念，笔者将在下面论述。

4.2　侯活士的叙事观

4.2.1　叙事的意义与类型

在第二章提及叙事概念能够更好地解释品格观念中情感与理性之关系，以及自我概念。不仅如此，侯活士认为叙事概念还能够解释道德的存在与伦理的理性，这将补足他对基督徒道德的可理解性（intelligible）之说明。[25]换言之，在侯活士而言，基于基督教信仰的叙事特征，基督教的故事本身就是一种道德规范，它能够塑造和指导基督徒的生活，它具体体现在基督徒如何真实地视景这个世界，以及如何处理与这个世界之关系中。由此，侯活士对叙事概念有不同的阐释。他解释，

---

23 George A. Lindbeck, *The Nature of Doctrine: Religion and Theology in a Postliberal Age*, p. 65.

24 曹伟彤，《叙事与伦理：后自由叙事神学赏析》，第 73 页。

25 Stanley Hauerwas, Richard Bondi and David B. Burrell, *Truthfulness and Tragedy: Further Investigations in Christian Ethics*, p. 1.

　　　　叙事是一个重要的概念范畴（conceptual category），它作为理解
　　一些议题的知识论和论证方法，旨在描述个人的身份，以及展示基
　　督教确信的内容。[26]

　　因此，侯活士反对学者将其作品归类为叙事神学，或者叙事哲学，甚至
将他称为"叙事神学家"。[27]他澄清，叙事仅仅作为一个概念，帮助他将不同
的主题如品格、视景等连接起来，以此建设性地解释基督徒的道德生活，以
及更好地揭示基督教信仰的本质和有效地解释主观能动行为。[28]

　　基于此，侯活士描述了三种类型的叙事：自我的叙事；自我叙事的传统；
关于上帝启示的叙事。具体而言，一、自我的叙事揭示了自我和世界存在的
偶发性特征，回答了"我是谁"的问题；二、自我叙事的传统承接叙事，主
要关乎自我叙事所身处的传统，说明了人的自我叙事是从其身处和继承的传
统而获得；三、关于上帝启示的叙事，这也是关于上帝救赎的叙事。这种叙
事主要说明上帝如何在耶稣的生活和以色列的历史中通过叙事的方式将自
己启示出来，这叙事揭示了上帝与以色列和耶稣之约的故事，以及教会作为
耶稣生活的重演所持续下去的历史。[29]因此，第三种叙事与前两种叙事截然
不同。

26　Stanley Hauerwas and L.Gregory Jones eds., *Why Narrative? Readings in Narrative Theology*, Grand Rapids, Michigan: W.B. Eerdmans, 1989, p. 5. 需要指出，侯活士后期甚至避免称叙事是一个概念范畴，而主要强调叙事的意义，在于它展现了基督教信仰的叙事特征（Stanley Hauerwas, *Performing the Faith: Bonhoeffer and the Practice of Nonviolence*, p. 140.）。在对叙事的讨论中，侯活士始终避免将叙事理论化（theorizing about narrative）。他认为，叙事的意义不在于建构某种理论基础，而是有效地帮助人们理解基督教的信仰。而且，只有置身于该信仰中，人们才能够理解叙事的意义。换言之，当人们反省其与上帝的故事时才能明白叙事的意义。同样的，侯活士也反对将德性理论化。他解释，当人们反省如何被呼召与上帝共融（called to communion with God）时才能理解德性的意义，以及辨别德性（differentiate the virtues）。总之，基督徒最重要的任务是忠实于上帝，而不是忠实"传统"、"群体"和"德性"（Jennifer A. Herdt, "Hauerwas Among the Virtues," p. 214）。

27　Stanley Hauerwas, *Performing the Faith: Bonhoeffer and the Practice of Nonviolence*, p. 136.

28　Stanley Hauerwas, *Performing the Faith: Bonhoeffer and the Practice of Nonviolence*, p. 140; Stanley Hauerwas, *The Peaceable Kingdom: A Primer in Christian Ethics*, p. xxv; Stanley Hauerwas, *Christian Existence Today: Essays on Church, World, and Living in Between*, Grand Rapids, Mich.: Brazos Press, 2001, pp. 25-26.

29　Stanley Hauerwas, *The Peaceable Kingdom: A Primer in Christian Ethics*, pp. 28-29.

韦尔斯（Samuel Wells）称前两种叙事为"由下至上的叙事"（narrative from below）。其原因是，这两种叙事关注人的本质，主要基于人类的经验，从人类学的视角展开叙事，属于经验和描述的范畴。它们不能为人类行动提供规范性或者形而上的基础，但是，它们却揭示伦理学如果只是简单地关注"我应该做什么"之问题，则可能忽视行为者的特殊性。基于行为者的叙事特征（或者人类的特殊性与历史性），则要求伦理学亦应该关注"我是谁"的问题。较之，第三种叙事--"由上而下的叙事"（narrative from above），它与前两种叙事不同，它建基于神学，关注的是圣经叙事如何展示上帝的品格，以及圣经故事的传统又如何塑造了信仰群体之品格。[30]因此，这种叙事对信仰群体至关重要，它解释了群体道德生活塑造之基础。

基于第三种叙事，侯活士解释基督教故事本身就是一种道德规范，它揭示了这个世界的真相，同时指引基督徒如何正确地身处其中。[31]基于此，侯活士批评新约伦理学者，指出他们／她们错误地把《圣经》叙事约化为一些简单的道德原则，或者错误地从圣经叙事中抽取一些抽象概念，比如爱、约和应许等来简化故事本身。[32]这显然忽略了《圣经》故事本身就是一种道德规范的实质。尽管某些从《圣经》叙事中抽离出来的道德原则，如爱、正义与宽恕等，它们能够在一定的道德生活中发挥作用。但是，它们也不可避免地在道德实践中引发争议。比如，同样基于爱，可能带来不同的道德结果：一是基于爱而倡导绝对的和平；二则是基于爱而要求付诸正义战争。由此可见，道德原则必须是在一定的故事语境中。即，道德原则如同德性都需要从它们自己的语境中获得理解。因为道德原则仅仅为道德教育和解释提供了简短提示（shorthand reminder），而真实的意义只能在故事中找到。[33]因此，就神学伦理学而言，原则对于道德论证必须，却又不足够，原则需要故事来具体说明行动和实践与故事导向的一致性。[34]由此观之，侯活士批判非德性伦理的错误在于它们缺乏道德的语境。

---

30 Samuel Wells, *Transforming Fate into Destiny, the Theological Ethics of Stanley Hauerwas*, Carlisle, Cumbria, U.K.:Paternoster Press, 1998, p. 42.

31 Stanley Hauerwas, Richard Bondi and David B. Burrell, *Truthfulness and Tragedy: Further Investigations in Christian Ethics*, p. 74.

32 Stanley Hauerwas, *A Community of Character: Toward a Constructive Christian Social Ethic*, p. 58.

33 Stanley Hauerwas, *Vision and Virtue: Essays in Christian Ethical Reflection*, p. 72.

34 Stanley Hauerwas, *Vision and Virtue: Essays in Christian Ethical Reflection*, pp. 60-61; p. 87; p. 89.

4.2.2 叙事的自我与品格

需要指出，引入叙事概念后，侯活士对品格观念的阐释则更加清楚。具体而言，基于以上的叙事意义和类型，侯活士说明人类历史性的存在对于道德反省不可或缺。从广泛的意义而论，叙事将一些偶发性的行动和事件连结起来，[35]叙事又说明了自我之历史性和特殊性，因而自我最好被视为叙事的自我。[36]所谓叙事的自我，它强调自我之历史性和特殊性，主要说明了故事如何引导行为者的抉择，以及自我从何处获得身份和抉择。由此，它更好解释了自我决定、意图与行动三者之间的关系，即，自我决定的能力取决于有意图的行动，而这有意图的行动正好形成了行为者的行动。但是，这自我决定的能力是如何形成的，在第三章视景观中侯活士给予了解释。他指出，自我决定需要道德视景的指导，视景帮助自我正确地观看自己、世界和他者，以此让自我正确地做出决定和行动。然而，这种视景又是在特定群体的生活中培养的，且在群体生活中自我能够认识到道德的真理建基于该群体的叙事。基于此，道德的自我与特定群体的语言密切相关，"要成为道德的自我就要成为一个群体语言的继承者"。[37]换言之，道德的自我需要特定生活的塑造，而塑造该生活的基本方法是叙事。

从侯活士的这种语言观念可知，他否认个体的语言（private language），因为这可能削弱了使用语言的必要性。侯活士指出，描述性的语言和评价性的语言都要求人们在公共语言中遵从人与人之间的语言规则。因为，"我们解释自己行为的信念和确信都不是我们自己给予的。要成为道德的自我就要成为一个群体语言的继承者"。[38]这成为其本体论上的宣称。侯活士对此解释，

> 自我基本上是社会性的自我，自我不能脱离社会和文化的环境。我们能成为我们自己只因另一个自我首先呈现在我们面前；人们行动的社会本质只是反映了其本质上的社会性；行动与主观能动行为本质上都是社会性相关的（socially dependent）。[39]

35 Stanley Hauerwas, Richard Bondi and David B. Burrell, *Truthfulness and Tragedy: Further Investigations in Christian Ethics*, p. 76.

36 Stanley Hauerwas, *A Community of Character: Toward a Constructive Christian Social Ethic*, p. 144.

37 Stanley Hauerwas, *Character and the Christian Life: A Study in Theological Ethics*, p. 33.

38 Stanley Hauerwas, *Character and the Christian Life: A Study in Theological Ethics*, p. 33.

39 Stanley Hauerwas, *Character and the Christian Life: A Study in Theological Ethics,* p. 33.

从侯活士的解释可知，要成为道德的自我，必须首先要求人之存在。仅此不够，要成为道德的自我，则必须要求个体从属于社会群体，且不能脱离群体的语言。自我、行动与主观能动行为都是语言上相关的观念，它们的可理解性来自特殊语言形成的生活方式。基于这种模式可以获知，自我的意图基本上也是语言性的，因而是社会性的。在行动上，"我只能有意图地行出我能够描述的事情"。[40]相应的，自我的行动也就是公共性和社会性的。

基于这种语言的观念，可能呈现出两种不同的道德知识论。一是来源于启蒙运动，强调自主的个体无需成为语言塑造之群体的成员而获得道德知识；二是认为道德知识只能通过群体成员使用的语言来建构。[41]显然，侯活士的道德知识论主张来自后者，他受后期维根斯坦思想的影响，强调语言与群体的密切关系。该主张贯穿于侯活士的德性伦理，在其九十年代以后的作品中更加突出了这种主张的一致性。但是，侯活士的这种知识论不可避免遭遇的责难是，在同一语言传统中，道德的标准和客观性容易获得理解。然而，在不同的语言传统中，道德的标准和客观性却如何获知。这是侯活士必须面对和回答的问题，对此问题的讨论将在 4.2.4 中详细展开。

4.2.3 故事、自我与品格

以上简单提及了叙事、故事与自我三者之间的关系。但是，对于故事如何揭示自我的身份，叙事又如何呈现自我的一致性，需要详细阐释。

首先，就侯活士而言，所谓的故事必须是真实的故事，因为真实的故事揭示了人类历史的存在、经验、行动和身份。正如阿伦德特（Hannah Arendt）的解释，虚构的故事是由他者编造出来的，不能真正揭示人物的身份。[42]但是，真实的故事却提供了一种正确的主张和描述。因此，这种真实的故事能够给人们提供一种技能让人们避免自欺，从而正确认识真理的道路，并接受正确的指引而沿真理的道路前行。当然，侯活士亦指出人们不能通过对这种真实故事的应用而使故事真实化。反之，这真实的故事却能够帮助人们真实的面

40 Stanley Hauerwas, *Character and the Christian Life: A Study in Theological Ethics,* p. 101.
41 R.Scott Smith, *Virtue Ethics and Moral Knowledge: Philosophy of Language After MacIntyre and Hauerwas,* Aldershot, Hanys, England:Burlington, VT: Ashgate Publishing Ltd., 2003, p. 74.
42 Hannah Arendt, *The Human Condition*, Chicago:University of Chicago Press, 1958, p. 186.

对自己，以及正确地认识这个世界。[43]可见，真实故事在人们的道德生活中扮演着举足轻重的角色。侯活士指出，以色列和耶稣基督的故事就是真实的故事，从而能够帮助基督徒真实地面对自己和他者。不仅如此，这故事还为基督徒存在于这个世界提供了一种道德规范，告诉基督徒什么样的生活才是道德的。

基于此，真实的故事才具有道德的规范作用，并且，故事这种体裁对于自我身份的揭示不可或缺。对此，侯活士引用阿伦德特的观点来解释自己的见解，阿伦德说，

> 要说明某人是谁，这人是我们自己还是其他人，往往词不达意。因此，当我们说某人是谁，我们却解释这人是什么；当我们描述某人必须与其他人分享的一些品质时，我们困惑于如何描述；当我们描述某人是怎样一种类型或者角色的人时，这人的独特性却也不能得到揭示。但是，故事却能够解决这些困难。换言之，我们通过人的传记故事可以解释这人现在是谁，这人曾经是谁。而且，我们也能够了解到关于这人的其他事情。[44]

在阿伦德特的这段论述中，可以看出人们在表述个体的身份之时，往往受到语言本身的限制。但是，故事这种体裁却能够避免该缺陷，从而准确描述个体的身份和独特性。正如这段引文的解释，作者尝试说明个体的身份，即，这人是谁（who somebody is），却描述为这人是什么（what he/she is），这两个问题并不相同，人们在提问和解答的时候却往往将其混淆在一起而不能反映本意。其实，真正的自我（who somebody is）隐藏在表像的自我（what he/she is）之后，使得自我的真实身份难以得到准确的描述。但是，借助故事却可以超越这种限制。而且，可以解释自我其实就是故事的作者。

既然故事可以揭示自我的独特身份，则可以肯定，每个人都有一个独特的故事，这故事能够解释某人生命的历史演变，描述他过去和现在是怎样的人。这在伦理上的重要意义是，需要关注人们独特的生活故事，自我与故事相关。任何尝试抽离自我的故事、背景和历史去讨论行为者的道德行动将是失败的。

---

43 Stanley Hauerwas, Richard Bondi and David B. Burrell, *Truthfulness and Tragedy: Further Investigations in Christian Ethics*, p. 80.

44 Hannah Arendt, *The Human Condition*, Chicago: University of Chicago Press, 1958, p. 181; p. 186.

其次，尽管故事能够揭示自我。但是，不可否认，在完整的故事中自我的身份可能具有多样性和独特性。这是否否认了自我的一致性？侯活士认为，自我并不因此失去其一致性，因为自我的一致性体现在叙事的一致性之中。侯活士解释，

> 在描述上，自我最好被理解为是一种叙事。在规范上，我们需要叙事，它将提供技能去适应我们在生存中必须面对的冲突性忠诚（loyalty）和角色。因此，自我的一致性更像一本好的小说所展示出的一致性，即，许多次要情节和角色有时似乎与小说的主要戏剧情节不相关。但是，缺乏这些次要的情节，我们就不能获得一种一致性去宣称我们的行为是我们自己的行为。[45]

从这段话可知，人们的生活需要内在的叙事（inner narrative）将其遭遇到的各种冲突性的忠诚、角色和事件连结起来。[46]如果这样的叙事遭致失败，那么人格的身份、意向性活动和未来的想象等都将会失去。因此，持续的内在的叙事，即，自我的身份，可以从"自我的连续性"（或者动态性）而不是"不变性"来理解。这种动态的身份，其类型就如同一本小说所展示的统一性（unity）。换言之，这种动态的身份可以包括众多偶发性的事件，以及包括更小的情节和各种人格，甚至包括各种各样的转变，但是，这些事件和转变都可以在叙事中得到结合。

需要指出，自我的一致性体现在叙事的一致性中。该观点主要来源于麦金泰尔，麦金泰尔解释，

> 自我叙事指人在从生到死的故事中能够被他者合理认为是的那个人；这人是历史的主体，这历史是这人而非其他人的历史，这历史具有特别的意义。[47]

这说明，我是我所是，无论在何种时间和地点，自我的一致性同样存在，因为这种一致性存在于自我的历史之中，而自我的行为也只有在这种历史当中才可被理解。但是，这种历史却是通过自我叙事来展现。这种自我叙事具有"自我稳定性"（self-constancy），或者"一致性"（coherence）的特征。这种叙事自我的稳定性正如一本好的小说所展示出来的那种统一性。在其中，

45　Stanley Hauerwas, *A Community of Character: Toward a Constructive Christian Social Ethic*, p. 144.

46　Stanley Hauerwas, Richard Bondi and David B. Burrell, *Truthfulness and Tragedy: Further Investigations in Christian Ethics*, p. 27.

47　Alasdair MacIntyre, *After Virtue: A Study in Moral Theory*, p. 217.

动态的身份包含了诸多偶发性的事件和转变，但因着叙事，这些事件和转变都可以被统一。由此可见，自我的身份亦具有动态性和稳定性，或者一致性之特征。

基于该叙事的自我，侯活士否定了现代笛卡尔式的（Cartesian）先验的自我，康德式的超越的自我，以及后现代"自我的死亡"（death of the self）等观点。因为前两者强调自我的主体性，要求自我保持静态的身份，而不受其主观能动行为和偶发性的历史影响。然而，侯活士认为叙事的自我却要求自我必须面向复杂变化的历史和依赖他者，自我呈现的是动态身份。

对于后现代"自我的死亡"，它解释自我是语言的产物，也是社会文化的产物。这种自我观忽略主体的经验，否认我们是自我决定的行为者，仅仅将自我置于社会文化下。强调自我不是由意识（consciousness）和道德的主观能动行为所构成。反之，这自我是海德格尔所言"境遇下的自我"（situatedness），或者"此在的自我"（Dasein）。[48]但是，侯活士却指出自我不是纯粹语言和社会文化的产物，尽管自我可能受语言和社会文化的影响。但更重要的是，自我是自我决定的主体，它具有认识能力，可以主动选择自己愿意接受的故事，而又不受任何故事的随意限定。因为，我们通过我们接受为自我的故事来认识自己。尽管我们生活的故事又被更宏大的故事（社会、政治和神话故事）所建构，我自己的故事也发生在这更大的故事中。[49]但是，宏大故事不一定能够限制自我故事，因为自我有自主性，以致于在可能受到宏大故事影响，或者限制的环境下，自我仍然具有自我反省的能力，自我有能力从其所属的历史、文化和传统等背景来选择自己接受的故事。因此，侯活士叙事的自我同样否定后现代"自我的死亡"。

总结而言，侯活士的自我具有传统和社会的身份，而不是一个抽象的、个体的，以及混杂着后现代精神的概念。并且，自我受限于空间与时间，是历史的自我，因为该自我是关于上帝的故事塑造之自我。再者，侯活士的叙事统一了特殊性与普遍性，而否定二者是非此即彼的关系，比如自我有小故事，也处在大故事之中，二者并不矛盾。[50]

---

48 Anthony C. Thiselton, *Interpreting God and the Postmodern Self*, Edinburgh: T&T Clark Ltd., 1995, p. 122.

49 Sallie TeSelle, "The Experience of Coming to Belief," *Theology Today* 32.2, 1975, p. 160.

50 John B. Thomson, *Living Holiness: Stanley Hauerwas and the Church*, p. 25.

需要指出，侯活士强调自我的故事也不止一个，自我的故事由原型故事塑造。所谓原型故事，意指一些故事能够提供特别清楚的情节或者范例，而这些情节或者范例又不断重复发生在其他故事中。[51]这说明原型故事本身也彼此交织，它们又处于更宏大的他者故事之中，并受其建构。尽管如此，自我身份的一致性并未遭致分裂。因为，个人身份是角色统一的前提，而叙事的统一又要求角色的统一。缺乏这种统一性，就不能讲述故事的主体。[52]

换言之，某种叙事中的某人，与另一种截然不同的叙事中的某人是同一个人。这能够通过可理解的叙事来解释。因此，呈现在不同原型故事的自我同样是那个具有相同身份的自我，只是她／他在不同的时间地点呈现在不同行动和事件中。这就排除了分裂的自我之可能。进一步，尽管自我的故事和他者的故事彼此交织连结，自我的故事是他者故事的一部份，正如他者的故事是自我故事的一部份。但是，自我的故事与他者的故事能够通过目的（telos）获得统一。[53]

基于此，侯活士强调如果人们要活出道德的生活，则需要批判性地评价不同的故事，而这种评价的能力又取决于人们的品格，而品格又取决于人们接纳作为权威（canonical）的故事。因为，

> 我们总是发现自己身处在各样的历史中--我们的家庭、得克萨斯、美国历史等，每种历史都由诸多内在关联的故事构成。因此，道德的任务要求人们获得技能，比如品格，它能够使我们以真理的方式询问这些不同类型的叙事。[54]

所以，在品格与故事的关系中，呈现出一种循环状态，即，自我发现其处于广泛的故事之中，这些故事既可能塑造自我，又可能限制自我成为怎样的人。这被塑造的人又不断在其道德生活中展现其品格。

4.2.4 叙事的真理性与相对主义的诘难

从前面的讨论可知，侯活士将道德生命的塑造建立于品格、视景和叙事三个范畴，展示的是一种叙事性的道德观念。这种观念的主要前设是，人类

---

51 Stanley Hauerwas, Richard Bondi and David B. Burrell, *Truthfulness and Tragedy: Further Investigations in Christian Ethics,* p. 28.

52 Alasdair MacIntyre, *After Virtue: A Study in Moral Theory,* p. 218.

53 Alasdair MacIntyre, *After Virtue: A Study in Moral Theory,* pp. 218-219.

54 Stanley Hauerwas, *A Community of Character: Toward a Constructive Christian Social Ethic,* p. 96.

的存有和行动是历史性的，不可避免地具有一种特殊性，或者偶发性。因此，任何自我身份的意识（品格）、对真理的探求（视景）都需要依赖相关传统的叙事。并且，道德的真理与行为者的故事密切关联，如果尝试在一种时间和偶发性以外寻求公共的道德理性将是不可能的。换言之，人们不能在传统以外找到一种方法，或者尝试找到一种普遍性的标准去判断叙事的真理性，即，付诸四海皆准的普遍性道德原则并不存在。这说明，评审真理的标准只能来源于一个传统中，而这标准又是由传统中真实的叙事所提供。[55]由此可见，在真理的论证方法上，侯活士与理性主义思想者不同，前者强调真理的论证不能抽离与之相关的传统；后者却强调主体的理性，比如笛卡尔（Rene Descarte）认为真理的知识取决于理智理性（mental rationality），休谟（David Hume）则认为其来自经验理性（empirical Rationality），这种理性论证的方式广为流传乃至发展成为自然科学实验的普遍方法以探求自然界的真理。但是，侯活士批评这种理性论证方式忽略了主体的偶发性之历史影响，而将主体约化为与客体、现实无关的旁观者。因此，侯活士主张，必须承认主体的处境化和历史性，必须承认在现实中并不存在道德真理的普遍性。

基于侯活士的叙事观念和道德理性，许多学者批评侯活士的品格伦理具有一种相对主义的形态，其结果是一种没有公共理性的分离主义（sectarian）伦理思想。简言之，批评者的质疑是，如果所有的道德追问都是相对于某一特别的传统，那么，人们便不能在两个不同的传统之间进行任何公共理性的讨论或仲裁。[56]

这些比较有代表性的批评者是古斯塔夫森、罗宾（Wesley Robbins）、麦克伦登（James McClendon）和史密斯（Joanmarie Smith）。他们的批评如下：古斯塔夫森批评，侯活士为了将基督教伦理与其他伦理加以区分，以维持基督教伦理的独特性，却使得基督教的确信无法矫正。因为基于特殊传统的伦理学只可能要求人们忠实于它，而无需进一步的外在论证。如果缺乏外在的论证，则可能导致人们放弃真假的评价范畴，甚至是客观性的观念。[57]古斯塔

55　Stanley Hauerwas, *A Community of Character: Toward a Constructive Christian Social Ethic,* p. 149.

56　曹伟彤，《叙事与伦理：后自由叙事神学赏析》，第131页。

57　James M. Gustafson, "The Sectarian Temptation: Reflections on Theology, the Church, and the University," pp. 152-153. 需要指出，古斯塔夫森并不是否定建基于宗教和道德信仰上的历史特殊性。相反，他尝试从知识论上确保我们的历史性，同时又提供客观性、普遍性的基础。

夫森指出，人们需要在语言之外，通过对其他传统的认识和比较来确定真理。可见，"侯活士对叙事的忠诚实际变成了自我论证"；[58]罗宾评论，"如果采纳侯活士道德理性的纯粹叙事理论，那就不可避免地接受了道德相对主义"；[59]麦克伦登指出，"如果否认侯活士的道德相对主义，就等于误解了其理论"；[60]史密斯提出，"不能只强调基督教故事，原则在道德中扮演着同等重要的角色"。[61]布莱克（Rufus Black）综述了这些批评者的言论，指出这些质疑主要是针对侯活士的叙事真实性(truthfulness)，[62]认为它完全是自我指涉(self-referential)。因此，这种叙事真理具有认识论上的主观主义，或者相对主义的危险。[63]

关于相对主义这个诘难，其实不仅仅是侯活士，也是其他社群伦理（communitarian ethics）与德性伦理倡导者等需要回应的问题。因为，社群伦理强调真理需要在相关群体的行为和倡导的原则中获知，群体的实践体现了真理；德性伦理强调理性与叙事、传统密切关联，理性在本质上依赖于传统，真理和客观性本身也与传统密切相关；并且，叙事和传统塑造群体，群体又展现了其真理。就德性伦理而言，这种真理与群体的密切关系溯本求源，其主张来自亚里士多德。在亚里士多德的实践智慧中，他指出实践智慧是关于行动的实践知识，这种知识与德性相关，[64]可称之为充满德性的知识。

因此，基于实践智慧，侯活士提出不能将客观性视为认识论或者知识论的概念，而是实践概念。[65]其中，知识和德性不可分割。客观性与群体的自我

58 James M. Gustafson, "The Sectarian Temptation: Reflections on Theology, the Church, and the University," p. 148.

59 Wesley Robbins, "Narrative and Religion," *Journal of Religious Ethics,* 8/1, 1980, p. 175.

60 James William McClendon, "Three Strands of Christian Ethics," *Journal of Religious Ethics*, 6/1, 1978, p. 73.

61 Joanmarie Smith, "The Need for 'Rule' Ethics and the Practice of Virtue," *Religious Education,* 80 no.2, Spring , 1985, p. 262.

62 侯活士通常采用"真实性"而不是"真理"（truth）这个说法。他认为，"真实性"能够更好表达他对叙事实践性的强调，以此说明"真理"来源于叙事塑造的群体而不是外部。

63 Rufus Black, *Christian Moral Realism: Natural Law, Narrative, Virtue, and the Gospel*, p. 186.

64 Christopher Lyle Johnstone, *Listening to the Logos: Speech and the Coming of Wisdom in Ancient Greece.* Columbia, S.C.: University of South Carolina Press, 2009, p.194; p.197.

65 麦金太尔同样强调实践的重要性。他解释，实践作为复杂的社会活动形式内在的善得以实现，以及德性获得培养与展现。（Jennifer A. Herdt, "Hauerwas Among the Virtues," p. 216.）。

认知相关，客观性不能脱离群体的历史，而历史的权威来自内在于实践的善。这就肯定了客观性的不假外求。对此观点的看法，努斯鲍姆与侯活士如出一辙，她说，

> 亚里士多德要求我们观察自己的实践，从不同方面观察我们所信任的是哪种判断。这种什么时候信任谁的判断来自我们。比如，我们求医是因为我们信赖医生。亚里士多德坚持，这种信赖无需通过进一步的判断来确保先前的判断；因为我们所行的这个事实已经充分"证明"了之前的判断。我们选择专家的理由不是在我们的实践之后，而是在实践之中。这样的专家事实上帮助我们解开了迷惑。[66]

这段话一方面反映了亚里士多德实践理性的论证过程，即，他诉诸的是相关群体的实践，而不是外在抽象的、确定的命题，或者外在的实践。并且，这种实践理性的循环论证是不言自明的。另一方面，努斯鲍姆通过对亚里士多德实践理性之诠释，认识到实践对道德生活的决定作用，以及客观性与群体自我认知的关系。因此，在亚里士多德理论背景下，不难理解侯活士主张叙事真理性的原因，他认为真理性和客观性来自真实的叙事性所塑造的群体。真实的叙事能够塑造群体的品格和实践，这些实践和品格却又有效地反映了叙事的真实性。由此可知，群体展现了知识论上的必要性。相对而言，叙事的真理只能通过上帝在历史中的启示，以及上帝在以色列人和教会中建立的传统中获知。因此，真理本身并不是相对性的，只是存在知识论上的相对性。弗格森解释，侯活士的这种主张是本体论上的现实主义和知识论上的相对主义。[67]

纵观以上对亚里士多德和侯活士德性伦理思想的解读，不难发现，这种道德客观性的循环论证是必然的。并且，依赖于传统的理性不能寻求外在于传统的其他论证，更不能提供本体论上的宣称。但是，这却遭致了学者的批评，即，道德真理最终可能受到相对主义的威胁。这种威胁主要体现在，如果所有道德询问和客观性是基于特殊形式的生活和传统中主体间的共识。那么，在持不同真理和理性概念的传统之间就无法展开理性的讨论。因为这些

---

66 Martha Craven Nussbaum, *The Fragility of Goodness,* Cambridge; New York: Cambridge University Press, 1986, p. 248. 本书中译本，徐向东　陆萌译《善的脆弱性：古希腊悲剧和哲学中的运气与伦理》（南京：凤凰出版传媒集团：译林出版社，2007）。

67 David Fergusson, *Community, Liberalism and Christian Ethics*, p. 54.

传统之间缺乏真理的共同标准。并且，在这些传统之间的对话也不可能进行
下去，即便彼此尝试寻求对话，这种对话也可能由于"我们的真理"，"你们
的真理"之分歧，引发不同真理观以冲突的方式结束对话。

　　侯活士认为，这种相对主义的标签主要来自基础主义式的知识论对真理的
看法。[68]基础主义认识论受启蒙运动的影响，主张用一种共同的准则和脱离传
统的理性方法来认识真理，它寻求一种绝对的标准，或者非历史范畴的客观性
来保证某种理性的宣称。侯活士指出，这种认识真理的方法是无法实现的。因
为人历史性和有限性的本质决定了人们无法找到放之四海皆准的标准来解释
真理。因此，应该放弃基础主义式的真理解释方法。不仅如此，侯活士指出，
知识论上的可行方案必须接受某种确定的相对主义。因为这个世界是多元化
的、分裂的存在状态，人们有不同的历史、文化语言和群体。[69]这构成了事实
上的相对主义（the fact of relativism）。所谓事实上的相对主义，主要在于这个
世界多元化的现实是不可否认的，人们难以在后现代多元化的世界中获得价值
上的一致性。换言之，世界存在价值上的相对主义，而非真理的相对主义，这
是两种截然不同的相对主义主张。[70]因此，侯活士并不否认绝对真理必然存在，
只是强调人们需要在基督教真实故事之引导下通过实践来论证真理和认识真
理。同样，哈曼（Gibert Harman）亦认同事实上的相对主义之观点，他认为这
个世界的基本事实是，充满了差异性。因此，不能不承认道德相对主义是正确
的。其他学者之所以批评相对主义是因为他们／她们持道德绝对主义的观点。
两种不同进路的道德哲学前设，必然带来道德理论上的分歧。[71]

68　Stanley Hauerwas, *Christian Existence Today: Essays on Church, World, and Living in Between*, p. 9. 这种基础主义的主张类似于道德上的一元论（monism），认为人们可以通过理性的方式找到一套普世的道德标准，且人们都遵循这套道德标准。（Bimal Krishna Matila, "Ethical Relativism and Confrontation of Cultures," In Michael Krausz, 1989, p. 339）。

69　Stanley Hauerwas, *A Community of Character: Toward a Christian Constructive Social Ethic*, pp. 101-102. 侯活士的这个观点并非原创，而是来自哈曼。参见，Gibert Harman, "Moral Relativity Defended," *The Philosophical Review*, 84, 1975, pp. 3-22.

70　关于相对主义的讨论比较复杂，它亦不是本论文关注之重点。若欲详细了解之，可参阅书籍，William C. Placher, *Unapologetic Theology: A Christian Voice in a Pluralistic Conversation*, Louisville, Ky: Westminster/John Knox Press,1989.

71　Gibert Harman, "Is There a Single True Morality," In Michael Krauz ed., 1989, pp. 363-365. 其实，这反映出两种不同进路的道德哲学主张，一类是道德相对主义、不可知论和怀疑主义；另一类是道德绝对主义。可见，不同的进路导致道德理论上的分歧。

不仅如此，汤姆森（John B Thomson）解释，叙事概念让侯活士超越了"事实"与"价值"之分离（divorce）。因为叙事揭示了人们品格形成之原因，而品格又让行为者证明了"事实"在某种方式上与其群体的故事相关联，且该群体反映了体现在群体实践中的"价值"。由此，"事实"受"价值"影响，而"事实"又取决于行为者身处的叙事。[72]由此可见，"事实"与"价值"不可二分。

需要指出，尽管侯活士承认这种事实上的相对主义。但是，侯活士绝不是一个相对主义者，他反对"对你们是真的"，"对他们／她们也是真的"之相对主义观点，他亦反对道德上的虚无主义者和怀疑主义。他甚至指出，尝试在这个多元化的世界寻求绝对的真理标准更可能导致虚无主义和怀疑主义。因此，为了正确理解相对主义的本质，侯活士提出了见证（witness）的实践主张。简言之，侯活士旨在通过实践--基督徒的生活方式来证明基督教信仰的真实性，即，基督教信仰与见证密切关联，信仰为见证提供了形式与内容，而见证则是基督徒用语言与行动宣称信仰的方式。[73]所谓见证，不是先验地判断他者的信仰和生活，比如基督教不是先验地判断印度教，或者佛教，它们哪些方面是正确的，哪些方面是错误的。其理由是，基督徒并不拥有普遍性的真理，或者标准，不能强迫所有人接受，甚至跟从他们／她们所相信的真理。因此，基督徒不能对相异的信仰持有一种先验的评判。相反，基督徒和非信徒一样都是罪人，都需要接受邀请加入教会来寻求救赎的可能，这种可能来自十字架的力量和基督的复活。这就要求人们成为上帝的子民，成为一个群体来实践真理的可能性。[74]并且，该实践建基于以色列人与耶稣基督的叙事，又接受该叙事之引导，且让这种叙事实践成为可能。

由此可见，侯活士不是以理论辩论来讨论和解决相对主义的问题，以及对真理的看法，而是采用了一种实践的策略来回应相对主义。侯活士指出，在这个分裂的世界中，需要寻找一种生活的技能，以"真实的选择"、真实的生活来展现真理。[75]换言之，通过实践来论证真理。该实践是我们必须活出来

72 John B. Thomson, *Living Holiness: Stanley Hauerwas and the Church*, p. 25.

73 Paul J. Griffiths, "Witness and Conviction in With The Grain Of The Universe," *Modern Theology*, 19:1, January, 2003, pp. 71-72.

74 Stanley Hauerwas, *A Community of Character: Toward a Constructive Christian Social Ethic*, pp. 104-105.

75 Stanley Hauerwas, *A Community of Character: Toward a Constructive Christian Social Ethic*, p. 103. 需要指出，侯活士所采用的"真实的选择"这种实用主义进路主要

的样式（we must live），它是一种见证（witness）。[76]但是，这种实践／见证必须来自基督教真实故事之引导（侯活士从基督教信仰的立场设定了基督教故事的真实性），故事塑造人们的品格，人们依照品格作出与品格匹配的行动。比如，故事能给予人勇气，让其能够继续生活下去。因此，这种实践必须依赖于叙事和传统。同样，真理也不能与其他价值量度分割，这些价值量度指一致性、公义、正义、喜乐和满足等。[77]

此外，基于基督教的故事，见证（信仰的实践）包含了他者在场的诠释意义。这种诠释的前提是真理是历史性的。真理是一种诠释的表现，它通过文化语言，以及在文化语言实践中获得诠释。[78]在知识论上，真理的历史本质反驳了自我论证。因为，见证是面对不同传统，而不同传统之间谁拥有真理并不确定。从诠释的角度而言，见证不是真理的不同版本之冲突，而是作为一种诠释对话，它能产生批判性的关注，通过这种关注使得真理得到辩证性的认知、修正和扩展。具体而言，见证这种对话能够保证他者的在场，展示他者丰富的实践和独特故事的特征。这种对话不是聆听他者说什么，而是观看他者是谁，避免将他者约化为自我认知的延伸；[79]见证者与他者的接触，需要从对方这"陌生者"（stranger）的存在开始。这亦表明见证者的叙事传统与他者叙事传统相遇时，同样是一种陌生的方式开始的，这就要求彼此认识叙事传统背后相异的生活方式。因此，侯活士不断强调见证与和平的品格相关。因为不同传统相遇时，常常遭遇强迫和被迫接受的命运。[80]于是，和平的品格就显得至关重要。并且，在此过程中和平之品格也不断得到塑造与实践。

以上通过对"见证"的论述，说明了它在知识论上的必要性。总结而言，"陌生者"的在场要求传统进入一种批判式的自我检视之中。这种检视包括

来自威廉（Bernard William）。威廉在其著作《道德：伦理学导论》（*Morality: An Introduction to Ethics*）中详细阐释了相对主义。参见，Bernard William, *Morality: An Introduction to Ethics*, New York: Harper & Row, 1972, pp. 20-39.

76　Stanley Hauerwas, *With the Grain of the Universe: the Church's Witness and Natural Theology.* Grand Rapids, Michigan: SCM Press, 2002, p. 39.

77　Stanley Hauerwas, Richard Bondi and David B. Burrell, *Truthfulness and Tragedy: Further Investigations in Christian Ethics,* p. 80.

78　Anthony C. Thiselton, *Interpreting God and the Postmodern Self,* p. 13.

79　Stanley Hauerwas, *After Christendom: How the Church Is to Behave If Freedom, Justice, and a Christian Are Bad Ideas,* p. 159.

80　Stanley Hauerwas, *A Community of Character: Toward a Constructive Christian Social Ethic,* pp. 22-27; pp. 105-107; Stanley Hauerwas, *The Peaceable Kingdom: A Primer in Christian Ethics*, p. 109.

该传统需要接受自身真理的审查，同时需要接受陌生者的评估。通过这双重的评估，二者更知道自己的身份，以及自己的限制和可能性。[81] 仅此不够，当传统认识到自己的限制时，它需要革新和富于想象力（imagination）地重新调整。换言之，想象在知识论上十分重要。因为想象可以帮助传统脱离某种具体的实践而进入到一个更加丰富的实践之中，与其他传统相遇、接触，从而丰富起来。[82]

当然，传统与传统之间的相遇、接触亦并非必然成功。当陌生者与他者的传统相遇时，亦可能将对方视为对自我身份的威胁。因此，传统之间的接触可能倾向于用武力"武装"自己，或者成为防御性的意识形态上的自我论证。当一个传统越是固守自己的叙事和信念，就越是抵触其他传统，乃至否认自我和他者传统的检视、创造性的再调整。这种不断地固步自封，或者自我论证，使传统更容易僵化为一种意识形态上的机械主义。当一个传统越是不能开放自己，其故事越是容易成为某种意识形态，而且，这种传统更倾向于用暴力确认其所认可的真理。显而易见，这种传统之间的接触就不再是诠释性的。只有当一个传统以和平的方式接触他者在场的传统，这种接触在知识论上才是成功的。为了获得这种和平式的接触，要求传统必须保持基本的开放。这种开放意指，愿意视他者为他者，允许他者信念的不可靠性，或者被说服去接受他者的在场和信念以丰富自己的视景，甚至超越自己的视景。这就是侯活士强调"谦卑"的德性是见证真理的首要条件之原因。换言之，当一个传统（透过陌生者辩证性的见证）谦卑地认识到自己故事的有限性，以及明白见证的诠释必然性，那么，它已经在通往真理的道路上了。[83]

基于上述观点，侯活士尤其着重教会在世界上的见证。[84]他认为，教会的见证是自身与他者的接触，是明白他者在场的开端。见证不是聆听他者说什

81 Stanley Hauerwas, *The Peaceable Kingdom: A Primer in Christian Ethics*, p. 27; p. 45.

82 Alasdair MacIntyre, *Whose Justice? Which Rationality?*, Notre Dame, Ind.: University of Notre Dame Press, 1998, pp. 361-366.

83 Emmanuel Katongole, *Beyond Universal Reason: The Relation Between Religion and Ethics in the Work of Stanley Hauerwas*, pp. 175-177.

84 侯活士指出，尤达（John Howard Yoder）与保禄（John Paul II）帮助我们更好地明白了教会的见证不仅仅是基督徒在这个世界的生活方式，而且也展现了基督徒信仰的真实性。换言之，尤达与保禄从实践的角度证明了侯活士所倡导的教会实践不是一套理想主义似的教导，而是切实可行的真理表达。参见，Stanley Hauerwas, *With the Grain of the Universe: the Church's Witness and Natural Theology*, p. 217.

么，而是去观察他者是谁；见证不是浪漫化的沟通，而是教会的品格、叙事和视景与社会陌生的品格、叙事和视景的诠释性接触。这样，教会若要作见证，一方面要求自身要与世界有一定的分别，另一方面也要以开放的胸怀接触他者。教会的见证角色是宣讲耶稣基督的叙事，以自身的语言和要求去服侍世界。因此，教会的责任不是用某些信仰系统对应现代人的需要，不是谈论教会与世界共通的地方，而是指出教会与世界的不同。简言之，侯活士没有着墨于真理的形而上之讨论，他只是主张真理可等同生命实践的表现。这些表现受到基督叙事的影响，是人在生命旅程中的品格之呈现。与林贝克一样，侯活士的做法似乎没有专注于回答对应性真理的问题，他只用了其他真理观去取代，着重系统内在的连贯一致性、生命的品格、传统的记忆、对话性的议题，或者对陌生人和他者的开放性等，以这些作为真理评定的标准。因此，这是一种美学式的真理观，所着重的是表现性的价值（performative value）。[85]基于此，教会作为信仰的群体就格外重要，因为教会群体的生活诠释了／表现了（perform）《圣经》文本与文本的真实性。作为如此特殊的群体，其必须具备道德生命之特性，如圣洁、和平等。[86]对此，将在第五章详述。

最后，作为研究巴特的专家，弗格森精辟地总结侯活士所述的故事、真理、圣言和群体彼此相关。"因为圣言本身要求教会的见证，而教会的认信又取决于对圣经之见证；圣经的见证又是透过圣灵的工作指向耶稣基督；由此教会的故事之所以真实是因为它取决于上帝／耶稣的故事，这故事不能被教会随意添加和删除。因此，基督徒生命的见证与真理不可分割"。[87]换言之，真理展现在群体实践生活中，而不是体现在理论论证中。教会的见证角色可以模拟为应用自然科学上的实验，它能够测试基督徒所宣讲的关于上帝与这个世界的真理。因此，侯活士反复强调基督教不是一套抽离传统与实践的抽

---

85 曹伟彤，《叙事与伦理：后自由叙事神学赏析》，第 204-205 页。所谓表现性 "performance, the performative"，这个词最早由奥斯丁（J.L.Austin）提出，意指一种声明不是关注它是以描述或者假定的意味表达真理或者谬误，而是指这种声明表现了一种行动，其实更像是重新展现了这种行动。比如，誓言、诺言就具有这种含义，它们不能视为内在思想或者精神状态的外在性和可见性现象，因为它们本身就表达了某种契约关系的完成。参见，Garry J. Deverell, *The Bonds of Freedom: Vows, Sacraments and the Formation of the Christian Self*, Eugene, OR: Wipf and Stock, 2008, p. 6.

86 Jennifer A. Herdt, *Putting On Virtue: The Legacy of the Splendid Vice*, p. 165.

87 David Fergusson, *Community, Liberalism and Christian Ethics*, p. 70.

象观念，而是一种信仰的实践活动，这基本体现了侯活士的真理观。需要指出，侯活士的该观点来源于巴特。侯活士受巴特影响，强调神学是言说上帝且真实地见证上帝这位至真至善者之实践活动，而神学就是伦理学，该伦理学主要揭示了基督徒的生活方式，该生活方式又只能在教会中得到认识与实现。因此，教会在基督徒实践信仰的真实性上扮演着重要角色。[88]然而，教会如何具体地展现了基督徒的生活方式，亦将在第五章中详述。

4.3 总结：品格、视景与叙事

前三章从道德的品格、视景和叙事三个范畴，分别探讨了侯活士对道德生命的建构。从侯活士的论证来看，他首先设定人类存在和行动具有偶发性和历史性之本质，这意味着人类的存在和行动都具有特殊性。那么，自我身份（品格），对道德的想象（视景），以及对真理的探求（叙事）都取决于特定历史的准则，而这准则又体现在特定传统的实践和故事之中。这说明叙事至关重要，不仅如此，叙事在道德的知识论和方法论上更是扮演着重要角色，比如描述个体的身份，以及展示道德确信的内容。具体而言，侯活士认为叙事作为另一种类型的道德理性，它包含着这样的观念，即，道德真理与行为者的故事，或者品格相关联。这意味着人们不能站在时间和偶发性之外寻求道德的理性。作为历史的存在着，人类无法否认自己的历史性，更不能在其历史之外，在叙事的范围之外探求道德的真理。

此外，既然道德生命是历史性与偶发性的，道德生命就具有特殊性，它必然朝向历史的变化开放，并且依赖他者，它亦必须要面对与不同人群接触带来的冲突和矛盾，并在其中深化生命的内容和本质。于是，康德式的伦理学主张将道德理性从人类历史存在的历史性与偶发性中抽离出来的尝试，无疑是一种失败。这种非历史性的尝试还可能导致自我成为僵化的、机械的自我。并且，基于非历史性的主张而倡导寻求一种放之四海而皆准的普遍伦理原则，而不考虑不同处境的特殊性，这亦是一种失败；其次，叙事作为另一种类型的道德理性，它强调故事的真理与故事所塑造之生命所包含的真理相关。因此，叙事的道德理性不能与行为者的故事分割。叙事的真理性是其所

---

88 Stanley Hauerwas, *With the Grain of the Universe: the Church's Witness and Natural Theology*, pp. 141-171.

塑造之生命的真实性。那么，人不能在其历史之外，亦不能在叙事传统之外寻求真理。因此，真理的标准必须来自传统内部，这标准是传统中真实的叙事所提供的。但是，真理的标准同样向他者开放，接受他者的检视，并重新检视和调整真实生活的标准。

总结而言，道德品格、视景、理性与真理的宣称都取决于叙事，以及拥有共同故事和实践的群体。

第五章　品格的群体

在第四章中已经讨论叙事如何将品格和视景连结起来，以及叙事如何揭示了它在伦理之知识论上的重要性。仅此不够，侯活士更强调基督教叙事与群体密切关联，因为叙事的真理性需要群体来实践。这体现在叙事的具体内容塑造了群体的道德生活与品格，而群体又在实践中演示（perform）故事，说明了故事之真实性。因此，基督徒的道德生活方式必须与故事讲述的群体生活方式相一致，即群体所行要体现故事所述。由此可见，从叙事到群体，群体既作为故事中的角色，又是故事的演示者，其圣洁的品格就格外重要。[1]

此外，群体的本质主要取决于耶稣的生活与事工，耶稣的生命展现了上帝和平之品格，这品格同样透过耶稣完全的人和完全的神之二性体现在耶稣的生活、受死与复活之历史事实中。因此，和平是群体的重要品格，作为耶稣的门徒，实践和平是见证上帝和平国度之首要任务。该和平国度已经在耶稣基督的受死与复活中实现，这是群体见证之基础。吊诡的是，该和平国度并不意指已经在现实世界中实现，现实世界同样充满了纷争与暴力。因此，作为耶稣的门徒，群体见证和平国度之同时又需要接受现实中的悲剧，即，接受这个已然未然（already but not yet）的现实世界中的种种局限与苦难。由此，群体必须具备宽恕、爱、友谊、忍耐、盼望之德性。其中，宽恕、忍耐与盼望是主要德性。换言之，这些德性是基督徒必须获得之技能（skill or excellence），它们帮助基督徒认清现实世界的真相，从而正确展现其道德生命。[2]

1　Stanley Hauerwas, *The Peaceable Kingdom: A Primer in Christian Ethics*, p. 100.
2　William Werpehowski, "Talking the Walk and Walking the Talk," P. 231.

5.1 圣洁

5.1.1 圣洁与效法

侯活士强调基督教的叙事塑造了群体的道德生活方式，而群体则必须生活在该叙事中并继续演示故事。因此，作为叙事的延续者，圣洁的生命尤其重要。[3]所谓圣洁的生命，它主要体现在故事讲述的耶稣基督道成肉身的生活方式之中。因此，基督徒圣洁生命的塑造是将耶稣基督的故事作为自己的故事，效法耶稣基督的品格，并将品格的塑造作为生命的旅程。这说明基督徒的圣洁生命不是意指对其身份的描述，它亦不是一种抽象的概念。[4]它主要强调信徒要效法耶稣基督，即，在耶稣基督里塑造圣洁的生命，让信徒品格的不同方面都朝向"像耶稣基督"。[5]换言之，信徒正如披戴基督（putting on Christ），[6]从而能够行出基督般的圣洁品格。[7]

需要指出，"效法"（imitation，或称之为"模仿"）不仅仅是信徒的实践活动，它亦是整个人类，包括动物自觉或者不自觉地重复他人／她人的行为过程。由此，亚里士多德称人类是世界上最善于模仿的动物。[8]所不同的是，动物的模仿是出于本能，且为着生存之目的；而人类的模仿主要基于道德的理由，其模仿的过程体现了行为者的理性能力。简言之，"效法"是行为者理性之实践活动，其实践过程主要透过习惯来改进（refine）。该习惯则逐渐转化为德性。[9]因此，效法耶稣基督就是信徒培养耶稣般的品格。

---

3 侯活士强调圣洁的原因还在于，基督教在公元第四世纪成为国教之后，基督徒面临的威胁不再是来自外在的逼迫而是来自教会内部。因为信徒逐渐模糊了基督徒的独特性，混淆了作为基督徒最重要的任务是成为圣洁，而不是效法这个世界，随波逐流，乃至于丧失了自己的身份。换言之，信徒逐步与生存的世界妥协，失去了独特身份。因此，信徒群体需要重新厘清基督教与世界之关系，需要重拾圣洁的身份。Stanley Hauerwas, *Performing the Faith: Bonhoeffer and the Practice of Nonviolence,* pp. 42-43.

4 Stanley Hauerwas, *The Peaceable Kingdom: A Primer in Christian Ethics*, p. 94.

5 Stanley Hauerwas, *Character and the Christian Life: A Study in Theological Ethics*, p. 23.

6 《罗马书》13：14；《加拉太书》3：27；《歌罗西书》3：9-10；《以弗所书》4：22-24 都有类似经文。

7 Jennifer A. Herdt, *Putting On Virtue: The Legacy of the Splendid Vice*, p. 2.

8 Aristotle, *Poetics,* Oxford: Clarendon Press, 1972, 48b5.

9 Jennifer A. Herdt, *Putting On Virtue: The Legacy of the Splendid Vice*, p. 26.

进一步，所谓效法基督，它是基于基督教叙事之可行性实践活动。因为该叙事揭示上帝在历史中的行动如何体现了其圣洁品格，而耶稣基督道成肉身的生活与事工则启发了圣洁生活之可能。因此，侯活士以叙事为本，分别从希伯来叙事和希腊文叙事两个维度来说明信徒圣洁的可能性。首先，在希伯来叙事历史中，上帝已经透过对以色列子民之信实（faithfulness）展现了其圣洁品格之所在。比如，故事描述上帝如何带领以色列民过红海、出埃及地，在西奈山颁布律法，将士师、先知和祭司赐给他们／她们，群体则透过故事来认识上帝的信实而学习成为圣洁（就是忠实于上帝之道）；其次，上帝对信徒信实之延续性并没有中断。在希腊文叙事中，进一步展示了上帝如何将耶稣赐给其子民，让他们／她们在耶稣基督的生活、事工和受死中更清楚认识到上帝的圣洁属性。由此，群体借着成为耶稣的门徒，学习效法耶稣，事实上就已经成为了上帝生命的一部分。并且，信徒在其中找到了自己真正的家--上帝之国度（教会）[10]，而群体则通过成为上帝国度之子民成为圣洁，并由此可能显示上帝本性--持续的爱。[11]在这里，侯活士将效法上帝与成为耶稣的门徒效法耶稣统一起来，即，效法耶稣就是效法上帝，像耶稣就是像上帝。效法耶稣则是活在耶稣基督透过生活、受死和复活建立的神人关系之中。[12]因此，它要求信徒生命的转变（transformation）而不是表现（performance）。[13]

侯活士用叙事阐释了上帝、基督与群体之关联性，以此说明群体成为圣洁之可能。需要强调，这里所指的效法不是个人主义式的，而是社群性的效法。从侯活士的品格伦理而言，没有人能够靠做有品格的人所做的事情而成为一个有品格之人，人们只能按照有品格之人的做事方式来行事才能成为一个有品格的人。并且，有品格的人是在群体中培养而成的。因此，仅仅靠模仿无法成为有品格之人，它要求个人要成为群体的一员，由此而获得品格。[14]因此，侯活士强调门徒关系，成为门徒就是成为群体的一部分，并能够参与

---

10 侯活士十分强调教会，他认为上帝的主权在实践上等同于上帝之国，上帝之国的代表就是教会。并且，上帝的主权已经在耶稣的位格中实现了，即，耶稣已经将天国呈现在地上 。因此，效法耶稣也具体体现了上帝主权的行使。参见，Samuel Wells, *Transforming Fate into Destiny, the Theological Ethics of Stanley Hauerwas*, p. 93.

11 Stanley Hauerwas, *The Peaceable Kingdom: A Primer in Christian Ethics*, p. 67; p. 76.

12 Stanley Hauerwas, *The Peaceable Kingdom: A Primer in Christian Ethics*, p. 87.

13 Jennifer A. Herdt, *Putting On Virtue: The Legacy of the Splendid Vice*, p. 115.

14 Stanley Hauerwas, *The Peaceable Kingdom: A Primer in Christian Ethics*, p. 76.

品格的实践。由此可见，有品格的生命不是偶发性的，也不是理论推演的结果，它是在传统中透过学习与操练逐渐形成的。其中，耶稣基督的叙事形成了一个传统，门徒是在该传统的群体中获得生命的转变。[15]并且，作为效法的对象，耶稣在历史中的道成肉身宣称了新的社会秩序--上帝国度的开始，这是群体能够效法并参与其中的基础。耶稣作为圣洁生命存在的原型和教会的创建者，他启示了基督徒应该怎样生活。更重要的是，耶稣基督的死亡和复活成为他继续呈现在教会生活以及这个世界之基石。尽管教会不是道成肉身的延续，但是，教会是见证这事件的存在者，也是忠心活出基督般圣洁生命的认信者。不仅如此，侯活士强调圣餐的意义，指出圣餐记念了上帝在耶稣的出生、生活、受死和复活中的呈现，而教会则在圣灵的引导下继续在圣餐中见证这事件，并透过圣餐转化为圣洁生命。基于此，侯活士将圣洁品格与圣礼相结合，[16]强调圣礼转化群体为圣洁子民，而圣洁子民又成为圣礼之表征。

以上阐释了叙事、群体与效法三者之间的关系。但是，侯活士强调，从叙事理解效法必须从以色列开始。按照希伯来叙事所示，以色列人相信自己历史中发生的一系列事件对于理解上帝与人类的关系起了决定作用。在这种关系中，上帝指明了以色列人必须参照的生活方式。并且，上帝总是作为先行者，走在以色列人前面作指导和榜样。换言之，叙事揭示了神圣的，圣洁的典范。同时，上帝又作为看顾者，陪伴和成为他们／她们的同伴和导师，直至信徒认识到上帝本身就是道路，从而正确行在上帝的道路上，即，透过先知、君王和祭司的途径来效法上帝。而希腊文叙事则描述基督徒如何延续以色列人的召命，效法上帝。所不同的是，耶稣的生命被视为以色列生命的重演，更是上帝在世界中的真正生命。由此，基督徒通过成为耶稣的门徒，学习效法耶稣，以此学习效法上帝，从而获得品格的塑造。[17]因此，自以色列为起点，再回到耶稣具体的生命中，这种效法经历了历史的流变却依然保持着信仰和实践的传统。作为耶稣的门徒，就必须进入基督信仰的故事，并在这个固守传统的群体中透过学习和训练而得到生命的转化和铸造，最后成为像上帝的子民。当然，侯活士也强调在此学习和训练的旅程中，圣灵的指引和带领同样重要。但是，无论效法上帝，还是效法耶稣，以及品格的获得都必须是社群性的共同作为。

---

15 Stanley Hauerwas, *After Christendom: How the Church Is to Behave If Freedom, Justice, and a Christian Are Bad Ideas,* p. 107.

16 对此观点将在 5.1.2 中详细阐释。

17 Stanley Hauerwas, *The Peaceable Kingdom: A Primer in Christian Ethics*, pp. 76-79.

需要指出，在侯活士的品格伦理中，他高举教会，强调群体的重要性有其现实意义。因为他主要批判北美新教个人主义式的基要主义和自由主义之圣经观与教会论。基要主义强调唯独圣经，而忽略教会的权威，认为任何个体的读者都能够掌握文本的意义；自由主义则强调个人主体经验，主张个体更甚于教会或圣经之权威。吊诡的是，前者是基督教内部 19 世纪末产生的运动，旨在反对自由主义。然而，二者在教会立场上却均受启蒙运动的意识形态影响，强调个体的理性，以及理性个体的独立自主性，即，无需成为教会的一员亦能明白真理。[18]因此，二者都忽视教会的权威，否定教会的重要性。

在对基要主义和自由主义的批判中，较之而言，侯活士对后者的批评更甚。他解释，后者的圣经诠释方法比前者更容易分割圣经与教会的实践。理由是，自由主义沿用的历史批判（historical-critical）理论着重文本的意义，却限制了教会应用圣经伦理的能力。[19]并且，从自由主义学术主张而言，其对圣经的研究趋于专业化，却把《圣经》分割的更零碎，不是将其作为一个正典的整体，或者教会所认可的正典来看待。结果是，《圣经》被视为客体化的文本，或是学术研究对象，而不是一个在群体中具有权威和规范性要求的神圣经典。[20]由此，基于对基要主义与自由主义前设与结论之批判，侯活士重申《圣经》文本的阅读必须是群体性而非个体性的，文本的阅读必须发生在教会中。换言之，必须是教会而不是个别读者决定《圣经》的阅读。尤为重要的是，教会本身就是一个鲜活的文本诠释者与演示者（performer）。

总结而言，在侯活士的品格伦理中，他将教会置于较高的位置，强调教会群体的圣洁与实践，而反对新教的个人主义；他强调《圣经》文本阅读与诠释的群体意义；他也强调教会的合一（unity）与大公性（catholic），他指出教会群体的合一体现在圣餐中，教会不受时间、空间与语言的限制，而它们

---

18 Stanley Hauerwas, *Unleashing the Scripture: Freeing the Bible from Captivity to America,* Nashville: Abingdon Press, 1993, pp. 29-38.

19 Stanley Hauerwas and William H. Willimon, *Resident Aliens: Life in the Christian Colony,* pp. 8-9.

20 Stanley Hauerwas, *Unleashing the Scripture: Freeing the Bible from Captivity to America,* Nashville: Abingdon Press, 1993, pp. 7-9; 曹伟彤，《叙事与伦理：后自由叙事神学赏析》，第 140 页。需要指出，在《圣经》文本与教会之关系上，侯活士的立场更近似于天主教。他甚至称赞天主教对梵二会议议案之坚持，即，强调上帝的神圣话语是由传统与圣经共同构成。因此，一些新教神学家认为侯活士的教会论更具有天主教教会论的特征。

仅仅体现了教会的多样性（diversity）。该多样性之合一性却具体展现在群体的实践中。[21]

5.1.2 圣洁与圣礼

在前面指出，效法上帝的圣洁是群体的共同实践活动。进一步，该实践还体现在圣礼（liturgy）中。就侯活士而言，教会是一群特殊的子民，[22]具有清晰的标记--圣礼，藉以分辨教会与世界之身份。圣礼演示了（perform）耶稣的故事，让基督亲临与再现，圣礼又按照耶稣的形象塑造了群体，且帮助群体去聆听与讲述耶稣的故事，以及不断提醒群体如何忠实地行在上帝的道路中从而成为圣洁的群体。群体则通过圣礼对基督故事的演示而不断回忆起耶稣与门徒的关系，以及耶稣的事工，从而理解效法之意义。其中，圣灵的工作不可或缺。[23]由此，透过浸礼和圣餐，信徒能够进入上帝的生命，成为耶稣基督故事的一部分，从而成为圣洁子民之可能。[24]此外，圣礼不仅仅是属灵生命（spiritual）的塑造，它还体现在实践中，具体塑造信徒的伦理生活。[25]比如，教会在主日向无家可归者提供丰盛的食物，此举作为圣餐的延伸展现了基督徒在世界的实践活动。[26]通过该实践基督徒学习到如何成为耶稣的门徒在现实世界服务他者，以及见证基督教信仰的真实性。[27]

简言之，教会演示圣礼，圣礼同样展示了教会应有的实践模式。并且，圣礼赋予群体想象力去理解和实践上帝之和平国度。因此，圣礼揭示了上帝与这个世界之关联性，亦说明圣洁子民与圣礼的子民（sacramental people）彼此不可分割。

---

21 Stanley Hauerwas, *Unleashing the Scripture: Freeing the Bible from Captivity to America,* Nashville: Abingdon Press, 1993, pp. 22-23.

22 Stanley Hauerwas, *Christian Existence Today: Essays on Church, World, and Living in Between*, p. 10.

23 David Fergusson, *Community, Liberalism and Christian Ethics*, p. 70.

24 David Fergusson, *Community, Liberalism and Christian Ethics*, p. 107.

25 Stanley Hauerwas and Charles Pinches, *Christians among the Virtues: Theological Conversations with Ancient and Modern Ethics*, p. 69. 侯活士强调教会的实践除去祷告、崇拜之外，还包括关心身边的穷人、弱者，以及有需要的帮助者。通过该实践信徒才能转化自己的生命，并参与到上帝的生命之中。

26 Stanley Hauerwas, *Christian Existence Today: Essays on Church, World, and Living in Between*, pp. 111-125.

27 Stanley Hauerwas, *With the Grain of the Universe: the Church's Witness and Natural Theology,* pp. 228-230.

侯活士具体引用《哥林多前书》11：17-26 来解释圣洁的群体与圣礼的群体之间的关系，

> 我现今吩咐你们的话，不是称赞你们；因为你们聚会不是受益，乃是招损。第一，我听说你们聚会的时候，彼此分门别类，我也稍微的信这话。在你们中间不免有分门结党的事，好叫那些有经验的人显明出来。你们聚会的时候，算不得吃主的晚餐；因为吃的时候，各人先吃自己的饭，甚至这个饥饿，那个醉酒。你们要吃喝，难道没有家吗？还是藐视神的教会，叫那没有的羞愧呢？我向你们可怎么说呢？可因此称赞你们吗？我不称赞！我当日传给你们的，原是从主领受的，就是主耶稣被卖的那一夜，拿起饼来，祝谢了，就擘开，说："这是我的身体，为你们舍的，你们应当如此行，为的是纪念我。"饭后，也照样拿起杯来，说："这杯是用我的血所立的新约，你们每逢喝的时候，要如此行，为的是记念我。"你们每逢吃这饼，喝这杯，是表明主的死，直等到他来。

侯活士解释，这段经文宣讲了复合（reconciliation）的信息，复合来自耶稣基督的宽恕、怜悯和十字架上的牺牲。圣餐不仅仅作为复合的预表，它还建立了群体的合一性，塑造了群体应有的生活方式，而它又要求群体必须合一。侯活士强调，如今的教会如同经文中的哥林多群体，如果希望参与圣餐就必须改变自己的行为和态度，需要有生命的转变，不可分门结党与彼此纷争。换言之，圣餐要求信徒首先学习彼此相爱，学习在他者的同在中生活，学习在群体中培养有品格的生命--爱、忍耐、宽恕与和平等。唯有如此，才可能成为一群完全的（perfect）的子民，且学习到宽恕敌人，包括宽恕自己是上帝藉以成就和平国度的方法。[28] 此外，这段经文还揭示了末世论之信息，尽管圣餐预表上帝国度已经（already）来临，这是教会作为耶稣的身体必须成为和平群体之基础。但是，它亦宣告了耶稣基督的再来，这是和平子民盼望之缘由。基于末世的盼望，信徒才能理解忠心、忍耐等德性的意义。因此，侯活士的教会论与末世论密不可分。

需要澄清，侯活士强调信徒生命的圣洁与实践旨在说明教会与世界的不同存在方式，而不是意指教会需要抽离世界。反之，他强调教会要成为耶稣的门徒，像耶稣一样道成肉身，住在这个世界中成为"完全"（perfection）的

---

28 Stanley Hauerwas, *The Peaceable Kingdom: A Primer in Christian Ethics*, pp. 109-110; Stanley Hauerwas, *Sanctify Them in the Truth: Holiness Exemplified*, p. 90.

人，这是来自上帝的诫命--《马太福音》5：48，上帝说："所以你们要完全，像你们的天父完全一样"。基于此，侯活士将圣洁与"完全"结合以此描述信徒生命，他强调信徒的"完全"是透过其圣洁品格来展现的。因为"完全"取决于上帝的恩典与人持续不断地自我努力。[29]不仅如此，圣洁品格还为信徒的"完全"提供了生命成长范式之想象。"完全"可以被称之为基督徒生活之目的。因此，信徒追求完全--成圣，不是意指信徒要追求某种道德决定，活出道德上的纯洁，而是指自我在信仰上的整全性（wholeness）。[30]这整全性基于耶稣故事的真实性透过耶稣的故事，自我能够成为我所是，以及成为上帝和平与公义之群体中的一员。同时，借着这真实的故事，自我才能够认识到自己内心深处的暴力，并在具体实践中学习如何放下这些暴力倾向。因此，成圣是在真理中塑造自己的生命，是将耶稣的故事变为自己的故事，以此活出基督的样式，它是自我不可或缺、不可停止之成长历程。更为重要的是，唯有这样的生命才有能力追求和平。[31]

再者，建基于实践，成圣是一个动态而非静止的过程，它更是群体性的活动与任务，它关注群体的生活如何逐渐与耶稣的生活趋于一致。[32]换言之，信徒生命是一个动态向前发展的形式，它可以呈现不同的状态。但是，它必须进入圣徒相通的具体生活中，在故事、传统的指引下，跟从群体的师傅学习技艺，领会自己应当成为怎样的人，以及学习做什么，从而在群体中得到生命的转化，趋于完全。[33]由此，故事与群体是螺旋般的关系，呈不断上升趋势，逐渐趋于一致。

---

29 侯活士的成圣观念受卫斯理（John Welsley）的影响，他本人也属于卫斯理宗（Methodist）教派。他强调，成圣是上帝的恩典，同时也需要自我持续不断的努力。基于此，侯活士批判新教改革宗仅仅强调"唯独信心"的教义，而忽略了信徒需要在具体的宗教道德生活中追求有德性的生活。换言之，"称义"掩盖了成圣。由此可见，除了卫斯理宗派外，大部分新教宗派忽视德性、自我努力（self-cultivation）和属灵导师等对信徒道德生活的塑造。因此，侯活士具体在《品格与基督徒的生活》的第五章详细阐释了成圣的意义。

30 Stanley Hauerwas, *Sanctify Them in the Truth: Holiness Exemplified*, Nashville: Abingdon Press,1998, pp. 141-142.

31 Stanley Hauerwas, *The Peaceable Kingdom: A Primer in Christian Ethics*, pp. 94-95.

32 Samuel Wells, *Transforming Fate into Destiny, the Theological Ethics of Stanley Hauerwas*, p. 30; Stanley Hauerwas, *Sanctify Them in the Truth: Holiness Exemplified*, p. 142.

33 Stanley Hauerwas, *Sanctify Them in the Truth: Holiness Exemplified*, p. 142; Stanley Hauerwas, *After Christendom: How the Church Is to Behave If Freedom, Justice, and a Christian Are Bad Ideas*, p. 107.

需要指出，侯活士强调信徒生命的圣洁和完全，强调教会的任务是向这个世界展现其真理的身份。这并不代表他主张一种精英主义的道德模式。他认为，教会不是某种群体的理想化身，而是一群蒙恩的罪人，它同样需要接受上帝国度的审判。[34]并且，群体分别为圣，不是意指这群体比其他群体更好，而是指这群体被要求忠于上帝的呼召，以此预先尝试上帝国度的滋味。在此意义上，成圣更是一种生命的服事与牺牲。[35]在此过程中，是上帝不断引导群体达致真理的终极目的。因此，成圣必定不是意指个体、群体在道德上之卓越，而是上帝的恩典不可或缺。[36]再者，侯活士强调教会的圣洁与成圣，这并不意指教会无误（infallibility）。较之，他承认教会可能犯错，但是，这并不能否认教会可能在这个世界见证上帝的恩典。因为教会实践的知识论基础建基于上帝，即，教会圣洁的有效性取决于上帝的行动，教会圣洁的可能性来源于耶稣基督十字架上的复活。

总结而言，侯活士强调教会是圣洁的群体，旨在说明教会与世界的不同存在方式，而不是意指教会需要抽离世界。由此，他又将教会模拟为"天国的殖民地（colony）"，尝试说明旧的国度已经在基督里完结，新的国度却已在教会中展开，基督徒是暂存世界之寄居者（resident alien）。他说："教会是一个殖民地，是另一种文化中的岛屿。在浸礼中，我们的公民身份发生转变，由此我们成为自己所处文化中的寄居者"。[37]除此之外，侯活士还将教会模拟为"新的城邦（a new polis）"，强调这新城邦是由上帝的故事所建构的，是福音塑造其政治。因此，教会不需要适应、融合，或者妥协这个世界的政治体系。[38]对于教会而言，政治意指教会应当成为一个怎样的群体，以致于能够忠实于基督教信念的故事。[39]由此可知，侯活士所关心的城邦与政治不是指信徒

---

34 Stanley Hauerwas, *Christian Existence Today: Essays on Church, World, and Living in Between*, p. 102；侯活士强调教会与上帝国度并非并存，教会在这个世界演示和见证了末世的国度。透过教会，也让人们看见上帝并未放弃这个世界。参见，Stanley Hauerwas, *Christian Existence Today: Essays on Church, World, and Living in Between*, p. 17; Stanley Hauerwas, *A Community of Character: Toward a Constructive Christian Social Ethic*, p. 106.

35 Stanley Hauerwas, *The Peaceable Kingdom: A Primer in Christian Ethics*, p. 60.

36 Jennifer A. Herdt, *Putting On Virtue: The Legacy of the Splendid Vice*, p. 12.

37 Stanley Hauerwas and William H. Willimon, *Resident Aliens: Life in the Christian Colony*, p. 12.

38 Stanley Hauerwas and William H. Willimon, *Resident Aliens: Life in the Christian Colony*, p. 30.

39 Stanley Hauerwas, *A Community of Character: Toward a Constructive Christian Social Ethic*, p. 2.

的社会政治参与，而是成为一个"新城邦"，以先知的身份去认识政治，以及见证另类的政治福音。正如侯活士所言，"真正的权能来自教会甘心作仆人之身份，而不是来自统治者的身份"。[40]因为只有当教会首先成为一个"新城邦"，它才能为社会建立一个新的城邦秩序。

再者，侯活士强调教会作为临在于社会之群体，有其自身的使命和身份，它的任务不能与社会的任务混淆在一起。教会的首要社会伦理任务是成为教会--仆人的群体，教会并不拥有一套社会伦理。[41]因此，教会与世界之间不可避免的存在一种张力，或者抗衡关系，甚至教会是敌对世界的社群。但是，即便在这种张力之下，也不可否认上帝要使用教会救赎这个世界。因此，教会既敌对世界又是为着世界，教会与世界更是一种辩证关系。

5.1.3 分离主义的指控与回应

以上所述，侯活士高举教会，着重教会的独特性，这被学者批评为有一种避世主义倾向。其中最具有代表性的批评者是古斯塔夫森和米斯坎贝尔（Wilson D. Miscamble），古斯塔夫森批评侯活士的教会实践缺乏公共性，忽略对社会的关注，是分离主义的一种表现。他指出，"侯活士的神学伦理主要建基于对福音叙事的唯信（fidelity），而缺乏对社会公共事务之参与"。[42]古斯塔夫森强调，神学需要进入社会、文化、政治等更广阔的公共空间。否则，就是部落式的、封闭的分离主义。[43]米斯坎贝尔则从理查德·尼布尔（H. Richard Niebuhr）的"基督与文化"之关系来批评侯活士的教会论是"基督反对文化"（Christ against culture），他认为这种主张是一种分离主义。它表现在教会群体缺乏参与社会政治生活的向度，教会仅仅拥有自己的一套政体，缺乏与外界的合作与对话。[44]蒂曼（Ronald F. Thiemann）归结侯活士的教会论是一种分离主义的社群主义。[45]

---

40 Stanley Hauerwas, *The Peaceable Kingdom: A Primer in Christian Ethics*, p. 102.

41 Stanley Hauerwas, *The Peaceable Kingdom: A Primer in Christian Ethics*, p. 99.

42 James M. Gustafson, "The Sectarian Temptation: Reflections on Theology, the Church, and the University," p. 148.

43 James M. Gustafson, "The Sectarian Temptation: Reflections on Theology, the Church, and the University," p. 146.

44 Wilson D. Miscamble, "Sectarian Passivisim, "*Theology Today*, 44, 1987, p. 73.

45 Ronald F. Thiemann, *Religion in Public life: A Dilemma for Democracy*, Washington, D.C.: Georgetown University Press, 1996, p. 99.

古斯塔夫森、米斯坎贝尔与蒂曼将侯活士的教会论冠以分离主义之名，究竟这种术语来源何处，本意何指，需要进一步厘清方能辨析双方之争论。关于分离主义这个概念，由来已久，它主要来源于"宗派"（sect）这个概念。所谓"宗派"，通常指信仰团体在教义、实践和领导方面偏离主流，或者"正统"的规范。在欧洲，政治上的建制（established）教会称非建制的教会为"宗派"，这种称谓具有贬损之意。并且，这种负面影响深远，乃至学者把"宗派"与教会对立起来使用。但是，较之"宗派"，"教会"一词更具有正面的含义。因此，拉斯姆森（Arne Rasmusson）[46]指出，如果从这层意义将侯活士的神学伦理学冠以分离主义之名并不正确。其理由是，侯活士并没有否认大多数教会的合法性，他的神学伦理学不是为特殊的教会群体服务，而是为着大公，或者普世教会。基于此，如果称他的神学伦理学是分离主义，实质上不是指它相对于大公教会是"宗派"的，而是指它针对这个世界（也就是教会所处的文化和社会，尤其是国家和政治文化的精英）是"宗派"的。换言之，"宗派"这个概念在传统上主要意指对教会合一性的挑战。但是，发展到今天主要指拒绝为建设正义的社会负责。[47]拉斯姆森正确指出了学者对侯活士的批评之所在。

进一步，"宗派"这个概念最初主要应用于社会学领域，这可追溯到韦伯（Max Webber）和特洛尔奇（Ernst Troeltsch），尤其是后者直接与神学相关的分析影响广泛，乃至后来的学者对这类问题的讨论都离不开其提供的视角和相关术语。特洛尔奇用"教会"、"宗派"和"神秘主义"来解释教会历史，在他看来，"教会"与"宗派"的对立和辩证关系构成了教会历史和社会的发展。这类"教会"主要指建制教会，它们的特征是保守、接受世俗秩序、统治大众，以及拥有共同主张，由此被国家和统治阶级用于维持和扩张统治，以及稳定社会秩序。[48]

较之"教会"，"宗派"指的是规模较小，同时更个人化和群体化的信仰与实践。它们与低下层阶级联系更为紧密，无统治世界之念头，却更追求平等主义的理想和实践。它们亦强调与世界的分离，以及宗教自由的群体身份。

---

46 需要指出，拉斯姆森对分离主义的讨论是迄今为止最详尽的。

47 Arne Rasmusson, *The Church As Polis: From Political Theology to Theological Politics As Exemplified by Jürgen Moltmann and Stanley Hauerwas*, Notre Dame: University of Notre Dame Press, 1995, p. 233.

48 Arne Rasmusson, *The Church As Polis: From Political Theology to Theological Politics As Exemplified by Jürgen Moltmann and Stanley Hauerwas*, p. 234. 这种教会类型也被称为君士坦丁主义（Constantinianism）。参见 Ernst Troeltsch, *The Social Teaching of the Christian Churches,* pp. 328-343.

在神学上，它们强调基督的神性与门徒关系，以及耶稣的生活与福音信息。尽管它们将"教会"等同于上帝之国度，却更是在末世论的意义上来理解这个国度。[49]

以上指出特洛尔奇用分类学的方法定义了"教会"与"宗派"。但是，特洛尔奇的这种定义却受到了侯活士的质疑。侯活士指出，特洛尔奇的分类学前提是，尝试把宗教分为两个层面：一个是社会的；另一个则是纯粹宗教的。在特洛尔奇而言，耶稣与"社会问题不相关"，基于此，"社会伦理"就不能用耶稣的生活来作出解释，而所谓"社会伦理"主要指它能够提供一套方法来管治社会。因此，"社会伦理"与国家的需要相关，却与教会和家庭无关。侯活士反对特洛尔奇的这种分类学前设，以及它带来的相关结论。侯活士指出，耶稣的救赎本身就是社会和政治的，而无需创造一套所谓的社会政治信息强加在耶稣的救赎之上。因此，特洛尔奇把基督的宗教信息和社会信息分类，或者分离，是现代的二元论。[50]基于此，建立在特洛尔奇的分类学之上的"分离主义"指控并不正确。侯活士极力反对这种指控，并展开积极抗辩。在其书《基督徒存在的今天：关于教会、世界与活在其间的文章》（*Christian Existence Today: Essays on Church, World and Living in Between*）中，他辩驳其教会立场来自门诺会（Mennonite）神学家尤达（John Howard Yoder）的教会论，而尤达的本意也否定教会需要抽离现实世界。[51]侯活士解释，基督徒不是面对一个简单抉择，即，完全地参与社会文化，或者彻底地抽离之。基督徒必须决定的是，这种参与是否与其委身的信仰相一致，并且，这种参与取决于特定的叙事语境。[52]换言之，基督徒参与这个世界的前提是谨记自己的门徒身份。进一步，他指出基督徒并不仅仅生活在教会之中，基督徒也是其他群体的成员。比如，侯活士本人就具有多重身份，既是大学教师，德州人，又

49 Arne Rasmusson, *The Church As Polis: From Political Theology to Theological Politics As Exemplified by Jürgen Moltmann and Stanley Hauerwas*, P. 234; Ernst Troeltsch, *The Social Teaching of the Christian Churches*, pp. 333-334.

50 Arne Rasmusson, *The Church As Polis: From Political Theology to Theological Politics As Exemplified by Jürgen Moltmann and Stanley Hauerwas*, PP. 235-336; Stanley Hauerwas, *After Christendom: How the Church Is to Behave If Freedom, Justice, and a Christian Are Bad Ideas*, P. 58.

51 Stanley Hauerwas, *Christian Existence Today: Essays on Church, World, and Living in Between*, pp. 3-21.

52 Stanley Hauerwas, *Christian Existence Today: Essays on Church, World, and Living in Between*, pp. 11-12.

是美国公民。作为教师与美国公民，他分别有教师的职责与公民的义务。但是，在这种多重身份中，他可以根据不同的角色前设选择性地参与某些社会服务，他也有能力设置不同服务的优先性。比如，他可以选择不支持任何社会与政治的暴力策略以达致维持内部秩序与外在安全，该决定取决于其信仰的主导性。[53]

因此，侯活士不断重复其主张的教会立场与教会任务。他解释，

> 我们透过成为这样的群体而看见教会要帮助世界明白其本相。
> 如果没有教会指向上帝国度的真实性，这个世界就无法知道其本相。
> 唯有教会活出合一的另类生活，才能让这个世界认识到人与人之间
> 分歧的专横（arbitrariness）。唯有以教会的普世性作比照，这个世界
> 才有方法去认识到那些导致暴力和战争的分歧并不理性。[54]

从引述的这段原文可知，侯活士的原意并不是指教会需要放弃这个世界，而是他相信这个世界是上帝所创造的。教会的任务是向世界展示何谓上帝之创造，让世界认识上帝创造之本意，更认同上帝的本意是可以实现的。侯活士进一步补充，

> 教会与世界是彼此相关的概念，二者不可分割。它们是旅程中
> 的同伴，缺一不可。然而，教会与世界更是敌人而非朋友，这种敌
> 对关系源自教会尝试否认其对世界的呼召和服事--认为这个世界不
> 可救赎，或者将自己的仆人身份转变为胜利者的角色。但是，上帝
> 已经拯救了这个世界，即便这个世界拒绝承认这个事实。因此，教
> 会一定不能放弃世界，以致于让它处于被遗弃的绝望境地。相反，
> 教会要成为一个有盼望的群体以便帮助世界认识其被拯救的身份。[55]

从表面而言，侯活士似乎提出了一种二元论，就是基督的标准与世界的标准。换言之，基督徒的责任有别于非基督徒。但是，侯活士的二元只是行为者而并非国度。他很清楚教会是为他人而活，而绝非为自己。教会对世界的贡献不是借着参与政治改革，而是成为一个另类群体。世界需要教会，不是因为教会能帮助世界运作的更好，或者令世界成为一个更安全的居住地方，而是因为没有教会，我们的世界就不知道自己的身份。唯有当教会活出一个

53　Stanley Hauerwas, *Christian Existence Today: Essays on Church, World, and Living in Between*, p. 15.
54　Stanley Hauerwas, *The Peaceable Kingdom: A Primer in Christian Ethics*, p. 100.
55　Stanley Hauerwas, *The Peaceable Kingdom: A Primer in Christian Ethics*, p. 101.

被救赎群体的生活时，我们的世界才知道它的被救赎性。同样，如果要让我们的世界知道自己被救赎的真相，则需要教会能够提供另类的选择来提醒我们的世界。[56]因此，教会的任务必须是成为教会（be the church），而不是与世界的文化、经济与政治同盟。[57]

弗格森（David Fergusson）同样认为这种分离主义指控并不正确。他指出，首先，"分离主义"是一种争辩性和批判性的标签。但是，其究竟意指什么并不清楚；其次，侯活士的教会论旨在说明通过成为教会，基督徒的任务是向世界展示其真实的身份（true identity）。这种表达更像是"帝国主义"（imperialist），却不是分离主义。[58]教会作为独特的群体，对社会的影响深远，却并不意味着在世俗社会问题的解决方案上需要与之寻求一致。并且，教会反文化（counter-cultural）的独特性不是一种分离主义，而是对这个世界的贡献，是先知性的言说。再者，侯活士的教会论与基督论密切关联，他认为关于耶稣的真理只能在教会群体的门徒关系中获知。换言之，教会是认信基督的知识论基础。[59]因此，侯活士所言说的教会体现了其先知的身份，以及必须的独特性，其展现在教会与世界之间的张力无法避免。

麦克伦敦（James William McClendon）指出，如果用理查德·尼布尔的教会类型学说来标签侯活士的教会论属于分离主义也不恰当。在《基督与文化》一书中，尼布尔列举了一系列的早期人物，从使徒约翰到教父特图良等，指出他们如何主张早期的基督徒抽离现实世界。其理由是，他们所在时代关注焦点是教会的纯洁性，由此揭示了教会对周遭文化之冷漠态度。尼布尔认为这种类型的教会本身处于一种矛盾之中，理由是基督徒一方面在某种程度上受周遭文化影响；另一方面又接受基督教教义的熏陶。基督徒处于一种文化抗争与妥协的尴尬境地。但是，当时的教会却忽略了在展现教会的独特性之同时并不抽离世界，而是积极地在世界见证基督教信仰的真实性。因此，从尼布尔的分析和本意而言，教会反文化，并非分

---

56 龚立人，《柯布，潘能博，侯活士与当代华人处境》（香港：信义宗神学院，1999），第 113 页。

57 William Werpehowski, "Talking the Walk and Walking the Talk," p. 237.

58 David Fergusson, *Community, Liberalism and Christian Ethics*, p. 65.

59 David Fergusson, "Another Way of Reading Stanley Hauerwas?," *Scottish Journal of Theology*, 50, 1997, pp. 243-244. 需要指出，侯活士强调教会是其重要的知识论基础。参见，Stanley Hauerwas, "Failure of Communication or A Case of Uncomprehending Feminism," *Scottish Journal of Theology,* 50, 1997, p. 230.

离主义。反观侯活士的教会论，他倡导教会反文化，却亦积极地主张教会在世界见证上帝，即，作耶稣基督的忠心门徒，这是教会对世界的贡献，这也是参与世界的独特方式。这种参与不是一种选择，亦不是一种偶发性的行动，而是基于圣经中顺服的门徒关系之要求。[60]由此，将侯活士的教会论冠之"分离主义"并不恰当。

斯托特（Jeffrey Stout）[61]却尝试为"分离主义"之说法提供了一条中庸的解决方法。他认为，批评者与侯活士双方都应该避免使用"分离主义"与"自由主义"之术语，该术语容易歪曲双方论辩之本意。前者意味着基督徒在面对社会和政治问题时，必须以其信仰为根据而彻底拒绝参与其中；后者，却是侯活士由始至终严厉批判的对象，正是基于对自由主义的彻底批判，侯活士给其他学者造成的影响是，要求教会拒绝美国整个社会秩序。简言之，如果侯活士不必过于倚重"自由主义"作为批判对象，避免给学者造成影响--似乎侯活士完全拒绝（total rejection）美国的社会秩序。那么，学者或许不再标签侯活士"分离主义"之名。[62]斯托特试图从中立的立场为论辩双方设定一个折中的解决之道。然而，从侯活士的神学伦理学前设与内容而言，他不可能放弃对美国社会、政治和文化"自由主义"之批判。因此，斯托特提供的折中之道只能是假想，并不能付诸行动。

总结而言，从以上古斯塔夫森、米斯坎贝尔和蒂曼对侯活士教会论之批评，拉斯姆森对"分离主义"这个术语来源之解释，以及其他学者与侯活士之回应可知，他们的分歧主要产生于彼此对基督教伦理之不同定义，以及宗教与公共性（世界）关系，或者教会与世界之关系之不同见解。从古斯塔夫森和米斯坎贝尔而言，他们设定基督教伦理就是社会伦理，认为宗教与社会的公共领域密不可分，宗教、宗教群体要进入更广阔的公共空间，应该对社会、政治和文化产生影响，甚至基督教实践（包括崇拜）都应该是公共性的；侯活士则设定基督教神学就是伦理学，神学是为教会服务，[63]教会是在教会这

60　David Fergusson, *Community, Liberalism and Christian Ethics*, p. 65; Jame William McClendon, *Systematic Theology: Ethics*, Nashville: Abingdon Press, 1986, p. 233.

61　斯托特认识侯活士已久，并在学术生涯得到过侯活士的帮助，且熟识侯活士的作品与思想。

62　Jeffrey Stout, *Democracy and Tradition*, Princeton, N.J.: Princeton University Press, 2004, p. 148.

63　Stanley Hauerwas, *Against the Nations: War and Survival in a Liberal Society*, Notre Dame: University of Notre Dame Press, 1992a, pp. 23-44.

个特定群体中实践信仰主张。但是，这并不意味着教会从公共领域中退缩出来。因为教会立足于这个世界之目的是帮助世界认识自己的本相，以及在具体实践中见证基督教信仰之真实性。

基于此，侯活士尝试重新解释公共性，他认为公共性不在于公共和私人之间、教会和世界之间，不同的社群之间的公共理性。基督教伦理不是去发展一种康德主义式、启蒙主义式的公共伦理，它无需规避自身的独特性，而且必须从基督教特有的传统叙事去构建伦理基础，见证生命的意义，以及对社会日常生活中具体的、复杂的和矛盾的脉络提供另类"见证性"的评估。这才是基督教伦理之公共性所在。[64]基于此，侯活士关注点在于如何用耶稣基督的故事诠释社会与政治，如何为当代教会寻找一条合乎信仰，却又能参与社会的神学模式。比如，教会与世界在和平、贫穷和环境等方面合作。因此，侯活士并没有主张教会抽离世界，相反，他不断思考和回应教会应当如何按照耶稣的方式回应社会和服务社会。在此意义上，侯活士的思想更似尼布尔的"基督改造文化"（Christ transform culture）。

综上所论，这种"分离主义"的标签并不正确，确切地说是一种对侯活士教会论之误读。但是，为什么会产生这种误读，且越演越烈乃至遭致不同角度的批评？笔者认为原因在于，近三十年来激进（radical）教会论思想兴起，并不断冲击主流教会论。从社会福音到自由主义神学立场，美国主流的神学家都强调"君士坦丁主义"（Constantinianism）的国家基督教，即，强调教会与国家的紧密关系，主张通过教会来确认世俗社会秩序的合法化。麦克伦敦描述这种主流的教会论特征是，将圣经的故事作为基督徒的故事，同时也将教会的使命作为一种对国家负责的道德责任，却付上了教会应尽之本分的代价，忽略了群体的门徒身份。[65]

由于主流教会论将教会与国家、世界混为一谈，遭致的结果是使教会与国家的利益彼此混淆，甚至成为同一政体，后果是教会失去了自己的信仰身份，失去了先知的批判角色，更可能丧失自身的使命。尤达总结，君士坦丁主义的国教强调今世的末世论，是一种果效（effectiveness）主义的伦理。[66]该

---

64 Michael J. Quirk, "Beyond Sectarianism," pp. 78-79；曹伟彤，《叙事与伦理：后自由叙事神学赏析》，第 135 页。

65 Jame William McClendon, *Systematic Theology: Ethics*, p. 35.

66 John Howard Yoder, *The Priestly Kingdom: Social Ethics As Gospel,* Notre Dame,Ind.: University of Notre Dame Press, 1984, p. 140.

伦理前设的结果是，确认使用暴力的合法化，以便维护国家秩序，这忽略了《圣经》故事强调的爱与和平品格。尤达具体以历史上基督教成为国教后对异教的迫害，以及后期引发的十字军东征等事实为例阐释了其论点。[67]不可否认，麦克伦敦与尤达的批判和回应客观而正确。作为尤达的跟随者，侯活士不断强调教会的任务就是成为教会，即，成为忠心跟随耶稣基督的门徒，顺服这位弥赛亚，见证上帝和平国度之可能。侯活士解释，群体顺服的焦点与实践基础是十字架，十字架是受苦、非暴力与爱之标志。在现实世界，要效法耶稣成为他的门徒，唯一的方式就是进入教会群体，培养忍耐和爱的德性，甘心乐意地选择和平之路。尽管十字架在现实世界可能意味着苦难，作为顺服的门徒必须有勇气去接受苦难，甚至接受悲剧，这是门徒的代价。

总结而言，基于教会论之分歧，教会与国家关系之不同主张，以及和平与暴力之争拗，主流神学家将侯活士标签为"分离主义"并不正确。事实上，这是处理教会与国家关系之两种不同进路，它们各自的《圣经》诠释基础不同，所设定的教会任务亦不同。因此，以此标签对方，并不恰当与公平。

5.1.4 教会与部落主义

除去"分离主义"的指控，侯活士的教会论还被标签为"部落主义"（tribalism）。夸克（Michael J. Quirk）解释，从一般意义而言，"分离主义"意指教会不能与外界的团体进行理性的对话，该教会的知识论与道德语言只能为其群体所用，这将落入"唯信主义"与"部落主义"之陷阱。侯活士的神学伦理学正如巴特的神学，仅仅关注教会内部的事物，教会逐渐成为文化上的边缘群体，而缺乏公共理性。[68]夸克的批判有其理据，侯活士和威廉（William Willimon）在其书《异乡人》（Resident Aliens）中写道："教会是一个殖民地，是另一种文化中的岛屿。换言之，教会群体是有别于世界的社群，是这个世界的寄居者，旧有世界尽管存在却在基督里已经完结，新的世界已经在教会中开始。因此，教会是具有另类文化的小岛。"[69]不仅如此，侯活士还引用《以弗所书》6：10-20，鼓励基督徒"要用上帝所赐的全副军装，抵挡世界"。[70]

67　John Howard Yoder, *The Priestly Kingdom: Social Ethics As Gospel*, pp. 135-147.

68　Michael J. Quirk, "Beyond Sectarianism," pp. 81-82.

69　Stanley Hauerwas and William H. Willimon, *Resident Aliens: Life in the Christian Colony*, pp. 11-12.

70　Stanley Hauerwas and William H. Willimon, *Resident Aliens: Life in the Christian Colony*, pp. 146-147.

侯活士知道该说法可能遭致批判，因为这主张似乎强调教会要成为防守的堡垒，要抵制外来文化。从其本意而言，侯活士强调教会是一个反主流文化的群体，因为教会要成为教会则必须是反文化的。但是，侯活士反对部落主义之指控。他解释，这种指控来自基础主义知识论的前设。[71]所谓"基础主义"，意指人们能够用一种普遍的，放之四海皆准的方法来表达信仰，能够用非个人化的理性客观地评审信仰，它是启蒙运动思想影响下之产物。但是，侯活士的教会论建基于叙事概念。他解释，教会与叙事密切关联，《圣经》叙事塑造群体，而群体在具体生命经验中展现了该叙事的独特性。由此，侯活士的教会论是"非基础主义"式的。基于此，两种不同的前设导致不同的教会论主张，而以此来标签侯活士的教会论是"部落主义"并不恰当。就侯活士而言，他反对"基础主义"前设，且认为所谓普遍性的理性原则并不存在。再从神学的角度而言，基督教叙事是教会存在之基础，而教会又透过有品格群体的具体实践呈现了叙事之真实性。因此，基督教神学伦理亦是"非基础主义的"。[72]

再者，这种"部落主义"标签还隐含着另一层意思--否定基督教是国家宗教，即，反对君士坦丁主义（Constantinianism）。所谓"君士坦丁主义"，这种看法主要来自北美主流新教教会，他们／她们认为基督教是北美大陆立国之本，基督教是国家宗教。[73]基于此前设，基督教教会与国家政治关联，视国家为宣传福音的工具，要求信仰为国家服务，而国家也为其使用权力宣扬信仰。[74]这种前设产生的相应结果是，基督教群体原本是建基于传统和信仰的群体，却逐渐沦为制度化的产物，它假设全部民众都是教会的成员。因此，教会所持有的独特视角和先知身份逐渐丧失。[75]基督教不再成为宗教，却成为一种世俗文化的代表，这种混杂的信仰使得文化异化了基督教，而非基督教转化文化，或者基督教转化世界。因此，基督教失去了固有的身份。不仅如此，

---

71 Stanley Hauerwas and William H. Willimon, *Resident Aliens: Life in the Christian Colony*, p. 88.

72 Stanley Hauerwas, *A Better Hope: Resource for a Church Confronting Capitalism, Democracy, and Postmodernity*, pp. 23-24; William Werpehowski, "Talking the Walk and Walking the Talk," p. 243.

73 Stanley Hauerwas and William H. Willimon, *Resident Aliens: Life in the Christian Colony*, p. 25; Stanley Hauerwas, *Christian Existence Today: Essays on Church, World, and Living in Between*, pp. 171-185.

74 Stanley Hauerwas and William H. Willimon, *Resident Aliens: Life in the Christian Colony*, p. 25.

75 Stanley Hauerwas, *Christian Existence Today: Essays on Church, World, and Living in Between*, pp. 180-184.

从历史至今君士坦丁强权政治的主张是用权力、武力来转化世界，此乃暴力产生的来源，与耶稣基督道成肉身用生命、死亡和复活来彰显的和平国度相悖。

基于此，侯活士反对君士坦丁主义式的信仰基础，认为国家与教会的连结只可能破坏教会的整全性，亦影响国家固有的角色，二者只能划清界限才能避免混淆彼此应有的角色。[76]因此，教会必须是另一种文化中的岛屿，教会必须成为另类的城邦。总之，教会要成为有别于世界的群体，教会的首要任务是成为教会，教会有自己的一套政体和社会实践。比如，在贫穷之地建立教会宣讲福音；教会在主日开放自己，派发食物给穷人；[77]总之，教会甘做仆人的身份服务这个世界，而不是扮演统治者的角色治理和管制世界。[78]更重要的是，教会要在这个世界成为和平的群体，见证上帝和平之国度。

由此可知，从国家与教会的关系来判定侯活士的教会论是"部落主义"并不正确，学者也忽视了侯活士强调教会如何参与社会的行动，以及教会具体在世界之实践。需要指出，侯活士主张的教会模式不是修道院式的自我封闭的教会形态。反之，其倡导的教会是开放的群体，它热情接待客旅，用友谊化解纷争，以和平回应暴力，以仆人式的服务进入社会。

5.2 和平

侯活士强调教会的本质主要取决于耶稣的生活与事工，耶稣的生命展现了上帝和平之品格，这品格同样透过耶稣完全的人和完全的神之二性体现在耶稣的生活、受死与复活之历史事实中。因此，和平是群体的重要品格，作为耶稣的门徒，实践和平是见证上帝和平国度之首要任务。该和平国度已经在耶稣基督的受死与复活中实现，这是群体见证之基础。不可否认，侯活士的教会论深受其属灵导师尤达影响，[79]尤达强调耶稣的生活和事工，认为耶稣的来临预示着新秩序的展现。因此，耶稣的事工不能与正义与和平的政体分割，而这正义与和平特指耶稣道成肉身在地上展现和倡导之正义与和平。尤达强调，"必须统一耶稣的伦理与教会的伦理，强调耶稣在十字架上死亡的现

---

76 Stanley Hauerwas, *Against the Nations: War and Survival in a Liberal Society*, pp. 122-130.

77 Stanley Hauerwas, *Christian Existence Today: Essays on Church, World, and Living in Between*, p. 160.

78 Stanley Hauerwas, *The Peaceable Kingdom: A Primer in Christian Ethics*, p. 102.

79 William Werpehowski, "Talking the Walk and Walking the Talk," p. 241.

实意义。如果只是将耶稣的死亡作为形而上的救赎，则将割裂耶稣的伦理与教会的伦理。并且，耶稣基督建立了新人类--一群和平的子民。[80]基于此，耶稣的非暴力抵抗，尤其在十字架上的非暴力代价，以及复活对其所行之路的确认都是重要主题，这必须体现在群体之实践中。

尤达与侯活士主张群体和平的品格与和平的国度。吊诡的是，该和平国度并不存在于现实世界，因为现实世界充满了纷争、暴力与冲突。因此，侯活士补充，作为耶稣的门徒，群体必须见证和平，却又需要接受现实中的悲剧，即，接受这个已然未然的现实世界中的种种局限与苦难。因此，群体必须具备宽恕、爱、忍耐、盼望之德性，而这些德性又要求记念与宣讲耶稣基督十字架上受难的故事。其中，忍耐与盼望是主要德性。[81]需要指出，这些德性不能仅仅理解为品格的个体特征（trait），它们必须与实践、群体和传统密切相关，因为它们产生于实践和群体中，又是在传统中传承的。换言之，没有群体实践的传统，就没有德性的个体实例化（instantiation）。由此，这些德性都与特定群体的历史相关。毋庸置疑，该观点呈现了麦金泰尔的德性伦理对侯活士的影响。[82]。再者，基督徒的德性生活建基于信徒对末世论的理解与笃信，以及对上帝应许之信心（尽管它已经展现在故事之中），而不是建立在对教会实际生活功效之预测上。[83]

---

80 John Howard Yoder, *The Politics of Jesus: Vicit Agnus Noster*, Grand Rapids, Mich.: Eerdmans; Carlisle, UK: Paternoster Press, 1993, pp. 96-100. 尤达在《耶稣的政治》（The Politics of Yoder）一书中，主要从福音书的故事探讨耶稣的教训和事工之道德结果。他认为，耶稣的生活、死亡和对上帝国度的宣讲具有政治含义，他展示了基督徒生命的主要规范是一种不抵抗的爱，即，是和平的、非暴力的规范。因此，尤达让侯活士认识到非暴力与基督教息息相关。参见，Stanley Hauerwas, *Hannah's Child: A theologian's Memoir*, p. 60.

81 Stanley Hauerwas, *The Peaceable Kingdom: A Primer in Christian Ethics*, p.103; Stanley Hauerwas, *A Community of Character: Toward a Constructive Christian Social Ethic*, p. 128.

82 Jennifer A. Herdt, "Hauerwas Among the Virtues," p. 213；在侯活士而言，他没有讨论单个德性（singular virtue）与多个德性（plural virtue）之间的关系。他仅仅强调德性的阐释必须与具体语境相关。并且，这些德性（virtues）不仅仅帮助个人成长，它们也有利于建设一个善的社会。参见，（Heuerwas, 1981a, p. 121; Herdt, 2012, pp. 210-11）。再者，侯活士从目的论（teleologically）和社会论（socially）来理解德性，而教会作为和平的群体，其德性的多元化则更为重要。参见，（Herdt, "Hauerwas Among the Virtues," 2012, p. 211）。

83 David Fergusson, "Another Way of Reading Stanley Hauerwas?," p. 70.

因此，在现实世界的和平与争端问题上，侯活士不断强调非暴力不是一种消除分歧，或者战争的策略（尽管它可能是消除战争的方法，也是许多基督徒所期望的结果）。因为作为耶稣门徒的忠心跟随者，非暴力是其最好的想象，它是希望的符号（sign）；[84]它展现了基督徒的道德想象，具体说明了基督徒门徒生活之写照。[85]所以，非暴力不是消极地面对冲突与矛盾，倡导和平品格之群体也不是弱者，或者妥协者。反之，它们是无权的权势之最好写照。因为它能够通过与他者建立友谊关系，通过化敌为友来颠覆暴力的权势。并且，非暴力的权势主要体现在十字架上，耶稣的复活真确展示了非暴力的权能与和平之可能。[86]就侯活士而言，其中友谊（friendship）在非暴力的方式上扮演重要角色，友谊体现了群体对上帝之信实，他们／她们能够接纳他者作为朋友，能够化敌为友。甚至，愿意为着成为他者的朋友付上生命的代价。所谓"朋友"，它包括犹太人、穆斯林信徒和不同宗派的基督徒等。由此可见，群体的德性实践并不局限于教会之内。[87]

侯活士的友谊论立足于耶稣基督，耶稣透过他在十字架上的牺牲来邀请众人成为他的朋友。该友谊绝不是对等的，因为他自己首先选择道成肉身住在人群中成为他们／她们的朋友，并为其牺牲自己，付上生命的代价以宣告对众人的爱。因此，众人在耶稣基督舍己的友谊与爱中学习到如何接纳他者成为朋友，如何用爱化敌为友，至为重要的是，该友谊与爱是效法耶稣基督

84　Stanley Hauerwas and Jean Vanier, *Living Gently in a Violent World: The Prophetic Witness of Weakness*, Downers Grove, III.: IVP Books, p. 55. 需要指出，持正义战争立场的学者通常批判侯活士的和平观是不切实际的乌托邦主义。笔者就此问题请教侯活士对正义战争的看法。他首先否定和平是乌托邦式的空想。他指出，和平建基于圣灵论与末世论，它同样有相应的非暴力之表达，亦在这个世俗世界发挥作用。比如，马丁路德金、曼德拉的非暴力运动就是最好见证。当然，他也不否认战争是解决冲突的方式。但是，它更强调战争带给双方的巨大破坏性，认为战争造成的灾难和创伤在身体上、心灵上都难以估量，并且战争也不能从本质上解决问题。因此，作为耶稣的门徒，和平是基督徒的最好表达方式，他们／她们相信盼望来自耶稣的再临，以及圣灵的有力（powerful）作为。

85　William Werpehowski, "Talking the Walk and Walking the Talk," p. 241.

86　John B. Thomson, *The Ecclesiology of Stanley Hauerwas: A Christian Theology of Liberation,* Aldershot, Hants, England; Burlington, VT: Ashgate Publishing Ltd, 2003, p. 51.

87　Mark Thiessen Nation and Samuel Wells, eds., *Faithfulness and Fortitude: In Coversation with the Theological Ethics of Stanley Hauerwas*, Edinburgh: T & T Clark, 2000, p. 323.

谦卑地放下自己，选择成为异于自己的他者之朋友。[88]由此可见，侯活士所指的友谊与亚里士多德的友谊不同。后者所指的友谊含有自私、骄傲的成分，他强调众人选择朋友是为着爱自己的缘故，也为着自己的善能够更好地被他者认识。[89]因为，朋友是另一个自己（for his friend is another self）。[90]并且，友谊是给予而非接受对方的爱（but it seems to lie in loving rather than in being loved）。[91]因此，二者的友谊之本质与内容截然不同，这也反映出基督新教之德性观与异教之德性观的差异。尽管二者都强调同样的德性，然彼此所指的德性意义却各异，且德性所达致之目的（telos）相差甚远。但是，正是建基于亚里士多德的德性论，也更好地突显出侯活士基督新教德性伦之独特性。诚如侯活士所指，德性作为获得的一种技能（skill/excellence）不是为着实现人类本质的终极潜质，而是为着成为耶稣的门徒。[92]成为门徒意味着放下自我的骄傲，谦卑地跟从上帝。[93]由此，德性之目的（telos）是达致和平，促进人类彼此的关系（mutuality）。[94]同时，基于基督新教德性伦理之独特性，侯活士强调德性的训练根植于人与上帝之关系，信徒需要透过圣礼参与上帝的行动中，且透过日常生活的祷告，敬拜，关顾饥饿者、老弱病残者来实践耶稣基督的德性。[95]

此外，侯活士解释，群体的非暴力是爱的德性塑造之结果，只有当行为者被上帝的爱塑造，他／她才有能力不惧怕他者，并除去暴力倾向。[96]侯活士承认，总体而言，非暴力行动的结果从短期来看较难预测，甚至可能面对悲剧。但是，基于耶稣的故事和门徒的信心，从终末论的角度而言这是基督徒在现实世界的必行之道。[97]

---

88 Stanley Hauerwas and Charles Pinches, *Christians Among the Virtues: Theological Conversations with Ancient and Modern Ethics*, pp. 44-50.

89 Aristotle, *The Nicomachean Ethics*, 1166a1-35.

90 Aristotle, *The Nicomachean Ethics*, 1166a31.

91 Aristotle, *The Nicomachean Ethics*, 1159a26.

92 Stanley Hauerwas and Charles Pinches, *Christians Among the Virtues: Theological Conversations with Ancient and Modern Ethics*, pp. 26-30.

93 Stanley Hauerwas and Charles Pinches, *Christians Among the Virtues: Theological Conversations with Ancient and Modern Ethics*, p. 62.

94 Stanley Hauerwas and Charles Pinches, *Christians Among the Virtues: Theological Conversations with Ancient and Modern Ethics*, p. 68.

95 Stanley Hauerwas and Charles Pinches, *Christians Among the Virtues: Theological Conversations with Ancient and Modern Ethics*, p. 69.

96 Stanley Hauerwas, *The Peaceable Kingdom: A Primer in Christian Ethics*, p. 91.

97 笔者在杜克大学做访问学生期间就此问题与侯活士讨论较多。在此指出，他一直

基于此，侯活士指出教会需要培养基督徒的和平品格与门徒关系习惯，基督徒的门徒关系来源于《哥林多前书》6:1-11，它包括接待客旅（stranger/outsider），探访病患者，以及关顾有需要者等等。该习惯之能力已经在圣徒与殉道者身上体现无余，它展示了信徒的勇气，也帮助基督徒更好地在这个暴力的世界中生存。[98] 由此可见，侯活士品格伦理与亚里士多德德性伦理之区别，前者要求行为者成为圣徒，或者殉道者，后者却要求行为者成为英雄。这反映出德性--勇气，在不同语境中的不同表达，以及不同意义。更为重要的是，侯活士的德性建基于叙事，这是亚里士多德德性伦理所缺乏的主要元素。[99] 此外，从门徒关系的习惯说明教会本身并没有抽离现实世界，而是像耶稣道成肉身居住在这个世界。这体现了教会参与世界的方式。

侯活士将和平视为主要品格，难免受到质疑。因为，在德性伦理中，勇气、节制、爱等常被视为重要德性，甚少提及和平是德性，或者品格。为此，他解释某些德性，比如正义和友谊，它们被称为可运作的德性（operational virtues），它们与某种确定的关系密切关联，而这种关系又是由群体来量度的，如果缺乏这种关系，这些德性就不存在。同样的，和平正如正义和友谊这种特殊的德性，因为教会群体确定了和平是其基本特征，或者说教会确立了它与和平之关系。[100] 从教会的立场而言，这种和平不仅仅在于人与人之间，也在人与世界之间，它是一种终末论式的和平。终末论又建基于创造论，人与世界都是上帝之创造，由此人们需要开展上帝的和平，重视生命和保护其受造物。同时，终末论又与基督论相关，一方面耶稣基督为自己的仇敌而死，这亦构成了信徒最终要为邻舍的生命负责之理由；另一方面，耶稣基督的复活作为上帝决定性的终末行动说明了信徒牺牲的价值。透过耶稣的复活，亦让人们看见了上帝的和平是当下的实在（a present reality）。尽管现实中充满了

坚守的立场是：和平是基督徒效法耶稣之道，尽管非暴力的代价可能很大。但是，基督徒有时候必须面对悲剧，甚至接受悲剧。笔者认为这体现了他和平的现实主义主张。

98　Stanley Hauerwas, *Christian Existence Today: Essays on Church, World, and Living in Between*, pp. 74-85; p. 101.

99　Stanley Hauerwas and Charles Pinches, *Christians Among the Virtues: Theological Conversations with Ancient and Modern Ethics*, p. 29.

100　Stanley Hauerwas, *Christian Existence Today: Essays on Church, World, and Living in Between*, pp.74-85; p.90; Stanley Hauerwas, *War and the American Difference: Theological Reflections on Violence and National Identity*, Grand Rapids, MI: Baker Academic, 2011b, p. 221.

冲突，但是，耶稣的复活使和平成为可能。[101]

进一步，既然和平之品格是基于群体关系而确立的，那么，它就需要在群体中不断培育和实践。确切的，该品格之实践主要基于宽恕之德性。[102]换言之，宽恕亦是和平品格之主要德性。具体而言，侯活士以《马太福音》18：15-22 来说明，

> 倘若你的弟兄得罪你，你就去，趁着只有他和你在一处的时候，指出他的错来。他若听你，你便得了你的弟兄；他若不听，你就另外带一两个人同去，要凭两三个人的口作见证，句句都可定准。若是不听他们，就告诉教会；若是不听教会，就看他像外邦人和税吏一样。我实在告诉你们，凡你们在地上所捆绑的，在天上也要捆绑；凡你们在地上所释放的，在天上也要释放。我又告诉你们，若是你们中间有两个人在地上，同心合意的求什么事，我在天上的父，必为他们成全。因为无论在那里，有两三个人奉我的名聚会，那里就有我在他们中间。那时彼得进前来，对耶稣说："主啊，我弟兄得罪我，我当饶恕他几次呢？到七次可以吗？"耶稣说："我对你说，不是到七次，乃是到七十个七次。"

侯活士解释这段经文说明了信徒处理冲突的方式，以及对他者的宽恕。侯活士强调由于罪的存在，罪造成彼此伤害，因而罪成为威胁和平之重要原因。正如经文中所指的"得罪"，并非一种无心的怠慢，而是颇严重的罪。但是，被得罪者首先需要私下到他弟兄那里去，指出其错误，目的是要他认罪。若此尝试不为弟兄所动，那被得罪者就应该带两三个弟兄前往作证，其目的是如果需要教会的判定，则这些弟兄的作证就十分重要。如果此尝试仍然不可行，这罪人仍然拒绝教会的教导，就把他当作"外邦人和税吏"看待，把他当作自愿与信徒群体分离的人。进一步，经文中谈到"捆绑和释放"，这其

---

101 Stanley Hauerwas, *The Peaceable Kingdom: A Primer in Christian Ethics*, p. 88.

102 Stanley Hauerwas, *Christian Existence Today: Essays on Church, World, and Living in Between*, pp.74-85; pp.73-82. 尤达（John Howard Yoder）是门诺会（Mennonite Churches）的成员，门诺会的传统对他影响深远。尤达结合传统，在其作品中不断强调耶稣和非暴力的内在关系，指出教会群体需要做耶稣的门徒，见证上帝的国度。尽管侯活士自称属于循道会。但是，他的神学伦理学思想深受尤达影响，侯活士甚至认同门诺会的传统，提出教会应该成为和平的群体，信徒要彼此宽恕，在纷争中不应该诉诸外在于群体的法律，而是寻求教会内部的解决方式，实践宽恕的德性，从而达致信徒之间的和解，以见证上帝和平的国度。

实与教会的判决有关。但是，重要的是整个教会在使用"捆绑和释放"的权力，而并非个人有这种权柄。再者，尽管经文的大部分是在讲述处理冲突的原则，然而，经文最后部分重点指出了宽恕的原则。耶稣要求信徒饶恕弟兄七十个七次，其实是指饶恕他者所有的过犯。因此，经文重点所论及的是信徒之间的关系，强调信徒如何在群体中实践宽恕之德性，如何透过群体生活来学习成为能够宽恕他者之人从而达致彼此之间的和平。[103]

尽管这段经文主要讲述了"被得罪者"如何宽恕其弟兄。但是，侯活士更强调"彼此"的宽恕。他解释，只有当人们认识到自己（被得罪者）也是被宽恕的对象，才能够让和平成为可能。因为被得罪者要宽恕对方，乃是一种实施控制对方的方式，而那些不愿意接受宽恕者同样手持抗争的权力，唯有二者都接受彼此的宽恕，彼此放弃控制，放弃已获得的权力，才能达致和平。对于教会群体而言，耶稣的生平和受死正是放弃控制和权力的榜样，耶稣基督的复活更是这种宽恕生命之基础，复活让爱敌人成为可能。在耶稣里复合（reconciliation）的生命不再被罪捆绑，不再执着权力，愿意彼此信任，和平共处。唯有这种生命才具备整全性，亦才能够达到圣洁之要求。[104]

不仅如此，侯活士指出，唯有成为宽恕的群体才能够实践上帝爱之德性。因为，宽恕意味着彼此不再惧怕对方，从而能够以非暴力的方式来理解看待他者，并且热情接待客旅，与其分享所有。[105]同时，爱是上帝国度的标志，信徒唯有接受生命的转化才能在该国度继续展现上帝的爱。

总结而言，教会作为圣洁与和平的群体，除去宽恕，忍耐和盼望的德性亦不可或缺。因为在现存的世界，生命面对着各样的悲剧，若没有忍耐和盼望，人们将无法继续活出和平的生活，人的期望亦将是虚幻之想象。甚至，缺乏忍耐，信徒的盼望亦可能坠入虚幻中。因此，一个有忍耐和盼望的群体，他们／她们不会对上帝失望，并因着对上帝的信靠能够看见真实的本相，从而鼓励群体寻求和平的方法来代替暴力和权力。更为重要的是，信徒的这些德性建基于上帝对人的信实，更是信徒对上帝的信靠，他们／她们相信耶稣在十字架上的死亡和复活已经成就了历史的终末。因此，忍耐意味着守候，守望上帝和平国

---

103 Stanley Hauerwas, *Christian Existence Today: Essays on Church, World, and Living in Between*, pp. 74-85; pp. 90-92.

104 Stanley Hauerwas, *The Peaceable Kingdom: A Primer in Christian Ethics*, pp. 88-89.

105 Stanley Hauerwas, *The Peaceable Kingdom: A Primer in Christian Ethics*, p. 91.

度的来临，相信它将取代有暴力倾向的现存社会秩序。[106]但是，忍耐不是一种企图达到美善的工具，这忍耐守候的盼望本身便是美善，它更是一种认知，即，明白人不是被创造成为暴力的存有，非暴力的生命才是上帝之创造；并且，知道上帝透过基督让这非暴力的生命已经成为可能。由此可知，忍耐守候的盼望不是简单建基于结果／后果的思考，也不是战略性地寻找合适手段来获取上帝之国度的结果／后果，而是教会作为一个有品格之群体对生命的信实，以及对上帝的信实。这是效法耶稣基督生命的表现。[107]当然，侯活士也强调仅有忍耐并不足够，还需要具备勇敢的德性，才能面对复杂艰难的现状。总之，宽恕、爱、忍耐、勇敢和盼望这些德性不可或缺，并且，彼此密切关联。

需要指出，在本章中详细讨论了基督徒的品格与德性。较之亚里士多德的德性论，可见侯活士的德性观与之有别。尽管侯活士的德性观建基于前者之基础上，但是，侯活士的德性观却明显展示了基督新教德性伦理之特征，它主要体现在基督徒生活的独特性之上。因为基督徒的生活是由耶稣基督在十字架上的受死与复活来塑造的，同时基于基督教的独特叙事与实践，要求基督徒对上帝与耶稣基督的品格与德性有不同认识。换言之，基督教所强调的品格与德性必然不同于亚里士多德所指的德性与品格。[108]

总结而言，侯活士品格伦理之关键是作耶稣的门徒，效法耶稣基督，他和尤达持同样的观点，认为基督教伦理是以耶稣基督的生命为基础。在耶稣的时代，世界同样充满着暴力，耶稣却没有以暴易暴，而是选择和平的道路，秉着宽恕、爱、忍耐和盼望之德性，最后为众人牺牲在十字架上，三天后复活。因此，十字架是无能的大能，是非暴力的象征。因此，和平、非暴力不是建基于人的良善，或者仁爱的理想，也不是建基于绝对的爱之价值观念，而是建基于耶稣基督的生命故事和教训。耶稣生命故事的真理性更要求信徒投入一个故事塑造的群体中，投入圣徒相通的地方，实践宽恕、爱、忍耐和盼望之德性，成就和平的国度。由此可见，在侯活士的品格伦理架构中，他将基督论、教会论和终末完整的结合在一起，用故事来建构性地说明基督徒的道德生命如何建立在耶稣基督里，实践在教会中，迈向终末。

---

106 Stanley Hauerwas, *The Peaceable Kingdom: A Primer in Christian Ethics*, p. 146.

107 曹伟彤，《叙事与伦理：后自由叙事神学赏析》，第 153 页。

108 Stanley Hauerwas and Charles Pinches, *Christians Among the Virtues: Theological Conversations with Ancient and Modern Ethics*, p. x.

5.3 第一部分小结

　　从以上四章道德的品格、视景、叙事和品格的群体四个范畴，分别探讨了侯活士对道德生命的建构。从侯活士的论证来看，他首先设定人类存在和行动具有偶发性和历史性之本质，这意味着人类的存在和行动都具有特殊性。那么，自我身份（品格），对道德的想象（视景），以及对真理的探求（叙事）都取决于特定历史的准则，而这准则又体现在特定传统的实践和故事之中。具体而言，品格是道德生命的持续定位，它通过确定的意图、信仰和故事而形成；视景是进入特殊传统的文化--语言体系通过训练而建立，由此让自我能够真实地观看自己和这个世界。不仅如此，品格和视景构成辩证的关系，品格调校视景，视景又塑造品格。视景更说明道德生活是不断持续进行的，它揭示了道德生活的特殊性和复杂性；叙事则提供了训练视景的语言技能，以帮助人们以特殊的方式去观看和注视世界、自我和他者。同时，叙事引导行为者的抉择，解释自我从何处获得身份和抉择。并且，叙事将生命中重要的主题和日常生活事件连结起来，解释个别的事件和行动在其历史脉络中的意义。因此，叙事与群体密切关联，如果抽离群体的语境将无法理解叙事。同样的，叙事的具体内容又塑造了群体的道德生活与品格，群体在实践中演示了故事，说明了故事的真实性。尤其作为基督教的叙事，侯活士指出，信仰群体相信《圣经》叙事对上帝属性／品格的描述。并且，该叙事能够塑造信仰群体，使他们／她们品格的不同方面也朝向"像上帝，像耶稣基督"。在上帝的属性／品格中，侯活士强调圣洁与和平，认为信仰群体需要效法之。所谓效法就是身体力行地在现实生活中实践有品格的道德生活，而这种实践主要基于宽恕、爱、友谊、忍耐和盼望之德性，且这些德性的统一性（unity）体现了对终末之确定（eschatological affirmation）。[109] 比如，宽恕、爱与友谊意味着彼此放弃控制权，接纳对方，爱异于自己的他者；忍耐与盼望源于上帝对人的信实，以及人们对上帝的信靠，相信上帝在耶稣基督里的受死与复活决定了历史的终末，并认识到上帝透过耶稣基督让非暴力的生命成为可能，这种生命是对上帝忠信的体现，更是效法耶稣基督生命之表现。因此，教会需要成为圣洁与和平的群体，积极宣讲上帝的故事，见证一种真实生活方式

---

109 Stanley Hauerwas and Charles Pinches, *Christians Among the Virtues: Theological Conversations with Ancient and Modern Ethics*, p. 50.

之可能。总结而言，教会是一群被分别出来的品格群体，有其自身的德性和使命。教会群体的品格、视景和叙事不同于社会，或者世界的品格等，这群体需要成为耶稣基督的门徒，站在基督教自身的传统去见证基督教叙事对道德生命的塑造。

第二部分　赵紫宸的人格伦理

第六章 儒家德性伦理传统之危机：
基督新教人格伦理之兴起

　　赵紫宸（T. C. Chao, 1888-1979）是当代中国最具影响力的神学家和伦理学家。他于 1914 年在美国田纳西州（Tennessee）威德堡大学（Vanderbilt University）攻读神学，兼研究哲学及社会学。经过三年多的学习，于 1916 年获得硕士学位，1917 年取得道学学士。因其成绩优异，胜过同期的美国学生，校方颁发给他一面创校者奖牌，以资纪念。赵紫宸在学术上的卓越成就在此时期渐露头角。[1]毕业返回中国，他曾任燕京大学宗教学院院长多年（燕京大学曾是国内首屈一指的基督教学府）。不仅如此，赵紫宸在西方基督教界同样享有较高声誉。曾于 1928 年，1938 年，1947 年，代表中国基督教界分别参加了在耶路撒冷（Jerusalem）、印度马德里（Madras）和加拿大惠特比（Whitby）举行的国际宣教会议（International Missionary Conference）。[2]此外，1947 年，普林斯顿大学颁赠他"神学博士"荣誉学位，称誉他为"向东方心灵诠释基督教信仰的首席学者"；1948 年，在普世教会协会第一次全体会议中，他被当选为六位主席之一。[3]

　　因此，研究赵紫宸神学作品并与他交往甚笃的德国学者古爱华（Winfried Glüer）评价，"赵紫宸是一位基督教的神学家，他希望就他那个时代的中国文

1　林荣洪，《曲高和寡：赵紫宸的生平及神学》（香港：宣道出版社，1994），第 17 页。

2　王晓朝编辑，《赵紫宸先生纪念文集》（北京：宗教文化出版社，2005），第 1-2 页。

3　古爱华，《赵紫宸的神学思想》（香港：基督教文艺出版社，1998），第 43 页。

化和社会，真真正正地表达出自己的信仰。他提出来很多问题，中国神学不能绕过他所提出的问题，不管从极不相同的前提下，对赵先生有任何的看法--这就是这位神学大师对今日教会不可磨灭的贡献了"。[4]另一位研究赵紫宸作品的中国学者林荣洪描述，"在近代中国教会中，赵紫宸先生是一位素负盛名的神学家、宗教教育家。他在燕京大学执教多年，透过它的演讲和著述，他的神学思想广泛地影响了华人教会新神学派的传统，无论是赞同他或是反对他的人，都不能漠视他在中国神学界的地位"。[5]

赵紫宸一生著述颇丰，留下了二百多万字的著作，包括神学专著、学术论文、讲词、评论等，这些文章分别收集在《赵紫宸文集》之中。赵紫宸的学术建树在于：致力为中国教会构建一种神学，或者伦理学，使之得以与中国的环境脉络、中国的文化和社会相适应。学者将该神学称之为"脉络神学"，或者"相关神学"（a theology of relevance）。[6]其目的是要说明基督教能够适应中国人的需要，并且对中国社会有一定的功用。它具体涵盖了两个层面的内容：一是在个人层面涉及宗教经验和伦理生活；二是在社会层面正视时代问题和国家重建。这两个层面彼此结合，不可分割。于赵紫宸而言，基督教的福音不仅仅是个人的福音，也是社会的福音。"个人的改革和社会的改革相辅相成：个人追求人格（character）统一、生命意义、跟随耶稣；然后牺牲自己，服务社会，建设中国，而国家的改革亦可协助个人的改造"。[7]因此，赵紫宸探讨的神学伦理主题是如何按照耶稣的人格去影响人和塑造人，乃至改变人，从而达致社会，以便拯救当时的中国社会和文化。

为什么赵紫宸倡导个人和教会要效法耶稣的人格，从而影响和转变当时的社会、文化，这种主张是否正确，在其时代具有何意义？这需要追溯到赵紫宸生活的时代背景才能作出正确评价。另一方面，尽管赵紫宸是基督新教的神学家、伦理学家。但是，他同时又深受儒家传统文化熏陶，由此其神学伦理学并不完全否定儒家的思想。甚至，他指出基督新教伦理与儒家伦理有共通之处，可以彼此借鉴，融汇贯通。赵紫宸解释，

---

4 古爱华，《赵紫宸的神学思想》，第 XII 页；第 310 页。

5 林荣洪，《曲高和寡：赵紫宸的生平及神学》，第 1 页。

6 古爱华，《赵紫宸的神学思想》，第 xi 页；林荣洪，《曲高和寡：赵紫宸的生平及神学》，第 307 页；邢福增，《寻索基督教的独特性—赵紫宸神学论集》（香港：建道神学院，2003），第 3 页。

7 林荣洪，《曲高和寡：赵紫宸的生平及神学》，第 307 页。

基督教在中国，自然不免要与中国文化作丽泽交流的理解，第一要创造宗教的术语，而借重中国的言词，第二要对向中国的哲理伦理作一个去取对照的整理……在文字上要取雅达的成词，拨开儒家道家佛家的典籍，而吸取其精英。在哲理上要在天人一贯宇宙自然的道统上加上超世入世，超自然超历史的理论。在伦理上，要执着天下为公四海兄弟，定名分，行孝道的三纲五常，而加入人神的关系，上帝的命令，耶稣的新诫，以建立一个有宗教基础的伦理学。8

　　因此，赵紫宸尝试用基督新教的术语和内容来表达，甚至弥补儒家伦理思想之不足，同时又注意借重中国的言词，以求本土化，从而有效地为中国道德问题提供可行之出路。鉴于此，笔者认为如果要理解赵紫宸的人格伦理，则不可忽视赵紫宸的儒家传统背景。

6.1　基督新教人格伦理之兴起

　　早期中国，传统儒家思想享有正统的地位，中国的政治、社会与宗教主要建基于儒家思想。但是，1985 年中日甲午战争后，儒家传统纲常名教的威信日渐动摇，儒家的精神传统亦逐步丧失。而西学传入中国开始广泛地为知识分子所接纳，中国新教基督徒知识分子[9]认为西方的富强是因为有基督教。因此，"他们／她们的政治伦理思想也受其影响而改变方向：不仅求富强，也要救中国"；[10]不仅检讨传统儒家伦理思想对现世的价值，也尝试用基督教补其不足，乃至纠正其错谬。在该背景下，新教基督徒知识分子强调，中国需要基督教，基督教能够拯救中国。因为基督教使人知罪悔改，并且能够培养信徒的人格，而良好人格是救国和建立良好社会新秩序之基础。基于此，基督新教人格伦理成为当时新教基督徒知识分子之重要主张。

8　文庸等编辑，《赵紫宸文集》(北京，商务印书馆，2004)，卷二，第 407 页。

9　需要指出，此处"知识分子"一词来自西方，它一方面指在某专业或者个人能力上具有特定知识的人，比如医生、艺术家与哲学家等；另一方面，这些人又特别具有公共关怀、批判意识，以及强烈社会责任感。进一步，所谓"基督徒知识分子"，则强调这些人都持有基督信仰。

10　林荣洪，《中华神学五十年 1900-1949》(香港：中国神学研究院，1998)，第 151 页。

再者，19 世纪中后期的中国面临着双重危机：一、自身王朝统治危机，经济危机与社会文化危机；二、来自西方外部力量之挑战。面对国家之没落衰亡，19 世纪 90 年代与 20 世纪初期的中国知识分子提出的解决方案是："借思想文化来改变中国，它所包含的基本信念是，文化改革为其他一切必要变革之基础"。[11]他们提出如此方案，原因在于，1989 年的戊戌政变，以及 1911 年的辛亥革命失败让他们深刻认识到当时的黑暗社会政治现实几乎不可能容许他们进行政治改革。不仅如此，林毓生指出外部客观环境确实限制了他们的变革之路。但是，"不可忽视的是，这些知识分子本身深受儒家文化影响，而儒家思想模式的主要特点就是强调心的内在道德功能，或者强调心的内在思想经验功能"。[12]由此，当他们面临着某种道德和政治问题时，仍然可能倾向于强调基本思想的力量和思想优先的地位。比如，它体现在儒家思想--修身齐家治国平天下中，它要求人们首先端正心思，修养品性才能管理好家庭家族，治理好国家从而达致天下太平。因此，这些知识分子推崇借思想文化解决问题其实亦是受根深蒂固之中国文化塑造之结果。

在这种借思想文化来改变中国的思想意识形态之影响下，1919 年，五四时期，一批新教基督徒知识分子更提出"人格救国"之口号，[13]旨在期望基督新教人格伦理能够赋予中国一套新的伦理观念，将道德的力量带给中国人，以拯救危机四伏的中国。因为当时的中国正处于晚清王权的正式完结和新民国的建立时期，人们反传统的呼声高涨。然而，旧文化衰落，新文化尚未形成，人们的社会道德伦理观念处于真空状态。此时的新教基督徒知识分子认识到，在旧有的儒家传统中难以找到维持道德伦理之依据，而基督新教似乎正好能够补足。一方面，基督教是一种伦理的宗教（ethical religion），它与中

---

11 林毓生，《中国意识的危机—"五四"时期激烈的反传统主义》（贵州：贵州人民出版社，1988），第 45-46 页。

12 林毓生，《中国意识的危机—"五四"时期激烈的反传统主义》，第 67 页。

13 比如，孙中山名言，中国要变成一个良好的国家，必须正本清源，自根本上做功夫，便是在改良人格来救国；吴耀宗、贾玉铭与简又文认为，中国的信徒要效法耶稣基督的人格，成为新人，去拯救中国，拯救世界。参见，林荣洪，《中华神学五十年 1900-1949》，第 153-157 页。此外，当时具备党政军三届背景的基督徒—徐谦、冯玉祥与张之江都积极主张基督教救国。参见，邢福增，《基督信仰与救国实践—二十世纪前期的个案研究》（香港：建道神学院，1997），第 26 页。

国以道德教化为本的儒家并无冲突；另一方面，耶稣基督道成肉身，具体示范了人之应为人之道，使得作为一个道德主体的人知道如何负起伦理行为之责。因此，基督教能够从根本上解决时下的道德问题与社会问题，从而拯救中国。

并且，当时的西方传教士也大肆宣扬基督教救人救国之信念。比如，艾迪（Sherwood Eddy,1871-1963）就曾指出，尽管儒家提供了一套完善的道德规范。但是，事实证明儒家思想与中国宗教并不能够满足中国人的精神需求，亦不能拯救中国。因为它们缺乏超越的上帝与人之关系，以及缺乏对罪的认识等。较之，基督教却能够为中国提供良好的道德基础，为中国新的社会秩序作出贡献。因此，唯有耶稣基督是中国的希望。[14]

基于此，艾迪将基督教救中国之主张广泛的在其布道大会中不断宣讲，并得到了听众的认同与热烈回应。正如汤纪湖所言，

> 中国之所以成为不堪回首之中国者，无道德之枢也！上自官吏，下至齐民，大概以道德置之脑后，而惟利己损人是务。是以每举一事，外国行之成效卓著，一入中国百弊业生，岂淮南为橘，淮北为枳土地使然者欤？无道德使之然也！艾迪先生之言曰："金钱不能救中国，海陆军不能救中国，路矿不能救中国，其能救中国者，其道德乎！"此中国之症断书也！[15]

不仅如此，艾迪本人在其自传中亦说，

> 在这许多年中，中国各地听众所最关心的一个问题是："甚么能够救中国呢？"二十年前，我用以引起中国听众之思想的，便是新的五色国旗，以及新的爱国精神了。我以国旗中的五色，来象征新共和国的五种需要。那时我所大声疾呼的，是国家的统一，人民的爱国心，社会的服务，道德上的热忱，和宗教的实在等。在民国成立的初年间，中国人中间确曾有过热忱，和新的爱国精神。[16]

从听众的回应与艾迪的自评可知，当时的中国人确实关注如何救国之问

14　Sherwood Eddy, *The New Era in Asia*, New York: Missionary Education Movement of the United States and Canada, 1913, p. 27; p. 94; pp. 108-109.

15　张志伟，《基督化与世俗化的挣扎：上海基督教青年会研究》（台北：国立台湾大学出版中心，2010），第126-127页。

16　Sherwood Eddy，*The New Era in Asia*, p. 86.

题，且更需要一套救国学说，或者主张来指导之，而艾迪则正好把握了当时国人的需要，于是合理地将基督信仰演绎为一套道德救国理论加以宣传。这获得了当时国人之认同。然而，为什么基督教能救国，基督信仰又如何救国，它在理论上之依据何在，需要进一步说明。

艾迪强调基督教救中国，该主张主要建基于饶申布士之社会福音思想。艾迪本人亦自称其尝试实践宗教的社会意义主要得益于饶申布士这位先知的教训。基于饶申布士对社会福音观念，艾迪解释，宗教不仅是个人的以及与人分享的经验，宗教也是社会经验。整全的福音信息需要关注人类整全的生活。因此，信徒一方面需要继续寻求个人的转变，以及建立神人之间的正确关系；另一方面，信徒也应当追求建立新的社会秩序，比如政治上的廉洁，兄弟般的人类关系，以及国际间的合作以废除战争从而实现持续的和平。[17]

就艾迪而言，基督教的核心是天国在人间的实现，而所谓天国就是一个基督化的社会秩序。若要实现这社会秩序则需要实践耶稣所宣讲的爱神爱人之诫命。由此，艾迪指出，

> 我们的任务不仅仅是赢得个人或者改变个人，当然这至关重要，然而我们还要建立一个新的社会秩序，以及实现人类生活以及工业、社会、种族与国际间一切关系的基督化。我们不仅要从火堆中迅速地拔出燃烧的木头，还要熄灭火焰；我们不仅要援助贫困者，还要消除贫困的根源。[18]

由此可见，艾迪强调社会福音，其主旨在于以改造个人为基础，从而达致改革社会之可能，其目的是要在地上建设理想的天国。艾迪相信依靠上帝的恩典，人的努力可以营造人间天国。"因为没有任何社会的良善是不可能建立的，也没有任何社会的罪恶，是不可能铲除的。因此，艾迪的社会福音是一种以道德实践为主的人本主义"。[19]

然而，这种道德实践却正好迎合了当时中国新教基督徒知识分子在救国策略上的需要与转变，从而对其产生了深远的影响。需要指出，该救国策略之转变是针对民国（1912 年）前的知识分子而言的，民国前的知识分子多数

---

17 Sherwood Eddy, *Eighty Adventurous Years: An Autobiography*, Harper: New York, 1955, pp. 119-120.

18 Sherwood Eddy, *Eighty Adventurous Years: An Autobiography*, pp. 118-119.

19 林荣洪，《中华神学五十年 1900-1949》，第 99 页。

认为政治制度的改革乃是当时振兴国家的唯一出路，而渐进式的道德改良则无果效。但是，"在民国初年基督教备受欢迎，国人对基督教改观，以及知识分子在救国方略取态上，逐渐从政治革命返回文化革命，主张道德改良方案"。[20]不仅如此，以史为鉴，民国时期的知识分子认识到，"清末以还，政治改革纷至沓来，政局发展不但未见起色，反倒有愈益败坏之势，不啻是将爱国之士的救国憧憬，一次又一次地推向反高潮"。[21]由此，这促使民国时期，尤其是五四运动时期的新教基督徒知识分子转向具有道德伦理层面的基督教寻求救国方案。在此背景下，再加之西方宣教士艾迪等在华宣教策略--道德救国论之鼓吹，则使得基督教救中国之可能成为当时基督徒知识分子的主要关注议题。

不仅如此，中国基督徒知识分子与西方宣教士共同携手将这种宣讲与主张形成纲领性的文件。即，在1922年基督教全国大会的《教会的宣言》中郑重声明基督教救中国之主张。其内容如下：

> 我们若要谋社会的改善，必须先谋个人的改善。没有良好的个人，断不能有良好的社会。今日国势不振，社会不良，公理日非，道德沦亡，推源溯本，还是因为个人不知改善的缘故……因此，我国今日的需求，乃是一种灵性的需求；此等需求据我们看来，惟基督教足以供应之。国人请听，吾国所缺乏的，就是耶稣基督，若得基督，一切问题便可迎刃而解；若不得基督，则虽有种种补救的方案，究竟不过是治标的方法而已。[22]

《大会的宣言》基本反映了当时新教基督徒知识分子为中国前途命运提供的解决方案，这在当时有重要的意义。他们／她们一致认为基督教是拯救中国的途径，而救国又基本关涉到宗教道德问题，它先于政治社会的问题，救国始于良好的个人（人格）的开始。基于此，林荣洪总结，"必先有良好的人格，才会产生良好的道德生活；有了良好的道德生活，一个理想的社会秩序才能渐次实现。此外，个人改革将导致社会改革。换言之，二者之间存在逻辑关系。社会是一种组织、一个由多人结集的群体，其中的好坏，并不是

---

20 梁家麟，《徘徊于耶儒之间》（台北：宇宙光出版社，1997），第212-228页。

21 张志伟，《基督化与世俗化的挣扎：上海基督教青年会研究》，第124页。

22 邵玉铭编，《二十世纪中国基督教问题》（台北：正中书局，1980），第540页；第530页。

由组织本身产生的，乃是由组织的成员造成的。因此，若要改革社会，则先要改革其中的个人，该次序是明显的"。[23]

进一步，如何改变个人，以及塑造个人良好的道德生活以拯救中国呢？当时新教各教派领袖持有不同之意见。但是，他们／她们大多数都倾向"效法耶稣"这条重要路径。比如，简又文解释，

> 基督教的人格是忠的，诚的，仁的，义的，为公的，舍己的，虚心的，贞洁的，协力的，合群的，责任的，尽职的，毅力的，永不绝望的，为民族为义理奋斗至死的。这种人格出自基督教的精神生命：从历史上的耶稣开始，经历代信徒维持传递下来。倘若这种人格也不能救中国，中国是无望的了。[24]

再者，同时期的吴雷川亦指出，

> 耶稣的为人，是我们应当崇拜而效法的。我们能效法耶稣的舍己，就可以脱离一切私有的过恶。我们更效法他的努力服务于社会，世界就可以彼此进化，永无穷尽。所以耶稣的人格，足以救人，救世。他的教义是个人的福音，更是社会福音。[25]

从以上不同教派人士的回应与提供的建议而言，他们都不约而同地主张以耶稣基督为道德的标准，效法耶稣，从而实现个体道德生命的转变，乃至可以达致中国社会的改变。总结而言，他们试图寻求的是基督新教信仰中的道德力量，信仰再付诸于社会实践，则能够带来中国未来的光明前景。因此，在该背景下基督新教的人格伦理学兴起。

6.2 基督新教人格概念之来源

尽管在五四时期不同新教基督徒知识分子都推崇"人格救国"之观念。但是，溯本求源，"人格"与"人格救国"一词究竟缘起何处，本意何指，却有待进一步澄清。

根据赵紫宸的解释，"人格"一词出自余日章（1882-1936），并且赵紫宸本人的人格伦理观念也深受其影响。[26]余日章不仅提出了"人格"一词，还为

---

23 林荣洪，《中华神学五十年 1900-1949》，第 154 页。

24 简又文，《新宗教观》（上海：青年会，1923），第 126 页。

25 吴雷川，"耶稣为基督"，载《近代华人神学文献》，1998，第 156 页。

26 文庸等编辑，《赵紫宸文集》（北京，商务印书馆，2004），卷二，第 186 页。

当时的中国详细提出了"人格救国"之方案，[27]旨在建立和塑造基督徒的人格，以此为基础积极推动群体参与国家和社会的改造，从而实现人间天国。

　　具体而言，余日章于 1913 年加入"中国基督教青年会全国协会"（The National Committee of the Y.M.C.A. in China）任总干事。该组织是中国各地青年会的最高组织，主要领导各地区、各学校青年会的工作。自从加入该协会后，余日章投入毕生精力致力于青年会工作。他常常到各地巡回演讲，以推广教育，开启民智，从而提倡道德，改革人心。他以耶稣基督为道德和灵性的源泉，推崇耶稣基督的人格和爱的精神，提出"人格救国"之口号，并作为青年会的努力方向。余日章提出"人格救国"之原因主要在于，当时的中国自辛亥革命后，国事不但未有进步，且每况愈下；政治方面，军阀政客，互相勾结，争权夺利，演成循环不已的内乱。外交方面，有日本二十一条的不合理要求，且在巴黎和会以后，中国外交上孤立无援。由此，余日章总结中国处于弱势的根本原因在于：国民道德的退化。若非从提倡道德，改革人心着手，则一切救国的主张等于空谈。作为一名虔诚的基督徒，他深信耶稣基督是道德和灵性能力的泉源，只有皈依基督，奉他为救主，并从他吸收伟大的爱之力量，信徒的人格修养才有基础。[28]

　　然而，余日章的人格观念并非原创，而是来源于西方宣教士穆特（John R. Mott, 1865-1955）。1912 年，余日章从哈佛大学毕业回到中国后加入"中国基督教青年会全国协会"任总干事，该协会是"北美青年协会"在中国的分支机构，总领袖是穆特。穆特对中国的宣教事业有极大贡献，他强调社会福音，指出福音不仅仅能拯救个人，也能拯救社会。因此，穆特拟定青年会的宗旨是"忠事耶稣，敦品立行，更本己立立人之旨，服务同胞，改良社会"。[29]所谓"敦品立行"，意指砥砺品格，塑造品格，同时注重身体力行。基于此，余日章将"品格"一词翻译为"人格"，并在青年会提出了"人格救国"之方案，随之在全国推广，引起许多基督徒知识分子之广泛认同与回应。

---

27 谢扶雅的解释，"余日章在当年国内群呼科学救国、实业救国、教育救国的声中，独标榜'人格救国'的口号，南北奔走讲演，呼吁国人刷新政治道德，振作社会风气。参见，谢扶雅，《谢扶雅晚年基督教思想论集》（香港：基督教文艺出版社，1986），第 184 页。

28 袁访赉，《余日章传》（香港：文艺，1970），第 67-80 页。

29 袁访赉，《余日章传》，第 21-22 页；　第 31-34 页。

需要指出，"品格"，或者"人格"概念其实由来已久，它与美国十九世纪的大复兴运动密切相关。就历史背景而言，穆特生活的时代在一个相当广阔的范围里，包括美国一般的讲章、许多宣教士和世界著名布道家的宣讲，都强调在传扬福音的时候，同时需要建立基督徒的高尚品格，穆特则深受该主流思想之影响。然而，这种对基督徒品格的着重源自十九世纪，可在美国大复兴的敬虔生活和自由派的神学中发现。[30]尤其当时，英国浸信会牧师福斯特（John Foster, 1770-1843）的论文《品格决定论》（On Decision of Character）对基督徒的影响极大，该论文不断再版，广受欢迎。在本论文中，福斯特强调人们应该成为有决定能力之人，这需要通过培养品格来实现。而品格的形成又离不开有理性的勇气和对事物的热情（passion）等德性。人们的灵性生活和道德生活就是不断重复和强化这些德性之过程。[31]

该论文对穆特的属灵生命产生了深远影响，他甚至把它印刷成成千上万的小册子通过青年会的组织转送给世界各地的青年，鼓励青年人塑造良好品格。他在这些小册的前言中写道，

> 当我入读康奈尔大学（Cornell University）时，怀特（Andrew Dickson White）校长在演讲中向新生训勉，其中提出了一个切实的建议，就是鼓励学生要详细阅读福斯特的《人格决定论》。我听从他的建议仔细研读了这篇有意义的论文。并且，此后又反复阅读它，我可以毫不犹豫地说，这篇论文对我思想习惯带来的影响比其他任何我听到，或者阅读到的书籍产生的影响更大。[32]

根据穆特的解释，他深受福斯特的《人格决定论》影响，并在实践中积极造就自己的人格和训练意志。在康奈尔大学的最后一年，穆特甚至对自己的日常生活细节拟定了一份周全的计划，尝试从身心灵三方面实践"为基督而活"的总纲。[33]同样，基于对基督徒品格的重视，穆特后来为青年会、学生

30 古爱华，《赵紫宸的神学思想》，第 174 页。再有，布什内尔（Horace Bushnell）（1802-1876）的书籍《耶稣的品格》（The Character of Jesus, New York, 1890）；麦卡恩（John MacCann）（生于 1846 年）的书籍《品格的塑造》（The Making of Character, New York, 1908）。参见，Winfried Glüer, Christliche Theologie in China: T.C.Chao 1918-1956, Gutersloh: Gutersloher Verlagshaus Mohn, 1979, p. 242.

31 John Foster, Decision of Character and Other Essays, pp. 53-100.

32 Basil Joseph Mathews, John Mott: World Citizen, London: Student Christian Movement Press, 1934, pp. 68-69.

33 Basil Joseph Mathews, John Mott: World Citizen, pp. 71-72.

立志布道运动等设定了建立基督徒品格的目标。[34]由此，"品格"一词由穆特传入中国，经过本色化的过程被称之为"人格"，但其基本涵义并未改变。

余日章首先对"人格"一词作出了清楚的阐释，

> 所谓人格（character）是什么？我不欲给它下一个哲学上的定义。据我的意见，人格就是我们生活上所形成的习惯的总和。它主宰着和影响着我们的品行，和我们对人及对上帝的关系。人格既不是一种抽象的东西，也不是一种制成的货品，它是我们生活上逐渐养成的习惯的总和。人格一经养成了，我们就完全受其势力的支配。好的人格如此，坏的人格也是如此，所以我们应当十分小心，省察自己的生活，而严格地予以纠正。对于习惯的养成，须作更大的注意，庶几好的习惯易于养成，坏的习惯不易感染。[35]

从余日章的阐释而言，人格与人的生活习惯息息相关，它也关涉到人们日常生活的多个层面。人格一旦形成，将影响人们对生活中所发生的事情产生自然的反应，该反应体现了某种好习惯，或者坏习惯，而这种习惯又将进一步转化为人们的习性，成为人们性格的一部分。这说明，人格不是自发的，而是后天反复实践形成的。并且，人格一旦形成，则人格、行动与主观能动行为之间就构成一致性与稳定性。换言之，具有人格的行为者在未来的行动中，会倾向于依据之前的选择来行动，即，行为者能够决定其未来的行为，以及超越当下的行动，且这种选择与行动统一于人格。

余日章不仅仅解释了人格的涵义，作为一位虔诚的基督徒导师，他还总结了基督化的人格内容，认为它包含了三种基本的要义：

> 一是在基督化的人格中，我们注重实行基督教的信、望、爱、牺牲、服务、诸德性，和"登山宝训"，"禧年"，"黄金律"，以及"主祷文"中所包含的教训；二是在基督化的人格中，我们不特密切地关涉到我们同别人的关系，同时也关涉到我们同上帝的关系；不特关涉到肉体的生命，同时也关涉到永久的生命；三是在基督化的人格中，我们确实承认人性的软弱，和上帝差遣他的独生子到世界上来，"使信他的人不至灭亡，反得永生"。[36]

34　古爱华，《赵紫宸的神学思想》，第 174 页。

35　袁访赉，《余日章传》，第 76 页。

36　袁访赉，《余日章传》，第 77 页。

根据余日章的阐释，所谓基督化的人格，它是以基督新教的主要内容作为信徒实践生活的标准；它不仅仅涉及到人与人之间的人伦关系，也涉及神人之宗教关系；它既承认人的有限性，却又肯定人的主动性与决定性。

进一步，基督化人格的基础主要建基于耶稣基督的神人二性，尤其是基于耶稣的人性。因为耶稣本人也是在生活实践中养成他的习惯，从而发展他的人格。由《圣经》可知，耶稣的生活习惯有三种主要的特性--信、望、爱。这种生活习惯使他的生活成为绝对的美，绝对的爱，绝对的服务。因此，作为基督化人格的总纲，就是"像耶稣基督"一样的生活，培养像他那样的习惯，务使人们的生活在不同程度上也能有绝对的美，绝对的爱，绝对的服务。[37]

然而，养成习惯，发展人格却是知易行难。因为人毕竟是罪人，具有人性的软弱。由此，余日章强调这种习惯的养成，不是一种轻而易举的工夫，即便耶稣基督自己也感觉到异常艰难。但是，这一切却已经成为事实，因为上帝借着耶稣基督树立了成功的榜样，让人们认识到养成基督化人格之可能在于他们／她们必须依靠上帝的助力，而不是仅仅仰赖人之自力。[38]因此，人格关涉到人与上帝之间的宗教关系。并且，除去上帝的助力，基督徒如果要建立基督化的人格，同样需要竭力效法耶稣，过像耶稣一样的生活，实践像耶稣那样的习惯，才能在生活中彰显出真善美。并且，这种效法是长期不断之实践过程，需要基督徒在日常生活中下工夫，同时又需要上帝之助力。

此外，余日章更强调，行为者仅仅关注自己修养基督化人格的过程尚不足够，行为者还需要推己及人关注群体共同的基督化人格。因为，行为者处于一个社会化的世界中，彼此的利益和幸福错综交织，相互依赖；行为者的思想和行动，都处于一种交流状态。无论有意还是无意，彼此的生活时常相互影响，密切交流。因此，具有基督化人格的个体需要结集其他同类的个体，从而促进群体基督化人格的可能，以此共同致力于改变社会，拯救中国的目标。[39]

基于此，赵紫宸从余日章的"人格"概念与"人格救国"观念获得启发，设定中国基督新教人格伦理的任务是：要拯救个人，同时也要拯救个人生存

---

37 袁访赉，《余日章传》，第 77 页。

38 袁访赉，《余日章传》，第 78 页。

39 袁访赉，《余日章传》，第 77-78 页。

的社会。[40]换言之，赵紫宸尝试实现信徒的基督化，以及实现社会制度的基督教化。由此，赵紫宸以神学为起点，由人观而基督论、上帝论、天国论，进一步发展和丰富了其新教人格伦理。

然而，为什么基督新教的人格观念在中国至关重要，且可以成为个人转变与社会改变的基础？笔者认为有必要澄清赵紫宸对当时中国人与中国社会问题的认识与分析，才能理解他对当时中国社会问题作出的诊断。赵紫宸总结，

> 中国的患难，固然是因为制度的败坏，但亦是因为人心的堕落。我们若说，国内有强有力的政党，握政权，握军权，便可以改革中国的种种制度，摧其旧，建其新，由是而拯民众于水深火热之中；那末国民党--三年前万目俱注万首仰瞻的国民党--为什么没有乘万事一时的机运，造千秋永巩的新国呢。人坏了！国民党的罪恶鲜红如民众所流的血。南北之斗不息，京粤之争靡已；孙先生的亲弟子皆不合作。在民众看，就只见残哄（鬨）残杀，钩心斗角，毫无国是的可言，更毫无公理政则的可言。"心不在焉，视而不见，听而不闻，食而不知其味。"心不在焉，有主义而不行，可以改造国家社会而终于驱民众于死地，置国家于危境。心不在焉，即无所谓改造与革命。吾们不愿意追随众嚣嚣者之后而批评政府，一若政府坏了，适足以显出我们的好来。吾们要很痛心地说，中国人的心理俱有衰老敷衍苟偷私营的疾病；要批评政府，要更批评我们自己。有此心理的疾病，便人人可以腐化。今日中国国民党的失败在于无少数伟大的善人在其间维系整饬发挥党的生命。而其他的党--如共产党，青年党等--亦莫不如是。故今日中国的急务，不在于以党推翻党以党代替党，而在于各党自悟各人自悟，而努力急追，作其心理上的革命。[41]

> 中国人天性的改良，良心的进化，我很属望于宗教，我特属望于基督教。国内"坏人太多，好人太少"。为今日中国计，只须解决两种问题，一是人格问题，一是实业问题。然而我意以为人格问题为本。[42]

---

40 王晓朝编辑，《赵紫宸文集》（北京：宗教文化出版社，2009），卷五，2009，第99页。

41 文庸等编辑，《赵紫宸文集》（北京：商务印书馆，2007），卷三，第464-465页。

42 文庸等编辑，《赵紫宸文集》，卷三，第74页。

从赵紫宸的分析而言，中国面对的困难主要是由当权者的腐败与争斗造成的。但是，当权者之所以能够继续当权，是因为民众的无知和不关心。因此，假如中国要再一次获得富强，假如中国要得到拯救，中国人的精神一定首先要得到改造。赵紫宸的该观点明显是受当时自由主义者对中国问题的看法，由此认为"心理建设"，或是"精神重建"[43]是解决中国问题的首要。中国应该建设在自由和民主党原则上。"要做到这一点，我们首先要借着教育，或是宗教，将中国人的精神从过去政治社会的束缚中解放出来，以便能够接纳新的观念，新的知识"。[44]然而，心理改造的具体途径和方法是什么？对此，赵紫宸从基督教获得了答案。他说，

> 基督教是革命的，但是基督教革命的方法是使不爱人的能够革面洗心去爱人。基督教的革命，是对于一切内部的束缚，精神的堕落，人格的腐败，社会的罪恶而革命，其革命的方法是宗教的，是努力的挚爱，诚恳的牺牲，是唯由此而给人新生命。[45]

由此可见，赵紫宸所强调的基督教主要在于它能够为人们提供一种精神基础，就是基督的精神。当然，其中基督教的教训也与与政治经济文化有关系。但是，"基督教并没有提供任何具体的政治和社会的行动方案，它给予我们的只是一种宗教的经验，或是基督的精神"。[46]然而，这种精神正是中国人与中国社会所需要的。因此，"基督教可以成为中国重建的基础"。[47]同样的，基督新教的伦理可以成为中国社会伦理之指南。基于此，赵紫宸以新教人格为起点，倡导建立个体与群体的人格，从而达致社会，塑造中国的政治与社会生活。

以上对中国基督新教人格伦理之起源与发展作了简要回顾。从中国当时的时代背景而言，中国正处于新旧政治文化的交替状态，儒家传统所倡导的伦理价值观念日渐动摇，儒家的精神传统亦逐步丧失。伴随着西学传入中国并广泛地为知识分子所接纳，以及受西方思想影响的中国新教基督徒知识分子留学归国，他们／她们提出基督教救人救国之方案，倡导建立个体与群体

---

43 参见，文庸等编辑，《赵紫宸文集》，卷三，第464-471页；赵紫宸，"拯救灵魂和改革社会的领袖"，载《神学志》，1921，第9-14页。

44 吴利明，《基督教与中国社会变迁》（香港：基督教文艺出版社，1981），第17页。

45 文庸等编辑，《赵紫宸文集》，卷三，第241-242页。

46 吴利明，《基督教与中国社会变迁》，第20页。

47 王晓朝编辑，《赵紫宸文集》，卷五，第99页。

的人格，从而达致社会，塑造中国的政治与社会生活。于是，基督新教人格伦理在这种特殊的时代背景中产生。

其中，以赵紫宸为代表的新教基督徒知识分子对人格伦理在中国的现实意义给予了详细的阐释。"他认为，中国需要一个以伦理为取向的宗教才能担负起救人救国的重责。而儒家、佛教和伊斯兰教从历史证明无法为变更中的中国带来希望，而基督教却不同，它在西方历史中获得了有力证据。比如，在中世纪及宗教改革时期，基督教对当时的社会文化历史起了关键性的作用，并持续地影响了欧洲的社会政治生活"。[48]由此可见，基督教的精神优于时代实况的势力。"基督教的应境，简括些说，乃是使环境得基督教的生活和精神，乃是使环境适应基督教，乃是在环境的物质思想根基上建造精神的、心灵的、无疆域、无时际的道德世界"。[49]由此，赵紫宸期望在面对国家和国际所处的难题时，基督教这股宗教、道德力量能够产生重大作用。于是，他提出以基督教的内容来塑造个体的人格，个体影响群体从而达致社会，改变社会。基于此，赵紫宸以人格为起点尝试建立中国教会的基督新教伦理，以此来改变中国的前途与命运。

综上所述，赵紫宸的人格伦理起源于中国社会复杂变更的语境下，他的伦理不仅仅涉及个人，更关注个人生存的社会，他尝试以塑造个人的人格为基础来改变和重建中国社会，这类似于社会福音的主张。赵紫宸对人性持乐观地态度，他认为信徒得救，并积极效法耶稣基督的完美人格，则可能成为耶稣般的子民，具有良好的道德行为，这将成为社会改变的基础。同时，赵紫宸指出，天国在人间，上帝内住其中，因而天国不是末世的盼望，而是今世的目的，是信徒努力追求之目标。基于此，尽管赵紫宸的神学思想在其前后期的作品中有所不同。[50]但是，他主张塑造信徒的人格，从而达致社会，在

---

48 古爱华，《赵紫宸的神学思想》，第 66 页。

49 文庸等编辑，《赵紫宸文集》，卷三，第 41 页。

50 赵紫宸的作品分为早期（1918-1927），中期（1927-1948）和晚期（1948-1956）。早期，赵紫宸深受自由神学的影响，把基督教看作是伦理的宗教，积极宣讲社会福音；中期，他开始逐步离开自由派神学的立场，重新修正基督论和救赎论；晚期，赵紫宸的神学思想更加成熟，亦逐步脱离了自由神学的影子。然而，纵观其神学伦理学，赵紫宸以人格为核心的伦理观在其神学思想的各个阶段都保持不变。正如吴利明所言，"后来，赵紫宸对基督教有了新的体认，他对基督教和社会关系的看法却没有多大改变。赵紫宸要透过人格的统一而达成上帝国的理想亦没有冲突"。（吴利明，《基督教与中国社会变迁》，第 53-55 页）。需要指出，赵紫宸于 1950

地上建立一个完美秩序的新社会之伦理宗旨却始终保持一致。具体地说，赵紫宸如何从人格概念出发建构其伦理思想，笔者将在以下章节中详细阐释。

年 7 月 11 日写作的"今后四十年中国基督教教义神学可能的发展"（参见，文庸等编辑，《赵紫宸文集》，卷四，第 177-187。）是我们目前得到的他所写的最后一篇神学文章。换言之，1950 年以后，赵紫宸再也没有神学、伦理学的论述。（1952年 3 月 10 日，赵紫宸被撤销燕京宗教学院的院长职务；同年 3 月 17 日，中华圣公会华北教区主教凌贤扬也公开宣布，撤销赵紫宸会长及一切在圣公会华北教区的职务；1956 年，赵紫宸再被聘为燕京协和神学院的研究教授，主要是受命负责批判美国神学家莱茵霍尔德·尼布尔。但是，赵紫宸具体退休时间不详。参见，邢福增，《寻索基督教的独特性—赵紫宸神学论集》，第 209 页；第 215 页）。赵紫宸的女儿赵萝蕤记载赵紫宸退休后的二十多年生活中他研究了尼布尔的神学著作，并写了七万多字的评论文章。（参见，文庸等编辑，《赵紫宸文集》，卷一，第 5 页）。但是，这些文章都没有收集在《赵紫宸文集》中，也无法在其他书籍、期刊中寻获。因此，本书材料引用，以及对其人格伦理学之探讨截止于 1950 年。

第七章　人　格

　　赵紫宸从余日章的人格观念获得启发，并进一步定义了"人格"概念。赵紫宸解释人格不是生而具备，而是后天培养形成的。人格与行为者的道德习惯密切相关，所谓道德习惯，它是行为者审慎选择而决定的，由此习惯一旦养成，顺我习惯之事，容易做；逆我习惯之事，则难做，或者不做。由此称行为者为具有人格之人，而人格则成为其之前种种行为的果，同样亦成为以后种种行为之因。再者，在赵紫宸的人格概念中，他同样设定了行动和行为者之间有一种螺旋运动的逻辑关系，即，行为者通过确定的欲求与心智力量来塑造其行动。该行动揭示了行为者曾经是怎样的人，说明行为者受其行动影响，并在行为者所行所思的过程中，行为者形成了持久的性向，确定行为者可以成为其所是的样子。换言之，行为者塑造行动，而行动又塑造行为者。但是，行为者是怎样的人与该行为者的行动之间的关系则是通过人格来建立的。人格说明行为者的生活不是由决定构成，而是通过行为者的欲求与心智力量塑造而成。此外，行动来自人格，行动又决定行为者获得人格的方式。在行动与人格的这种动态关系中，说明对自我不能作出僵化和抽象的解释。并且，这亦揭示了自我是历史中建构的自我，它能够根据其历史的主观能动行为不断更新和修正，而行为者的人格也是历史形成的。

　　再者，既然人格由行为者的习惯所养成，那么，该道德习惯的养成不是一蹴而就的，它需要行为者不断反复实践道德的行动。由此，人格的训练至关重要。赵紫宸指出，人格的形成必需三大要素。第一要有模范，第二要有目标，第三要有能力。这三大要素耶稣基督都具备，因为"耶稣代表上帝的人格，他是完完全全的人，他的一生展现了有人格的生命之典范"。[1]因此，人们应当跟随耶稣基督，以其人格为榜样效法他，从而建立自己的人格。进一步，赵紫宸补充人们效法耶稣，从而培养自己耶稣般的人格之可能首先在于人能够认识上帝，以及神人同性之特征，这是信徒人格建立之重要基础。

7.1 赵紫宸的主要作品简介

赵紫宸的一生经历了中国近代大半个世纪的时局更迭，从满清王朝时期、民国时期、国共内战时期、抗日战争时期，到共产党统治时期。这期间他的神学思想经历了较大变化，并反映在作品中。鉴于此，为了更好地理解赵紫宸的人格伦理思想，笔者认为有必要在此简要介绍他的主要作品，以及写作背景。

《基督教哲学》，该书为赵紫宸写作的第一本书籍，于 1925 年 11 月以对话形式完成。从本书的写作背景而言，由于当时正处于五四新文化运动[2]的后期，科学与理性主义思潮盛行，知识分子提倡学习西方文明，并希望能够依据科学与民主来对中国传统给予新的评估。在此状况下，作者用了三分之一的篇幅来探讨科学主义，以及基督教与科学的关系以示回应。并且，在宗教作为人安身立命之基础上，赵紫宸又分别从"上帝观"、"耶稣论"与"耶稣的救法"等方面诠释基督新教信仰，强调理性在基督信仰中所体现出的耶稣之伟大人格，并以人格论阐释上帝的本性与"神人同性"思想，指出神人关系中的人格互动，是人性得以完全，人生得以圆满的原动力。此外，赵紫宸还详细讨论了"恶"的问题，并将"恶"区分为"天然之恶"与"人为之恶"，整个主题强调的是上帝在如何维护人类，战胜自然之恶的过程中彰显出来的权能与正义。[3]赵紫宸自己评价，"本书的缺点，必然是多的。它里面所载的哲学，是刚见端倪的思想，还没有成功统系"。[4]尽管如此，"本书是中国基督教中国人自着的第一本宗教哲学书"，[5]值得赞许与关注。

1　文庸等编辑，《赵紫宸文集》，卷三，第 179 页。

2　需要指出，学者对"五四新文化运动"之起止时间有不同界定。本书以时间 1915 年至 1931 年为定。即，1915 年 9 月陈独秀在上海创办《青年》杂志为起点，以 1931 年抗日救亡运动开始为结束。

3　文庸等编辑，《赵紫宸文集》，卷一，第 2 页。

4　文庸等编辑，《赵紫宸文集》，卷一，第 11 页。

5　文庸等编辑，《赵紫宸文集》，卷一，第 11 页。

《耶稣的人生哲学》，该书是继《基督教哲学》之后的姊妹篇，于1926年完成，又名《登山宝训新解》。因为本书主要诠释了《马太福音》中的〈登山宝训〉。赵紫宸解释作此书之原因在于，"我爱耶稣爱中国的心。耶稣是我的救主，他走的路，是我愿意努力走上的路，也是我愿意我的同胞与耶稣，与我，携手同行，努力走上的路。我在耶稣足前学得到人生意义，自己觉得是真的，是宝贵的，我愿意我的同胞也能经验到这个人生意义……我以为人若能信仰上帝，学习耶稣，走他所开辟的道路，中国就有希望了。这是我的信仰"。[6]

该书有十八章，赵紫宸将每章的题目都冠以"主义"二者，旨在说明它是一种真理，不但是谈论的资料，更加是力行的向导，人信仰这些，可以因此生，亦可以为此死。[7]本书的特色是，它不同于《基督教哲学》，而带有一些解经的性质。赵紫宸解释，"据我所见，《马太福音》所载的〈登山宝训〉，足以称为耶稣的人生哲学，思想有二千年之久，而意义则亘古常新。全书的解释，以我所经验，所学于我主耶稣基督的，写在每段经文之下。我所深愿的是将耶稣的心意烘托出来。其实耶稣的教训，比我所说的话要简明，要清楚，要有力量"。[8]此外，本书的架构主要以"上帝为基础，天国为目标，耶稣为路径"，分别从人格、自启与创新等十七种主义诠释了耶稣基督在〈登山宝训〉中的教诲。其中有些地方与《基督教哲学》有重迭之处，它充分体现了赵紫宸早期人格主义救国理想之神学解说。[9]

《学仁》，此书是赵紫宸于国难救亡问题至为关切的三十年代中期，完成的一部基督徒灵修著作，或者亦可称之为以"灵修书的方式"写成的人生哲学。[10]顾名思义，学仁，从基督教的眼光看，就是学习耶稣，学习作上帝的子女。本书中，赵紫宸讨论了人生、个人、社会、国家、国际与天国这些主题。他分别从《圣经》中找出相关经文，再配合中国古圣先贤遗训，以此作比照对应与诠释。在赵紫宸而言，"虽然道德修养须以宗教信仰为根基，以上帝的存在为人生之仰望，但在中国人的文化境遇中，在中国传统对'仁'的追求中，确不乏可与耶稣的人格精神与训道若合符节之处"。[11]其实，这也反映出

6　文庸等编辑，《赵紫宸文集》，卷一，第186-187页。

7　文庸等编辑，《赵紫宸文集》，卷一，第188页。

8　文庸等编辑，《赵紫宸文集》，卷一，第187页。

9　文庸等编辑，《赵紫宸文集》，卷一，第180页。

10　文庸等编辑，《赵紫宸文集》，卷一，第358页。

11　文庸等编辑，《赵紫宸文集》，卷一，第358页。

赵紫宸针对当时时代对中国传统文化全盘否定与批评所作出的回应。1915-1922 年，新文化运动中最响亮的口号是"全盘西化"，似乎中国传统文化毫无价值可言。白话文兴起，人们精神层面上的释放，各种杂志刊物的纷纷涌现，旨在鼓励中国的青年以科学、客观、批判与解放的意识来改造传统社会。他们／她们对传统文化的态度基本是怀疑，由此给予不遗余力之拼击。然而，赵紫宸却客观的评判了中国传统文化之价值，并积极将之与基督新教结合，以为国人所用。尽管他将中国古圣先贤遗训与《圣经》经文罗致并举，在诠释上也有些远离《经文》本身的语境，使得经文与遗训有些牵强附会。但不可否认的是，他这种大胆尝试却为其时代的中国人认识基督信仰的同时亦肯定中国传统文化，起到了较好地示范作用。

本书的突出之处还在于，它强调中国的道德与基督教社会伦理观的一致性，认为两者皆具有人类一致性的含蕴。宗教的灵修不是封闭的、个人性的行为，人类本是整全的一体，道德性的言说与实践最终是要体现于人群社会之中的。个人的道德修为也必须推放置于国家社会的大团体中，才能真正得以实现。所以，作者用了三分之二的篇幅论及家、国、天下乃至整个人类间的理想关系，并以此为天国得以在人间展示的标记。全书贯穿着作者济事济民的博大情怀和以信仰救国立人的爱国主义热忱，它是了解赵紫宸早期会遇基督教与中国传统思想的重要作品。[12]

《耶稣传》，此乃 1935 年赵紫宸完成的一部传记体文学作品，也是由中国人撰写的第一部耶稣的传记。赵紫宸指出写作此书的缘由是，"我既崇拜耶稣，就当将他的一生，按我所认识的告诉人"。[13]本书中，一方面赵紫宸以十九世纪圣经批判学的方法和科学的立场指出《圣经》记述中的矛盾，否定其中超自然的神迹；另一方面，他以自身的体认和感悟塑造了一个所有中国人都应仿效的、为国为民牺牲自我的人格典范。赵紫宸在书中一再强调耶稣对末世论摒弃并以此为本书的关键，认为耶稣的受难是他抛弃复活升天、再降人世的末世论主张，而甘愿以自己的牺牲成全以色列民族最高理想的体现。也正因为如此，耶稣总能够成为人们效法的榜样。本书充分反映了赵紫宸早期自由主义神学对于道德人格的强调。[14]在该书中，我们还可以发现赵紫宸如

---

12 文庸等编辑，《赵紫宸文集》，卷一，第 358 页。

13 文庸等编辑，《赵紫宸文集》，卷一，第 456 页。

14 文庸等编辑，《赵紫宸文集》，卷一，第 450 页。

何将史料与想象结合来对耶稣身边的人物给予新的编撰。比如，他笔下塑造的犹大更是一个悲剧性的人物，而不是《圣经》中指出的贪财之徒。

《巴德的宗教思想》，此书于 1939 年完成，全书仅二十七页，简要叙述与解释了巴特（Karl Barth）的生平、思想背景与主要神学观点。尽管赵紫宸对巴特的神学思想不尽赞同，比如，他不认同巴特对人类败坏了的人性极度贬抑。但是，他同样忠实地表达了巴特神学思想的内容。值得一提的是，在 1941 年之后，因为牢狱之灾，赵紫宸更深刻的反思了启示、恩典这些神学主题，亦反映出巴特神学带给他的反省。

《基督教进解》（完成于 1943 年），《从中国文化说到基督教》（完成于 1946 年），《系狱记》（完成于 1947 年），《基督教的伦理》（完成于 1948 年）与《神学四讲》（完成于 1948 年，被作者喻为系统神学著作之肇始）这些作品代表赵紫宸后期较成熟的神学思想。因为在这些作品中，他一方面综合了自三十年代以来的神学新发现，新体会；另一方面他又对不同的课题，如基督论，中国文化与基督教之关系，基督教伦理等进行了系统性的讨论。

与作者早期的自由主义神学思想相比较，《基督教进解》与《神学四讲》中的"基督论"与"救赎论"观念已有显著的转变，"作者不再关注于耶稣的人格性和上帝的道德性拯救，而是肯定了耶稣首先作为一位先存永恒的神道成肉身，并且极富创见性阐释了基督在世为人的神人两性，以及上帝透过其旨在对人实施救赎所必须的神与人两方面的同一，强调在得救问题上双方的价值与共同努力"。[15]

在作品《基督教进解》与《从中国文化说到基督教》中，作者从两种文化的伦理根基入手，注重二者的互补性。但是，赵紫宸更强调基督教之所以能够为中国文化注入新的生命，其原因在于中国文化中缺乏的元素却正是基督教这超越于一切文化之上的文化独具的内涵。比如，"基督教能以其基督救赎的大爱、上帝之国的永恒，切实宣讲与施行于满目疮痍的中国，必将以其超越性的信仰补足与成全中国的文化精神与生命--而这正是基督教可以对中国文化和社会做出贡献之处"。[16]需要指出，《从中国文化说到基督教》这本小册子于 1946 年（抗日战争结束后）完成。当时的中国经过长期战乱后，不仅需要文明的重建，更需要文化与精神的再造，作者正是基于此立场与处境，

---

15 文庸等编辑，《赵紫宸文集》，卷二，第 514 页。

16 文庸等编辑，《赵紫宸文集》，卷二，第 394 页。

展开了基督信仰与中国文化关系的诠释。[17]《从中国文化说到基督教》与《神学四讲》有助于深入了解赵紫宸本色化神学与教会构想。

《系狱记》，本书为赵紫宸当时狱中生活的实录。作者字里行间书流露出的狱中心路历程反映出他思想上的重大变化，以及对信仰和神学问题之再思。这些变化都分别体现在《基督教进解》，《基督教的伦理》与《神学四讲》这些重要神学著作中。可以说，该书是了解赵紫宸神学思想转变的重要文献。

《基督教的伦理》这本小册子清楚地勾勒出赵紫宸基督教伦理之大纲，即，以上帝为道德之依据，以人的平等尊贵和自由为基础，以爱的诚命为核心，以教会群体为背景，以及以天国为理想目标。这大纲基本贯穿于赵紫宸一生对中国伦理之要求，他自始至终都期望中国社会能够以此理论为指南来改变现实。因为在赵紫宸而言，中国的根本问题是道德问题，唯有道德上的改变才能带来社会之变革。

此外，赵紫宸其他不同时期，不同题材的文章分别收集于《赵紫宸文集》卷三、卷四与卷五中。其中，卷五为其英文文章集。需要指出，在卷三的〈基督与我的人格〉（完成于 1925 年）中，赵紫宸详细地讨论了人格概念及其意义。本文原载于《宗教与人生问题讨论课本》中，主要用于青年集会讨论之用。但是，赵紫宸认为该文对耶稣基督的人格探讨并不足够。于是，在其《耶稣的人生哲学》（完成于 1926 年）中进一步讨论了耶稣的人格，以及人格与国家、社会与家庭等的关系，旨在说明耶稣的人格是救拔中国社会的重要基础。

7.2 人格之定义

赵紫宸认为，基督新教的道德行动目的就是建立个人和群体之人格，从而达致社会，塑造社会和政治生活。基于此，赵紫宸对人格概念有独特的理解，他解释人格为，

> 人格也者，无他，乃人生生活进程中，因求适事理的动作而发生的统一态度与行为而已。西谚说，"种一思想，获一动作；种一动作，获一习惯；种一习惯，获一人格；种一人格，获一归宿。"[18]

---

17 文庸等编辑，《赵紫宸文集》，卷二，第 394 页。

18 文庸等编辑，《赵紫宸文集》，卷三，第 173 页。

赵紫宸进一步详细解释，

> 吾人有生以来，即有个人与环境两方的交触。个人有内部的欲
> 求，故必须动作，而适应环境。人境两方得到一种调剂，故生命得
> 以发展，久而久之，人类生了一种觉悟，知道事皆有理，物皆有则；
> 违反理则，生活必受亏损，或致消灭。人既知此，乃竭力使内部的
> 要求适合事物的道理，人伦的法则，以致造成了一种习惯的态度与
> 行为。在个人内部，有了统一组织的欲求；在个人的互触，有了一
> 定的标准与规范。内而人心，外而事物，莫不得有条理，按有次序，
> 而在个人，则有了人格。[19]

从赵紫宸的人格概念可知，人格不是天赋、命定或者自发的，而是后天
培养形成。具体地说，人格与行为者的生活习惯息息相关，且它渗入行为者
的日常生活习惯之中，表现在行为者对生活中所发生的事情之自然及时反应。
换言之，人格是行为者的习惯所养成。所谓"习惯"，意指行为者有意的不断
重复的行为，它特指道德的习惯，不同于日常生活中其他机械的行为习惯。
所谓道德习惯，它是行为者审慎选择而决定的，由此习惯一旦养成，顺我习惯
之事，容易做；逆我习惯之事，则难做，或者不做。由此称行为者为具有人格
之人，而人格则成为其之前种种行为的果，同样亦成为以后种种行为之因。

在人格定义中，赵紫宸同样强调"欲求"（相当于当代汉语的"意图"）
的重要性，欲求是"动作"（行动）产生的导向，它体现了行为者道德行为的
主观部分。欲求导致行动的产生，行动则是行为者道德行为的客观部分。欲
求包括行为者的理性、动机与信仰等。"欲求"又被称之为"意志的趋向"，
意志的趋向与动作共同发展则形成人格。[20]所谓"意志"，它是动态的，主要
指行为者的善意志，善意志是人格的中心，人格是善意志的结果。[21]就赵紫宸
的人格概念而言，他强调行为者的主观能动性，认为行为者可能有多种欲求
且它们相互冲突。但是，行为者却能够根据理性、信仰等决定其认为"好"
的目的，或者愿望。

进一步，尽管强调行为者有主观能动性。但是，赵紫宸同样指出了行为
者的局限性。因为行为者与环境息息相关，行为者无法回避心理、社会文化

---

19 文庸等编辑，《赵紫宸文集》，卷三，第 173 页。

20 文庸等编辑，《赵紫宸文集》，卷三，第 179 页。

21 文庸等编辑，《赵紫宸文集》，卷一，第 363 页。

环境因素的影响，甚至环境可能影响行为者。比如，"人到世界上来，谁也不能选择先天的父母，后天的环境"。[22]然而，赵紫宸并非主张环境决定论，他认为环境并不能完全决定行为者的主观能动行为，而关键在于行为者自己的抉择与习练。正如，"好祖宗好环境不一定出好人，恶祖宗恶环境不一定出恶人"。[23]基于此，赵紫宸甚至批判"定命论"之说法，即，认为人的行为是被遗传，环境，教育，经济，一切外物所决定，自己完全不能作主。赵紫宸解释，"人不能，人却又能"。[24]由此可见，在行为者的主动选择与被动接受之间，似乎存在张力。其原因在于，

> 人与环境，不能分离：游鱼不能无江河，飞鸟不能无天空，人也不能无人群社会与大自然。不过其中有层层相互的关系，或是环境压迫人，或是人战胜环境。而战胜环境，有先后两件事：第一是超脱，第二是改变。凡是不能超脱环境的人，他总不能改变环境；所以超脱环境乃是做人第一件大事。不超脱，无论富贵贫贱，顺逆利钝，都足以屈服人，人被屈服，便算不得独立的人格。再者，人应当居于环境之内，而超乎环境之上；断不能随波逐流，与世浮沉。可是环境有两种，一种是身外的环境，一种是心内的环境。凡不能在心内的环境中巍然独立的，即不能，至少即不易，制胜身外的环境。[25]

从赵紫宸的阐释而言，他强调环境与行为者密切关联，行为者不能脱离环境而独立存在。但是，行为者却可以通过内在的超脱与改变来战胜环境。并且，他还将环境加以区分：一是心内的环境；二是身外的环境。前者主要指人的七情六欲，后者主要指社会文化、经济处境。赵紫宸认为，一般行为者的内部欲求主要来自其内在的七情六欲，并受其影响而发出行动。但是，作为基督徒伦理学家，赵紫宸首先承认基督徒的内部欲求可以制胜七情六欲。因为赵紫宸从基督新教出发，设定行为者的内部欲求来自上帝，上帝能够帮助他／她根据自己的情感、理性和信仰克服内在的七情六欲，从而作出正确行动的决定。[26]

---

22 文庸等编辑，《赵紫宸文集》，卷一，第383页。

23 文庸等编辑，《赵紫宸文集》，卷一，第383页。

24 文庸等编辑，《赵紫宸文集》，卷一，第385页。

25 文庸等编辑，《赵紫宸文集》，卷一，第383-385页。

26 文庸等编辑，《赵紫宸文集》，卷一，第385页。

尽管行为者的内部欲求来自上帝，其道德行动抉择取决于上帝。但是，这并不说明行为者缺乏自主性，或者自由，而他／她仅仅是被动的和原子式的自我呈现。其原因在于，前面提及，欲求即是"意志趋向"，主要指善意志。在新教伦理中，这善意志指向上帝--一个绝对最高的命令。基督徒需要服从这命令，尽人事，这是他们／她们的道德生活。而基督徒的道德生活又如此展现了人格的实践过程。简言之，人格是基督徒（行为者）顺服上帝的诚命，不断在善意志的驱动下重复善的行动，以此培养和践行自己内在的善。然而，尽管新教的伦理要求如此，赵紫宸却极力否定基督徒（行为者）是绝对命令之下机械的、被动的产物。他举例说明，

> 假如我们知道听命令，天天按照命令去尽人的分事，高兴也做，不高兴也做，我们果然建立了品格么？一个护士天天按部就班做事，以致受医生病人交口的称赞，而自己只是硬着头皮尽本分，就算成了品格么？即使她是非常靠得住的，她依旧不能算是上帝自由的光明的子女：因为她只是勉强，并无兴趣，并无一个滂沛洋溢的生命。27

由此可知，赵紫宸既肯定道德命令之重要性，同时又强调人的自主性，而它主要体现在行为者的"兴趣"之上。行为者的兴趣展示了其情感意愿，强化了他／她对道德命令的认识和实践，该道德情感不仅诉诸道德理性，且与之结合共同影响行为者的道德选择。基于此，行为者仍是一个自由的，有充分决定能力之主体。

进一步，既然行为者在上帝的帮助下，以及自己情感意愿的驱使下能够较好地制胜心内的环境，则较易积极主动理性地战胜身外环境。因为，

> 身外有声色货利权势地位，心内有情欲冲动；以外诱内，其势甚汹汹，若心中没有主宰，那末强者必纵恣放浪，自害而复嫁祸于人，弱者必幽郁怅惘而颓唐消沉，终亦无益于人而身受其害。28

再者，赵紫宸指出，情感意愿说明了人与动物之区别。他解释，

> 环境影响人，而人亦影响环境。人在环境中能有超越的权力，观察了解而后乃取环境中所有的材料，以破坏环境中的恶势而创造环境中可容的人生。凡此种种作为，皆由人心的能自主自动；皆因

---

27 文庸等编辑，《赵紫宸文集》，卷一，第362页。
28 文庸等编辑，《赵紫宸文集》，卷一，第385页。

> 人能自运心智的力量。有相当的心理，即有相当的创作。牛马犬豕，
> 亦动物也，而不能改革其所处的境遇。为什么？因为牛马犬豕不能
> 超环境，识环境，用环境，故亦不能改造环境。[29]

就赵紫宸而言，心智的力量是一种复杂的心理活动，它不仅仅包含道德知识的成分，也带有道德情感（情感意愿）的要素。它们共同促使行为者的道德判断，即，判断行为者是否应该做某事，二者彼此交错关联，并且无先后之别。然而，至为重要的是，心智的力量也正是人与动物之本质区别。前者能够运用它判断是否应该做某事，这体现了其主观能动性与自由性；后者则只是出于本能而作出行动，并无道德成分可言。并且，在实践中行为者的心智力量能够不断得到发展与调和。具体地说，它们能够伴随社会文化成长。比如，良好的社会文化环境能够促使行为者形成良好的心智力量以作出合理的道德判断，反之恶劣的社会文化环境则可能使之相反。由此可见，社会文化环境可能影响行为者。但是，社会文化环境的影响仅仅是一方面，因为行为者具有内部欲求，以及心智的力量，他／她能够（有能力），有情感的驱动去改变环境中不利于自身发展的因素并积极创造新环境，这体现了行为者的主观能动性。由此可知，在赵紫宸的人格概念中，行为者的内部欲求与心智力量极其重要，它们与动作共同构成行为者的人格。

需要强调，尽管赵紫宸解释"欲求"与"心智的力量"共同驱使行动的发生，以使得行为者适应环境。这说明赵紫宸否定环境决定论，即，否定人的行为是由环境、教育、经济等一切外物所决定，行为者不能主动采取行动，只能被动接受环境的影响。但是，这并不意指赵紫宸完全否定环境可能对行为者造成的影响。他解释，行为者与环境密切关联，乃至二者需要彼此调剂。其原因是，行为者不能脱离环境而生存，尽管社会文化等外部环境可能时过境迁，不断变化。但是，它们也可能对行为者的生活产生一定的影响。并且，某些外部环境也有规律可循。基于此，行为者需要洞察事理与物则，且应用之，"如果违背二者，则可能遭致生活之亏损"。[30]因此，身处环境，行为者又必须尽力调整自己内部的欲求，以适合事物道理与人伦法则，从而达致美好生活。再者，这种主动使欲求适合事理的动作过程，其实就是道德实践的过程，它将逐渐形成为一种习惯，该循环往复的习惯则是构成人格的基础。这

---

29 文庸等编辑，《赵紫宸文集》，卷三，第464页。

30 文庸等编辑，《赵紫宸文集》，卷三，第173页。

说明，人格不是天生形成，而是需要人们首先实践它，才能获得它。总之，"人格是动的，是由意志的趋向与动作而发展形成的"。[31]这正如侯活士对品格之理解。

此外，在赵紫宸的人格概念中，他同样设定了行动和行为者之间有一种螺旋运动的逻辑关系，即，行为者通过确定的欲求与心智力量来塑造其行动。该行动揭示了行为者曾经是怎样的人，说明行为者受其行动影响，并在行为者所行所思的过程中，行为者形成了持久的性向，确定行为者可以成为其所是的样子。换言之，行为者塑造行动，而行动又塑造行为者。但是，行为者是怎样的人与该行为者的行动之间的关系则是通过人格来建立的。人格说明行为者的生活不是由决定构成，而是通过行为者的欲求与心智力量塑造而成。此外，行动来自人格，行动又决定行为者获得人格的方式。在行动与人格的这种动态关系中，说明对自我不能作出僵化和抽象的解释。并且，这亦揭示了自我是历史中建构的自我，它能够根据其历史的主观能动行为不断更新和修正，而行为者的人格也是历史形成的。

7.3 人格之建立

就赵紫宸而言，人格由行为者的习惯所养成。但是，该习惯并非人们日常生活中的活动，而是具有道德意识的行动，含有理性之指导。并且，习惯一旦形成，当行为者面对道德层面的抉择时，具有良好道德习惯的他／她较容易作出道德正确的抉择。但是，该道德习惯的养成不是一蹴而就的，它需要行为者不断反复实践道德的行动。换言之，行为者的人格不是天赋、命定，或者自发的，人格的建立必须通过后天培育、训练而形成。由此，于赵紫宸而言，人格的训练至关重要，他对如何建立行为者的人格论述十分详尽。赵紫宸总结，"人格形成的历程有许多阻碍艰难。要达到正鹄，人格的形成必需三大要素。第一要有模范，第二要有目标，第三要有能力。这三大要素耶稣基督都具备，因为耶稣代表上帝的人格，他是完完全全的人，他的一生展现了有人格的生命之典范"。[32]因此，人们应当跟随耶稣基督，以其人格为榜样效法他，从而建立自己的人格。进一步，赵紫宸补充人们效法耶稣，从而

---

31 文庸等编辑，《赵紫宸文集》，卷三，第 173 页。

32 文庸等编辑，《赵紫宸文集》，卷三，第 179 页。

培养自己耶稣般的人格之可能首先在于人能够认识上帝，以及神人同性之特征，这是信徒人格建立之重要基础。然而，在具体阐释神人同性，以及人对上帝之认识等观念上，赵紫宸却从儒家思想出发，[33]并结合基督新教的神学术语与内容加以说明。由此，在其人格建立之论述上，体现了两种思想的结合。

7.3.1 上帝的人格与神人关系

赵紫宸认为，信徒人格的建立在于效法上帝，效法耶稣。然而，效法首先来自信徒对上帝之认识。他指出，该认识的进路是自下而上，即，透过对人的认识及其上帝与世界的关系来认识上帝。

具体而言，赵紫宸首先从人格神（personal God）的概念来说明人们认识上帝之可能。他解释基督教的上帝是人格神--不同于儒家非人格（impersonal）的天道、天理。因为上帝曾道成肉身住在这个世界，并用自己的生平展示了人之应为人之道。由此，上帝是人格，所谓人格，"必有与我们的人格有根本上相同之点，须要从人的进演而认识，不能够从物的广延而察见"。[34]换言之，从科学的角度不能看见上帝，亦不能看见人格，因为它们不在科学的研究对象之中，即，上帝不受物的限制。

进一步，尽管上帝与人类的人格相似，上帝却在本质上超越于人类，他是动态的行动者，他的行动体现了其自由、创新的能力。赵紫宸解释，上帝正如大宇宙，宇宙是动，宇宙有如人心，有人格。上帝的人格是宇宙动荡变化，息息创新的原动力。而人则如小宇宙，有自由向前的意志，是自己创新的涌起。小宇宙的动荡，从心涌起，于是便知大宇宙的涌力。这种经验，贯之以理，持之以力，能提供人生之意义。[35]更重要的是，上帝是爱，在爱里寻人，这与上帝人格的努力相符合。上帝息息自新，直欲携带人类前行，努力救拔人类。人类则努力奋进，否则人之人格将消散。而人之努力前行，则上帝

---

33 赵紫宸的女儿赵萝蕤记载，赵紫宸从小好学，读过几年私塾，通四书五经。参见，文庸等编辑，《赵紫宸文集》，卷一，第4页。

34 文庸等编辑，《赵紫宸文集》，卷一，第91页。赵紫宸所言的"人格"有多种含义，比如指品格，或者上帝的属性，本书中如果没有特别标志，"人格"一词均指上帝的品格。但是，在该段落中所指的"人格"主要表示上帝具有人的属性，而上帝作为人格神则具有抉择的自由和自我创新的能力。

35 文庸等编辑，《赵紫宸文集》，卷一，第91-94页。

的人格又因人而彰显。上帝的人格扩大，人的人格更变新。上帝爱人，人爱上帝，二者精神交融，生命交流，上帝受荣耀，人则彰显上帝的大德大能。[36]

毋庸置疑，因为受儒家文化影响赵紫宸在理解上帝时，并不能脱离儒家的思维范式。以上他借用宇宙来比喻上帝，旨在说明人与上帝有密切关系。并且，赵紫宸指出，人与上帝彼此是感通的，由此人能够认识上帝。他说，"人心与天地通，与万物齐，与上帝合一"；[37] "人在自己的人格里觉得心清足以自见，人格与上帝的人格相交感，相交流，于是乎自见之际，即见上帝"；[38] "耶稣认识上帝，并不超意识，亦并不超理性，乃是从经验中自己肯定意义而觉得这意义是极有理解的。人与上帝交感亦然。人是人格，上帝亦是人格，人格相感，相互认识"。[39] 当然，人认识上帝，并不能自动即知，乃由上帝之先自动（启示）以动人，然后人方才知道。总之，认识人天，知者与被知者之间必有一个能通之理在，必有一个感通的实在在。[40]

需要指出，在儒家思想中，天人感应的观念由来已久。与赵紫宸同时代的中国哲学家谢扶雅解释，人既得天之而生，自然与天有最密切的关联。我们身心上有什么变化，立刻会牵动到天地变化；或大旱，或下甘露，或现彗星，或降霪雨，都是人事善恶的结果。宋明理学家尤盛唱人天感应之说："人之神，即天地之神"；邵康节，"民吾同胞，物吾同兴"；张横渠，"一人之心，即天地之心；一物之理，即万物之理"；程伊川，"人人有一太极，物物有一太极"；朱晦庵，"宇宙便是吾心，吾心即是宇宙"。[41]

由此可见，基于宇宙之比喻，以及天人感应的观念，赵紫宸把人格与上帝联系起来，认为在上帝至高无上的人格中，不仅存在着人人之间的相互联系，还存在人与上帝之间的相互联系。并且，该人格有道德的意识，要求人道德的创造和发展必须以此为基础，且人与上帝的人格融为一体。因为只有在上帝的人格里，人才能成为有人格和有道德之人。同时，有人格的生命又彰显了上帝的大能大德。因此，赵紫宸的上帝观确是一种与儒家思想结合的产物，所不同的是他借用基督教人格神概念来说明人们如何获得道德行动的来源。

---

36 文庸等编辑，《赵紫宸文集》，卷一，第 93 页。

37 文庸等编辑，《赵紫宸文集》，卷一，第 71 页。

38 文庸等编辑，《赵紫宸文集》，卷一，第 214 页。

39 文庸等编辑，《赵紫宸文集》，卷一，第 312 页。

40 文庸等编辑，《赵紫宸文集》，卷二，第 69 页。

41 谢扶雅，"中国伦理思想史"，载《中国文化讲座》，1961 年，第 17-18 页。

从人格神的观念，赵紫宸说明了人认识上帝之基础，并为人之存在提供了宗教上的意义，以及为人道德上的善提供了形而上之基础。但是，溯本求源用人格描述上帝，该观念来自西方哲学。早期哲学家鲍痕（Borden Parker Bowne, 1847-1910）提出了人格神概念，为赵紫宸所取。[42]鲍痕曾是波士顿大学著名的哲学教授，他生活的时代进化论兴起并盛行。作为基督新教神学家和哲学家，鲍痕批判进化论，认为进化论不能为人类提供一个整全的人生观；他亦批判法国著名哲学家和社会学家孔德（Auguste Comte，1798-1857）的实证主义（positivism）。鲍痕认为对现实之认识仅仅依靠特定科学以及对平常事物之观察并不足够，因为科学所指的因果论证（causal explanation）其实与形而上的人格密切关联。由此鲍痕提出人格主义（personalism）概念。[43]鲍痕的人格主义主要指哲学的研究对象不是物质世界，而是自我。他把自我归为"人格"，即，一种精神性的道德主体，他强调人格的决定和创造。鲍痕解释，人格的基本意义是指自我存在，自我意识和自我支配的能力。但是，只有上帝才体现了这种完美整全的人格，而人之整全人格的建立则依赖于它。再者，如果人类尝试和宇宙建立有意义的关系，则需要借着与上帝的接触而实现之。[44]进一步，鲍痕强调人的宗教经验，[45]认为经验是人类认识上帝的基础，而我们的人格经验又来自于上帝的更大经验。[46]再者，就鲍痕而言，所谓真实的世界就是人格相互沟通，共同参与的世界，它们与上帝的旨意息息相关。简言之，人既然为人，有他的自我存在、自我意识和自我支配的能力，如果要和宇宙建立起一种有意义的关系，就只能透过同原先的人--上帝相接触了。[47]

由此，赵紫宸从鲍痕的人格概念找到了人格神之依据，从而阐释了人与上帝之关系，以及如何从人道（经验）去认识上帝和世界。赵紫宸解释，

> 基督教--所信奉的上帝，虽必须有人格，然后可以与人有经验
> 理性上明白确切的关系；然而所谓人格的上帝，不过在人的宗教经

---

42 文庸等编辑，《赵紫宸文集》，卷一，第9页。

43 Borden Parker Bowne, *Personalism,* Boston; New York: Houghton, Mifflin and Company, 1908, pp. v-ix.

44 Borden Parker Bowne, *Personalism,* pp. 265-267.

45 Borden Parker Bowne, *Personalism,* p. 292.

46 Borden Parker Bowne, *Personalism,* pp. 156-158. 需要指出，鲍痕的经验主义是先验的经验主义，意指它不承认经验是物质的反映，而认为它是纯粹主观内省，纯粹思想。参见，Borden Parker Bowne, *Personalism,* p. 292。

47 古爱华，《赵紫宸的神学思想》，第140页。

验方面说而已。若从超乎人的宗教方面看，则此上帝当亦可以超乎
人格；因为宗教所讲人格神者，由人的方面言之而已。在于人神之
际，宇宙的本原，既挟有宇宙全体的锁铃（鑰），便当含有人的人格
的意义，便当自为人格。人格云者，宇宙本原的一部分，且在于人
看这是它主要的部分。宇宙的本原当是意识，也当是超意识，当是
人格，也当是超人格。[48]

赵紫宸从鲍痕的人格概念着手，在西方哲学中找到了人认识上帝和世界
的方法。不仅如此，根据鲍痕的人格概念，赵紫宸在信仰里找到了人道德完
善之理据，认为人道德的完善必须与上帝融为一体。因为唯有在上帝的人格
中，个人人格中的道德自我意识才能够发挥作用，即，使自己情感和感觉的
内心世界与上帝的人格趋于一致。

需要指出，赵紫宸采纳鲍痕人格概念的原因在于：一方面鲍痕的哲学与
神学对美国自由神学影响较大，为赵紫宸所熟悉。赵紫宸说，"我曾经受过鲍
痕的影响，鲍痕的'人格论'是我所取的"；[49]另一方面，更为重要的是，赵
紫宸认为鲍痕的人格概念与中国儒家天人合一的哲学思想比较类似，能更好
的为国人所理解。赵紫宸解释，"在这个时代，我们不能不恳切地指陈人类浑
然一体，天人浑然一体（天人合一）的真理，而为这个真理做见证"；[50]再者，
"基督教而对于基督有信仰，自可与中国的天人一贯论（天人合一）相纠结，
相融合"。[51]在赵紫宸而言，中国人的理想境界--"天人合一"毫无疑问正是基
督教"神人同性"观念的一种表达方式。就儒家观点而言，"天人合一"，意
味着人通过与神共同创造而实现了人生之目的。赵紫宸解释，

> 我国天人一贯之说，实为我国根本的思想。自然与人，其道
> 一贯；若老子说："道常无为而无不为。"那么，必要继续说，"侯
> 王若能守之，万物将自化。"（《道德经》三十七章）若庄子说："凡
> 物无成与毁，复通为一。"他必说："天下莫大于秋毫之末，而泰
> 山为小，莫寿于殇子而彭祖为夭，天地与我并生而万物与我为一。"
> （齐物论）道无为，所以人亦要无为；"已而不知其然谓之道"，

---

48 文庸等编辑，《赵紫宸文集》，卷一，第57页。
49 文庸等编辑，《赵紫宸文集》，卷一，第9页。
50 文庸等编辑，《赵紫宸文集》，卷一，第364页。
51 文庸等编辑，《赵紫宸文集》，卷二，第404页。

所以人要任乎自然。若说自然有事要成就，人便当尽量地继自然而做成这件事。人是自然的一分子，自然是人的本性；自然与人浑然同体，不过人能尽力实现其道罢了。孟子说："万物皆备于我。"《中庸》说："诚者，天之道也，诚之者，人之道也。诚者，不勉而中，不思而得，从容中道，圣人也。诚之者，择善而固执之者也。"又说："诚者自成也，而道自道也……诚者，非自成己而已也，所以成物也；成己，仁也；成物，知也。性之德也，合内外之道也。"从这些话看来，自然自有鹄的，就是要成己成物。天地实在不是一个死东西，乃是在"成"的历程中，人在其中得以清澈地了解，尽量地努力，去完成自然的目标，达到自然的鹄的。（天与自然的意义同。可通用）人固执着天之道，诚心诚意地去尽人事，就能做到尽外尽人尽物而参赞天地的化育。圣人的事，亦不过如此。孔子"六十而耳顺，七十而从心所欲"可谓圣人；然而圣人的实在，不过是合德天地，不过达到了不勉而中，不思而得，从容中道的境界。那就是天人通一，那就是合内外之道，那就是做人最高深最广大浩然的经验。[52]

然而，就基督新教而言，"神人同性"则说明了人可能认识上帝，并由此得以确立人生的目标与道德的方向。赵紫宸解释，"人与上帝交感，则上帝与人亦必有通性，否则亦无以发生关系；人与人的人格有交流交触的同性，人与上帝的人格，也依样有交流交触的同性"；[53]并且，"人在自己的人格里觉得心清足以自见，人格与上帝的人格相交感，相交流，于是乎自见之际，即见上帝"。[54]至为重要的是，在耶稣身上，神与人融合的可能性得到了最充分的显示。"耶稣与人合一，所以人便得与上帝合一"。[55]不仅如此，"在于他（耶稣），人神是一样的（神人同性）；不过量有差别，所以具体而微的人，应当努力发展人格，得为完全的人，像上帝完全一样"。[56]因此，赵紫宸认为基督新教与儒家思想并不排斥，而是彼此补足，能更好地为国人所用。

---

52 文庸等编辑，《赵紫宸文集》，卷三，第272页。
53 文庸等编辑，《赵紫宸文集》，卷一，第214页。
54 文庸等编辑，《赵紫宸文集》，卷一，第214页。
55 文庸等编辑，《赵紫宸文集》，卷三，第200页。
56 文庸等编辑，《赵紫宸文集》，卷一，第71页；第74页。

　　再者，儒家强调认知之先后秩序，"对于中国的圣人而言，未知人则不能知天；换言之，先知人后知天"。[57]而鲍痕的人格概念则正好说明了这个观念，鲍痕指出，对上帝的认识始于自我的意识，自我的经验，而该认识论的基础在于神人之人格的根本相同。因为，"有生命的有上帝，有人格的有上帝；也可以说有上帝的有生命，亦有上帝的人格。[58]这是人认识上帝，以及人确立自己道德价值和标准之基础。由此可见，鲍痕的人格概念正好构建了儒家与基督教的共通之处，即，二者都是从人道去了解世界和上帝。由此，该观念极为赵紫宸所接纳与欣赏。

　　基于此，赵紫宸总结"基督教的中心信仰是神人同性；人与上帝可以有心灵的感通。即使神秘到极点，亦仍旧有话可讲，有理可寻"。正如奥古斯丁说："我们若非安息于你（上帝）里面，便没有安息（our hearts are restless until they rest in you）"。[59]然而，尽管赵紫宸强调神人同性这种关系是从创世传递而来。但是，就本质而言，它不仅仅是一种灵性的关系，亦是在质方面的同性。因为，

　　　　人与宇宙的大我有心灵上的往还。宇宙是上帝的，我在宇宙之
　　　　内，也是属于上帝的；若我与上帝要有彼此的了解交谊。那末上帝
　　　　必要有些像我，我有些像上帝。宇宙与人生交流，则宇宙所示，亦
　　　　示于我，我个性中带有神性，犹之子女的含带遗传性。[60]

　　赵紫宸解释，人像上帝，上帝也有类似于人之处。更重要的是，人的个性中带有神性，该神性是与生俱来的。这说明了人与上帝在质方面同性之原因。当然，同性并不表示完全一样，它仅仅是有助于人与上帝之间的交往。说明人能够认识上帝，并效法上帝而成为有完善道德之人。古爱华指出，"同性"并不表示完全一样，它乃有助于人和上帝之间的交往。在此意义上，赵紫宸主要引用了孟子所说的"浩然之气"，以标志出人的特殊气质。[61]这是一

57　文庸等编辑，《赵紫宸文集》，卷一，第 343 页。

58　文庸等编辑，《赵紫宸文集》，卷一，第 114 页。

59　文庸等编辑，《赵紫宸文集》，卷一，第 71 页； Augustine, *The Confessions of St. Augustine,* Translated by Carolinne White, Grand Rapids, Mich.: W.B.Eerdmans, 2001, p. 14.

60　文庸等编辑，《赵紫宸文集》，卷一，第 77 页。

61　对此观点的详细阐释如下，孟子本着子思的"天命之谓性"之主张，而主张性善，于是把人格抬得更高了。他并倡言人有"良知"、"良能"。他以为人的这种良知、良能，非由外铄而是我所固有的。人虽有这个固有的知能，但因人心为物欲所蔽，

个不容易解释的概念，连孟子自己也说"难言也"。这种气是"至大至刚"的。儒家的评论者依天地一体的看法，认为这是在运行中的宇宙力量。这也是赵紫宸的看法。[62]赵紫宸解释，

> 世界是整体，人是世界的顶点，天地与人，合则为浑然的一体，分则为连接的三才；天者道也，理也，性也、所以帅、所以主宰之者也；物者地，地者物，名之曰气，轻清为天，重浊为地，于人曰浩然，均是物也。理与气的道理，至宋儒而更为判然，理而无气，即无寄顿的所在，即无发挥的作用；气而无理，即无成物的可能，即无化育的方法。理气连结，形成世界，宇宙是一个大体系，人是一个小宇宙。[63]

古爱华进一步解释，按照孟子所说，这种气"以直养而无害，则塞于天地之间"。赵紫宸则以此来指这是人从上帝那里获得的礼物。[64]对此，赵紫宸说，"人因与上帝同工，而自觉有凛然不可犯，浩然不可穷的气概"。[65]再者，古爱华指出，这种气指向自己之外，可以帮助人去认识上帝。不过，这种"至大至刚"的气是否仍在运行，就是在孟子的时候，经已取决于人自己的态度了。所以连这个概念也是受到道德规范的，它指向本身存有的意义之外。[66]同样的，赵紫宸的理解亦是如此，他解释，

不但不能把它推广，连发挥亦困难了。人若愿恢复这个固有的才能，必须有"反身而诚"的工夫。人若能反身而诚，才能尽其心，能尽其心，而后才能知性，能知其性，而后才能知天。人若能将这个天良常常的保存不失，将这个善性发挥无余，自然能善事天了。人若能好好的事奉天，又能推广他的良知，把万物的各性都研究贯通，这不是等于"万物皆备于我"，而我成了一个小宇宙吗？人若能发挥他的良能，他的所思所行，都是"集义所生"，都能"配义与道"，这便是"浩然之气"，充满着整个天地之间，使我随处而安，随时而行，还有什么不快于我心的呢？这样便是"上下与天地同流"的圣人。这样的圣人，才能"所过者化，所存者神"；这样的圣人，"虽大行不加焉，虽穷居不损焉"；这样的圣人，是"仁义礼智根于心，其生色也，晬然见于面，盎于背，施于四体，四体不言而喻的了"；（尽心上）这样的圣人，正是孟子所说的天人合一的"大人"。参见，赵宝实，《天主教与儒家天人合一比较》（台中：光启出版社），1957，第11-12页）。

62 古爱华，《赵紫宸的神学思想》，第146页。
63 文庸等编辑，《赵紫宸文集》，卷一，第396页。
64 古爱华，《赵紫宸的神学思想》，第146页。
65 文庸等编辑，《赵紫宸文集》，卷一，第313页。
66 古爱华，《赵紫宸的神学思想》，第146页。

士要正心诚意，修身齐家，虽然要求功名，却要有严正的修养，要知廉退，要崇风节，要有优容的风趣，故曰：吾与点也，[67]要有刚正的毅力，故曰吾善养吾浩然之气。要入则孝，出则悌，泛爱众，而不违仁，事父母能竭其力，事君能致其身"。[68]

以上尽管分析了赵紫宸神人同性的观念。但是，赵紫宸不仅仅强调神人同性，他指出神人二者又代表两个不同的人格，无论怎样混合，人终不失其为自己，上帝亦不失其为上帝。[69]二者之间的分别仅仅是程度上的差异。他说，"神人同性，有量的别，无质的别"；"人神是一样的；不过量有差别，所以具体而微"。[70]因此，神人本质相同，彼此既有关系，又有区别。但是，这种分别并不影响人与上帝心灵的感通。因为，

宇宙是上帝的，我在宇宙之内，也是属于上帝的；宇宙动荡的意义，于是乎只可求诸我心；我心的涌起，于是乎见其与宇宙有同证。我直知我之为我，我便直知宇宙的涌力为一大我。我自动而前而为人格，宇宙自动而前的生命为何便不是人格？[71]

换言之，宇宙来自上帝的创造，人居于宇宙之内同样属于上帝的创造。并且，人从内在经验出发能够认识自己，以及自己的人格，由下至上便能够推知上帝，以及上帝的人格。

从以上宇宙存有的观念而言，赵紫宸对神人同性之阐释主要建基于儒家的自然观，以及与之相关的人观。具体地说，儒家的自然观包含两个层面：一是人与自然的和谐共存；二是人与自然的本质同源。前者是后者的认识基础，后者是前者的理论深化。在赵紫宸而言，他主要强调的是后者。赵紫宸解释，"中国人对于自然有特殊的态度。在中国的思想史上，自然与人两个观念，非常融合，人与万物同为一道的行为。人是自然的一分子，自然是人的本性；自然与人浑然同体，不过人能尽力实现其道罢了"。[72]

67　文庸等编辑，《赵紫宸文集》，卷一，第 71 页。典出《论语》"先进篇第十一"。"点"指曾点。这句话的意思是"我同意曾点的想法！"参见，文庸等编辑，《赵紫宸文集》，卷二，第 410 页。

68　文庸等编辑，《赵紫宸文集》，卷一，第 397-398 页。

69　文庸等编辑，《赵紫宸文集》，卷一，第 71 页。

70　文庸等编辑，《赵紫宸文集》，卷一，第 74 页。

71　文庸等编辑，《赵紫宸文集》，卷一，第 77 页；第 92 页。

72　文庸等编辑，《赵紫宸文集》，卷三，第 271-272 页。

需要说明的是，早期儒家发展的各个阶段中，已经有把存有学拔高为道德行动的倾向。而赵紫宸所述的天人合一观念，则完全抛弃了存有学上的含意。尽管他指出人和上帝之间有相似之处，并用儒家传统术语将上帝描述为宇宙的、自然的统一体。但这里面却不再含有任何存有学上的意义。上帝与人同性，对赵紫宸而言，仅仅意味着人可能认识上帝，并因此而得以确立人生的目标。这是在中国传统中早已形成的见解，是人自己要完成道德使命。人从上帝那里领受的天赋是礼物，既然是礼物，尤其要紧的是对他者负起责任。[73] 在此意义上，赵紫宸的人格观念远远超越了鲍痕的人格观。

此外，赵紫宸所言的神人同性，主要套用了中国人的自然观。[74] 如"天人之贯"所显示的，"人是自然的一分子，自然是人的本性；自然与人浑然同体，不过人能尽力实现其道罢了"。[75] 因此，人不会消失于自然之中。自然藉其默认的秩序为人定下目标，又施己力于人身上，使之达至鹄。这在宋儒的理性哲学中也有相同论述，当中，自然是驾驭一切的终极原则。它是超越的，同时也是内蕴的，所以可以在人性中作工。[76] 赵紫宸认为，基督教的人观与此有异曲同工之处，只是上帝的人格和创造大能取代了自然或者最高原则的位置。人在本质上与上帝结合在一起。因此，人从上帝那里领了召命，又蒙赐与完成这召命之能力。[77]

总结而言，基于赵紫宸对人格的阐释可知，尽管该术语来源于基督新教神学，却明显受到儒家思想的影响。不仅如此，赵紫宸甚至对某些西方哲学、神学术语的解释亦套用了中国传统概念。比如，赵紫宸在描述神人之关系时常常使用"神人同性"这个术语，除此之外他还常常提及"性"这个字，比如上帝的性德，人的性德等。[78] 然而，这个"性"字来自中国儒家传统。具体而言，"性"字以心为部首，旁以"生命"或"生养"的"生"。文字学的研究证实了其字形和原始宗教有密切的关系。因此，人之所以为人，因为他们领受了上天赋予的生命及一切人性所有的秉性。尤其人所共有的道德分辨能

---

73 古爱华，《赵紫宸的神学思想》，第 146-147 页。

74 古爱华，《赵紫宸的神学思想》，第 145 页。

75 文庸等编辑，《赵紫宸文集》，卷一，第 272 页。

76 朱熹，《朱子全书》（上海：上海古籍出版社，2010），卷一，第 94 页。

77 古爱华，《赵紫宸的神学思想》，第 145 页。

78 文庸等编辑，《赵紫宸文集》，卷一，第 71-78 页。

力。孟子说，"是非之心，人皆有之。"《孟子·公孙丑上》这是人与禽兽的基本区别。[79]

基于此，"性"主要用于人，表示人最初的禀赋。孔子拒绝抽象地讨论人性，早期的儒家（如孟子和荀子）却争辩性善性恶的问题。但是，孔子、孟子、荀子和后期的儒学家都认同无论人出于自己的认识和能力，还是因为外在的制约而倾向于恶，人性的任务就是要去成全自己。[80]他们肯定人成圣之可能性，因此孟子以为人人皆可为尧舜，而荀子则认为既然人生为恶，须以善反之，故提倡教育导人向善。[81]因此，儒家倡导"尽性"，就是强调实现人格。对此，赵紫宸的理解没有超越此范畴，在其人格观念中，他亦反复强调实现人格之可能。由此可见，赵紫宸的人格伦理深受儒家思想影响。

7.3.2 上帝的创造与人的自我实现

建基于上帝的人格，赵紫宸进一步用进化论解释上帝的创造，以此说明人的自我实现，以及人格的建立。他指出，"世界是进化的，而进化即是上帝的涌起；上帝的涌起，即是上帝的创造"。[82]上帝的创造过程是一种生生不息的运动，这运动又是根据上帝人格进行的，"人格是前进的涌起"。[83]确切的说，这种创造活动反映了自我的发展与自我的成全。[84]

赵紫宸从创造的范畴来谈论人格的涌起，主要受法国哲学家博格森（Henri Bergson, 1859-1941）之《创造进化论》（Creative Evolution）影响。[85]博格森的进化论受达尔文影响，但是，伯格森却又批判达尔文主义，反对用物质的机械组合和外部力量的选择来解释生命的进化。伯格森认为，创造与进化并不彼此排斥，因为宇宙是一个"生命的动力"（élan vital）在运作，所有物质

---

79 秦家懿 孔汉思，《中国宗教与基督教》（香港：三联书店，1989），第 62 页。对此解释，笔者采纳秦家懿与孔汉思的建议。

80 古爱华，《赵紫宸的神学思想》，第 144 页；秦家懿 孔汉思，《中国宗教与基督教》，第 101 页。

81 秦家懿 孔汉思，《中国宗教与基督教》，第 62 页。

82 文庸等编辑，《赵紫宸文集》，卷一，第 77 页。

83 文庸等编辑，《赵紫宸文集》，卷一，第 91 页。

84 文庸等编辑，《赵紫宸文集》，卷一，第 78 页。在这里，"人格"指品格。

85 伯格森的创造进化论思想在中国影响较广泛。在五四运动后，张君劢、冯友兰等人将其哲学思想介绍到中国，从而引起了学者的广泛关注和研读。

都充满了活力，生命是不断实现着内在动力的源泉。[86]对于上帝而言，他本身就是不停顿的生命、活动和自由。[87]赵紫宸认为，伯格森的创造进化论正好表达了中国人的宇宙观，即，宇宙是一种生生不息的过程。基于儒家的解释，这种自然的生生不息与上帝的生命动力一样旨在以其自我成全为目的。赵紫宸指出，

> 创造即是自己涌起，自己成全。据我们息息动荡，息息完全的意思看来，上帝的创造，乃是上帝的涌起。这样的上帝是与人同工的，是亲近人的。上帝是超绝自己的，是息息的超绝；上帝是贯注自己的，是息息的贯注。超绝其后，则上帝不必自禁于物体之内；贯注其前，上帝可以图显于自心之中。上帝有独存的人格而足以包涵众心；我人有个性的存在，而依旧得以居留于上帝的爱里。[88]

宇宙动荡的意义，于是乎只可求诸我心；我心的涌起，于是乎见其与宇宙有同证。我直知我之为我，我便直知宇宙的涌力为一大我。我自动而前而为人格，宇宙自动而前的生命为何便不是人格？[89]

就赵紫宸的阐释而言，他强调"息息"是上帝不停顿的生命活动表征，而上帝的生命活动以人为目的。人可以从自己的经验推断上帝的人格，即，从自己的小宇宙中认识到大宇宙（上帝）。同时，上帝以其独存的人格而包涵每一个个体，这个体不是独存而是参与大我（上帝）的涌力之中。"上帝息息自新，也携带人类前行，并努力救赎人类"[90]。并且，上帝的这种创造动力是爱，他在爱中创造、涌起，使人得救赎，又使人在爱中彼此相交。不仅如此，赵紫宸甚至强调人只能以此为目标建立生活，如果人不立标准而自愿向前（涌起）则可能退回禽兽阶段。因为进化的最高点是人格，人必须向这个人格直

---

86 Henri Bergson, *Creative Evolution*, Trans. Arthur Mitchell, Basingstoke; New York: Palgrave Macmillan, 2007, pp. xvii-xviii; p. xv; p. xxi.

87 Henri Bergson, *Creative Evolution*, p. 160.

88 文庸等编辑，《赵紫宸文集》，卷一，第78页。

89 文庸等编辑，《赵紫宸文集》，卷一，第92页。

90 文庸等编辑，《赵紫宸文集》，卷一，第193页；赵紫宸类似的表述还有，"上帝在他爱的生命里，息息创新，依着本性创出宇宙群生，创出有意识，有人格的人类。上帝努力涌起，创造了人。然而上帝自己是自由的，所以有人格；他所创造的人，渐渐地前涌，得了意识，能够自择路途，所以也有自由，也有人格。于是上帝在人里面翻腾出自己的形象；人在上帝爱里发见了自己的自由人格。"参见：文庸等编辑，《赵紫宸文集》，卷一，第134页。

趋而进行。[91]因此，耶稣说，"你们应当完全像天父。"则是为人类指明上帝既为人类最高的人格标准，人应当努力效法、达致之。[92]

综上而论，赵紫宸的人格观念建基于鲍痕的人格神与伯格森的"生命动力"。从人格神概念，赵紫宸确立了神人同性的原则，说明人有上帝的人格，这是人认识上帝，以及确立自己道德价值和标准之基础；从"创造动力"的概念，赵紫宸阐释人的生存活动旨在以其自我成全为目的。换言之，如果人不立标准而自愿向前则可能退回禽兽阶段。并且，进化的最高点是人格，人必须向这个人格直趋而进行。由此可见，赵紫宸的人格观念在术语与内容上主要来自西方。但是，在某些言词表述上却受中国儒家思想影响。[93]比如，人格的建立、向人格直趋和自我成全，这些说法都比较符合儒家自我实现的理想。

然而，儒家重视自我，对人性乐观的态度却有悖于传统基督教对人性悲观之看法。基督教主张人人都有罪，它是人与生俱来的景况，罪常常让人在思想上、言语上和行为上违背上帝善的旨意。因此，从传统基督教的角度而言，人如何可能建立人格，实现自我？换言之，如果从基督教之罪观而言，人格建立和自我成全这种观念并不符合逻辑。

究其原因，一方面承接儒家文化熏陶，具有浓厚儒家背景的神学家赵紫宸的确比较忽视基督教的原罪观念，甚至其早期的神学作品从未提及原罪；[94]另一方面，赵紫宸受鲍痕的自由神学影响，强调人的自由意志与宗教经验，

91　文庸等编辑，《赵紫宸文集》，卷一，第 550 页。

92　文庸等编辑，《赵紫宸文集》，卷一，第 193 页。

93　赵紫宸指出，"基督教在中国，自然不免要与中国文化作丽泽交流的解释，第一要创造宗教的术语，而借重中国的言词。在文字上要取雅达的成词，拨开儒家道家佛家的典籍，而吸取其精英。"参见，文庸等编辑，《赵紫宸文集》，卷二，第 407 页。

94　需要指出，赵紫宸晚期受巴特神学影响，加之狱中经历让他重新思考罪的问题。他开始尝试理解原罪。他解释，"罪有两种，按《圣经》的记载，教会的遗传，有原罪，有本罪。原罪是祖宗所遗传的罪性；本罪是个人自作的罪行。在宗教上，在上帝看，罪性即是罪，罪行亦是罪。原罪是犯罪的原动力，本罪是自择的违反正理，破坏人伦，叛逆上帝的行为；二者纠结不分，在上帝眼中，是一样污秽，一样可恶。原罪是叛离上帝的罪性，本罪是叛离上帝的行为。罪即是自私，即是违背上帝的命令，即是离开上帝"参见，文庸等编辑，《赵紫宸文集》，卷二，第 141-142 页。尽管赵紫宸对罪有新的认识。但是，他并不由此而否认人的人格建立，以及自我完全。

对人有信心，对人性持乐观态度。[95]由此，赵紫宸并不强调罪，他指出，"耶稣的教训中间虽常提到人的罪恶和人的永生，但是其中到底是将人的可能，爱的美德做中心的"。[96]并且，赵紫宸对罪的理解仅仅在于，罪是指人违背道德上的责任。他解释，

> 人的涣散就是人格的消灭，就是罪。人在进程中，与上帝同前，一旦停滞不进，便与上帝远离；远离上帝就是罪。人的前进，当与他人同潮而涌，同流而前，一旦涣散，即为他人生活的阻障，为他人阻障的事，即是罪。[97]

因此，人必须努力向前，创新人格，消除罪，而这种向前的进程就是自救，因为上帝赋予了人自救之能力。[98]由此可见，赵紫宸并不强调罪的危害性，却对罪之消除持积极乐观态度，他甚至相信人能够自救。他说，"耶稣的救法，一点一横都是教人自己发心，努力直前，在上帝爱的生命里作自救的事功"。[99]然而，究其自救之原因。赵紫宸解释，

> 人是自由的，所以能自救。自由是意志的权能；善用之则为自救的原动力，不善用之则为自缚的原动力。人在息息创新的努力中，意识中有几个方向可择；择其爱人的方向则自救；择其自利的方向则自缚。善择者有善根基，有善习惯，故其集力于中，向前的创新，乃息息而扩大。因此人格在每息前行之际，愈形组织而完整，自救之事，就不难了。不善择者，一择而为恶，再择而恶愈甚，如蚕自缚，如膏自焚，久而久之，趋恶如水归于壑，而自救之道就消灭了。[100]

---

95 鲍痕对美国自由神学作出了贡献。在他看来，人的经验是多元性的，其价值必须肯定。同时，人的理性是真理的尺度，人的思想永远不能承认任何不是根源于思想的事物。这样，经过理性对不同层面的经验加以诠释，便能产生真理。再者，上帝创造了世上个别有限的人格，让他们有相对的自主权，又有自由意志。世人就在现今的世界中生活，接受一定的限制，同时使用当前的机会，发挥他们创作的本能。世界的进步在于人的意志与上帝的旨意相互影响。鲍痕的神学，是将人的宗教经验与道德责任结合而产生的。虽然他没有自认为神学家，但他的思想对自由神学的发展影响深远。参见，林荣洪，《曲高和寡：赵紫宸的生平及神学》，第23页。

96 文庸等编辑，《赵紫宸文集》，卷三，第34页。

97 文庸等编辑，《赵紫宸文集》，卷一，第132页。

98 文庸等编辑，《赵紫宸文集》，卷一，第115页。

99 文庸等编辑，《赵紫宸文集》，卷一，第140页。

100 文庸等编辑，《赵紫宸文集》，卷一，第142页。

再者，在耶稣之前，中外历代圣贤都是有人格修养之人。比如，孔子、苏格拉底、柏拉图和以赛亚等，他们虽然及不上耶稣，却是人类能够自救的明证。[101]这些人在世人心中都留下了道德的榜样，鼓励世人相信自救之可能，他们对人类道德修养同样有贡献。

不仅如此，更重要的是"上帝自启，启于耶稣，启于先知圣贤，启于人，启于我，我乃必须自启而自全"。[102]由此可见，赵紫宸并不因为圣贤的存在而淡化耶稣的重要作用，他以他们同为道德生活之典范，旨在说明人如何知道何谓有德之人的范式，以及如何成为有德之人，其终极方向在于敦促自我的努力与自我的实现。因此，这种自力自救的观念在赵紫宸的思想中占有重要地位。当然，这并不意味着赵紫宸完全否认他力他救。他解释，"上帝无量的生命，激荡在人心里，使人与上帝全心协助，努力地将他的同类从罪恶中救出来"。[103]

总结而言，赵紫宸强调自力，却亦不排除他力。但是，在其倡导的人格实践中，他更重视人本身如何身体力行，履行道德生活之律令，从而成全有人格之人生。较之，他力的作用在实践中则比较薄弱。赵紫宸认为，上帝道成肉身之目的主要是为人设定道德伦理之典范，人跟随耶稣，效法其作为则能够成为有人格之人。因此，在人格培育的实践中，信徒效法耶稣是建立人格之关键。

7.3.3 耶稣的人格与效法耶稣

以上从赵紫宸"神人同性"的概念可知，人能够认识上帝并效法上帝，上帝既为人生最高的人格标准，则人应当努力达致之。同时，人与上帝同性，所以人有道德的光辉，上帝亦必因此而得尊荣。[104]更重要的是，神人同性的高峰体现在耶稣身上。耶稣是上帝的启示者，[105]他将上帝的心表现给我们，也把人的可能发挥出来。神人的精神品德，都在他人格里统一，他是人类的模范；并且，耶稣重估了人与人的关系和价值，使我们知道做人应当维持什么，创造什么，他垂示了人类做人的目标。最紧要的，是他自己经过一切，制胜一切，得大神通，具大神力，使人类知道人格的能力有无尽藏的根源。

---

101 文庸等编辑，《赵紫宸文集》，卷一，第 140 页。

102 文庸等编辑，《赵紫宸文集》，卷一，第 223 页。

103 文庸等编辑，《赵紫宸文集》，卷一，第 132 页。

104 文庸等编辑，《赵紫宸文集》，卷一，第 192-193 页。

105 文庸等编辑，《赵紫宸文集》，卷一，第 508 页。

106再者，"中国人所知的宗教领袖中，惟有耶稣基督，在他里面成功了宗教伦理的标准完全的实现与统一"。107因此，人们应当跟随耶稣，效法其人格，从而影响群体，达致社会，改变社会。

赵紫宸认为，效法耶稣实现真正人格的责任，无论在基督新教伦理还是在中国儒家传统伦理中都能够找到依据。尽管"人格"一词并非中国所固有，但是，其组成部分"人"却可过渡到中国的人本主义。赵紫宸强调"人"是耶稣与孔子相会的地方，二者却又不可混为一谈。因为耶稣的"人本主义"建立在同上帝与他的人格相遇的基础上，它与宗教终极现实的经验相呼应，而中国传统则缺乏这种完美的深度。然而，儒家的人本主义又与赵紫宸构思的人观与基督论相一致。因此，赵紫宸能够从中吸取材料，为其人格伦理贯之中国的说法。108

比如，"仁者人也"这是中国人本主义最为人知的说法，"仁"既是给予也是要求：既是人性的本质也是人性的任务。人不是动物，不是本能生物。人必须是真正的人。做人就是人的衡量尺度。109在赵紫宸的作品中多次使用"仁"字。110赵紫宸指出，人既是人，总得要有一个做人的道理：所谓"仁者人也"，就是人的基本道理。人与人相系，推本便是孝，尽己便是忠，及人便是恕。义礼智信廉勇耻等德皆是"仁"人的道理在人人相接的各方面发出来的德行。111甚至赵紫宸解释，

> 《中庸》里说，"仁者人也"。仁既在人，人至少已认识一点仁
> 了。但在我们经验之中，做人真非容易，内有要求，外有范围，社

---

106 文庸等编辑，《赵紫宸文集》，卷三，第 179 页。

107 文庸等编辑，《赵紫宸文集》，卷三，第 329 页。

108 古爱华，《赵紫宸的神学思想》，第 175 页。

109 秦家懿 孔汉思，《中国宗教与基督教》，第 99 页。

110 文庸等编辑，《赵紫宸文集》，卷一，第 232 页；文庸等编辑，《赵紫宸文集》，卷三，第 274 页。

111 文庸等编辑，《赵紫宸文集》，卷三，第 274 页。赵紫宸还有专著《学仁》。参见，文庸等编辑，《赵紫宸文集》，卷一，第 361-446 页。本书的突出之处在于，它强调中国的道德伦理与基督教社会伦理观的一致性--认为两者皆具有人类一体性的含蕴。宗教的灵修不是封闭的、个人性的行为，人类本是整全的一体，道德性的言说与实践最终是要体现于人群社会之中的。个人的道德修为也必须推放至国家社会的大团体中，才能真正得以实现。参见，文庸等编辑，《赵紫宸文集》，卷一，第 358 页。

会有种种的关系，世界有种种的事务，宇宙有种种的规律。无一事，无一物，尤其在切身的事情上，不是要我们去学的，而学，又无时无刻不是学做人，又无时无刻不是学仁。从基督教的眼光看，学仁就是学习耶稣，学习作上帝的子女。[112]

进一步，人之为人，是在儒家这个中心思想"仁"字中表达出来。从字义和字源来看，"仁"与人际关系有关。"仁"与"忠"（忠心、良心）和"恕"（对人的尊重和体谅）有密切的关系。"仁"也不能与"礼"分开，虽然二者有别，后者重于社会表现，而前者则强调人的内心。但是，二者又彼此关联。究竟"仁"是什么意思呢？有说是"善性"、"恩慈"、"人性"、"仁慈"等。"仁"（benevolence）本是一种特定的德性，是君子对下人表现的仁。在孔子学说中，"仁"被升华为普遍德性，成为完人、圣人的条件。[113]赵紫宸把中国对人的这种看法置于建立人格的要求上，并以建立人格为跟随耶稣基督的主要内容。因此，不难发现在赵紫宸的基督论中，他把耶稣描述为一位尽忠尽孝尽礼的完美君子，以此强调他是中国人效法的完美对象。

具体而言，赵紫宸指出耶稣是上帝，亦是人格；耶稣是上帝，更是人类的道德模范。[114]赵紫宸从三一论来解释上帝、耶稣与圣灵之间的关系。他解释，"本体为上帝，大用为耶稣，发而为用的神力为圣灵；上帝的观念发见最早，耶稣表显上帝在其后"。[115]上帝有人格，耶稣则作为一个具体现身的上帝，有善的人格。[116]其使命是启示上帝的德品。[117]更确切地说，上帝作为救赎者，其救赎是要求人完全，以达到最高的人格。为要成全此旨，耶稣自己作为最高人格的实现，神人交通的成功，而在世上彰显上帝的神德。[118]既如此，人则需要跟随耶稣，以其人格为榜样效法他，[119]从而活出一个真正的人。

---

112 文庸等编辑，《赵紫宸文集》，卷一，第 365-366 页。

113 秦家懿　孔汉思，《中国宗教与基督教》，第 59 页。对于"仁"的解释，学者的理解各异。本书采用秦家懿和孔汉思的解释。两位学者更重视"仁"对于成圣的重要性。

114 文庸等编辑，《赵紫宸文集》，卷一，第 187 页；第 190 页。

115 文庸等编辑，《赵紫宸文集》，卷一，第 85 页。类似的表述还有，"上帝是一切生命的本源，耶稣与上帝合一，使生命的全潮，在于他涌出来。"参见，文庸等编辑，《赵紫宸文集》，卷三，第 197 页。

116 文庸等编辑，《赵紫宸文集》，卷一，第 124 页。

117 文庸等编辑，《赵紫宸文集》，卷三，第 89 页。

118 文庸等编辑，《赵紫宸文集》，卷三，第 97 页。

119 文庸等编辑，《赵紫宸文集》，卷三，第 198 页。

就赵紫宸的基督论而言，耶稣的功能主要体现在启示和彰显上帝的人格。可见赵紫宸在耶稣基督的神人二性中重点关注的不是基督的神性，而是其人性。他说，"耶稣之所以吸引我并非在于他是上帝，或者他是上帝的儿子，而在于他是一个完全的人"。[120]这说明，"耶稣是上帝的儿子"，是由于他道德的完善（moral excellence）而赚得的名称。换言之，只因为耶稣能够活出一个完美的生活，所以他被称为"上帝的儿子"，并非因为他是上帝的儿子，他才能活出完美的生活。由此可见，赵紫宸的基督论中，他理解的耶稣仅仅是一个人，是一个伟人，或是人类历史中最伟大的一个人。因此，与历史上其他的伟人一样，耶稣仍然是一个人。[121]因此，赵紫宸在其《耶稣传》书中写道，

> 我放弃了一切神学、一切玄想；从历史的道路上，好像找到了耶稣的真心。他感化我，使我在微弱中，用心的眼睛观看他，用自己的生命，（就是他的生命的一小部分）去了解他，作他舍生救国，由此而救人群的解释。[122]

在这里，赵紫宸将耶稣视为一个伟人，他舍己为人，救国救民仅仅是作为人类道德的典范。换言之，耶稣的一生完整地彰显了一个人如何成为完善君子，以及上帝忠仆之历程。赵紫宸解释，"耶稣的使命，是弥赛亚的使命；弥赛亚的使命，是做上帝的忠仆，牺牲自己以成全上帝旨意的使命"。[123]

再者，赵紫宸对耶稣的解释是人文主义的。[124]他解释，"耶稣因着圣洁的生、牺牲的爱，为上帝独一完全的儿子，足以表彰上帝的品德，人类的可能，而为人的师傅，朋友，兄长，救主。[125]更重要的，耶稣的人格可以感化人，而人又必能感动他人，使其自现人格。[126]从赵紫宸的理解来看，耶稣可以凭着自己道德的努力来拯救自己，同时成为我们的救主。那么，我们也就可以跟随他成为有道德之人，并帮助其他人成为道德者。换言之，人是可以自救的。当然，赵紫宸有时也提及属灵的力量，或是宗教的力量。但是，这些力

---

120 王晓朝编辑，《赵紫宸文集》，卷五，第 343 页。

121 吴利明，《基督教与中国社会变迁》，第 15 页。

122 文庸等编辑，《赵紫宸文集》，卷一，第 467 页。

123 文庸等编辑，《赵紫宸文集》，卷一，第 129 页。

124 吴利明，《基督教与中国社会变迁》，第 16 页。

125 文庸等编辑，《赵紫宸文集》，卷三，第 38 页。

126 文庸等编辑，《赵紫宸文集》，卷一，第 219 页。

量都是自发的。因此，人的拯救主要取决于他自己的努力。[127]

进一步，赵紫宸一方面将耶稣描述为完善的君子，集传统美德于一生；另一方面他又不否定耶稣的真实情感，称他是有情有义之人。他解释，"耶稣入喜筵而乐，与朋友共而乐，遇有丧者则忧，拉撒路死则哭，见法利赛人的诈伪则怒，怜税吏妓女的堕落则伤心"。[128]不仅如此，耶稣亦守礼，尽礼，尽人事，耶稣是维护传统礼仪之表表者。比如，他接受施洗约翰的洗礼；另一方面，耶稣又深知自己民族的历史与使命，他对使命持积极态度，且克己牺牲而成全之。[129]由此可见，在赵紫宸的笔下，耶稣彻头彻尾地展现了有血有肉的儒家君子形象。

并且，赵紫宸甚至将耶稣的受苦受死理解为忠仆之表现。尽管把受苦的观念纳入儒家范畴，这与儒家倡导积极奋发向前的理想不相符合。但是，赵紫宸却将其转化为儒家之美德。他解释，耶稣受苦受死是对上帝（父亲）尽忠尽孝。[130]耶稣在客西马尼园中流汗如滴血般地祷告，他知道自己将走向十字架。但是，他忠实于上帝的旨意，用教训和生命来启示上帝的好意。他的忠心和孝心使其所受的苦和牺牲成为一种积极向前的人生态度，且展示于世人面前，成为其效法之榜样。[131]

不仅如此，赵紫宸更将耶稣的受苦受死视为一种英雄气慨，称之为人格的超越直上。赵紫宸解释，

> 苏格拉底饮毒药，耶稣被钉在十字架上，自古以来，千万的圣贤英杰，志士仁人，忠臣孝子，义夫节妇，不怕痛苦，不就快乐，视死如归，浩然之气，充塞于天地之间，这些人是世界上最笨的，所以能够凌绝顶，小众山，超越苦乐的范围而达到人的真境界。在苦乐与人格同进展，不分离的时候，迷蒙的人或者会以苦乐为人生趋避的鹄的。一旦苦乐当前，人格超越而直上，人才能知道人所以生的意义是在于人格的发达，而不在于避苦就乐的必需，因为人可以不避苦，可以不就乐，却决不可以不发展人格。[132]

---

127 吴利明，《基督教与中国社会变迁》，第 16 页。
128 文庸等编辑，《赵紫宸文集》，卷一，第 121 页。
129 文庸等编辑，《赵紫宸文集》，卷一，第 121 页。
130 文庸等编辑，《赵紫宸文集》，卷一，第 324 页。
131 文庸等编辑，《赵紫宸文集》，卷一，第 194-195 页。
132 文庸等编辑，《赵紫宸文集》，卷一，第 210 页。

赵紫宸将耶稣纳入圣贤英杰，志士仁人和忠臣孝子之行列，将其死理解为人格实现的至高点。这纯粹是从儒家思想角度理解耶稣受死的意义，却在神学上失去了耶稣受死的救赎性。并且，赵紫宸理解的耶稣基本是道德的典范，他将耶稣的生命视为人类道德行动的指南，解释耶稣的重要性在于他在自己的生命中展示了何谓道德之生活。所谓耶稣基督的神性，即，作为人格神，耶稣的作用亦主要在于感化人，帮助跟随他的人建造耶稣般的人格，从而实践有道德的生活。具体而言，

> 宇宙之内，有一个道德的品格，在于人则为忠臣孝子英贤豪杰……人有品格，可以建立德行，居仁由义，尽忠发孝而得生命。所以然者，无非因为宇宙有此性，人亦有此性。宇宙如是，然后人乃如是。因此，若宇宙中的主宰理智的统系与道德的品格，无有实在的存在，人即不能有他的实在的存在。[133]

由此可见，赵紫宸主要强调上帝、耶稣的人格（品格）与道德完善性，并说明该人格体现在人身上表现为忠诚孝子英贤豪杰，他们是人们尊敬、模仿的对象与实践之可能性的明证。简言之，他们体现了世人效法上帝，效法耶稣，以及效法圣人和贤人之意义。在赵紫宸而言，效法上帝、耶稣与效法圣贤并不相悖，唯有不同的是耶稣作为上帝人格的启示者，人类最完美君子的典范，以及最切人生与最有能力之人，则更应该成为人们效法的中心。

需要指出，尽管赵紫宸主要从儒家的角度解释耶稣的受死，即，是对上帝（父亲）尽忠尽孝。但是，赵紫宸并不因此而全盘否定基督新教神学阐释耶稣的死是为世人成就救恩之说法。他承认耶稣的死是独一无二的救赎方式，赵紫宸解释，

> 耶稣是我们的救主，是世界的救主，因为他自立崇高，庄严，纯洁的人格，得有上帝意识，人群意识，努力前进，将自己完全交给上帝，完全托付人类。耶稣救人，并不用奇特古怪的法子，不过是牺牲自己，表明上帝无量的爱，使人跟随他走罢了……他知道这是出死入生的法子，所以勇往无前，超艰难，涉颠危，侵入死的境界中，将光明照耀在罪恶的人们，使凡系信仰他的人，若依遵他的方法行，可以出罪恶得生命。[134]

---

133 文庸等编辑，《赵紫宸文集》，卷三，第 660-661 页。
134 文庸等编辑，《赵紫宸文集》，卷三，第 136 页。

从赵紫宸的阐释而言，耶稣的救赎主要是启发性而非代赎性的。所谓启发，是指耶稣的死启示了一位全善全能的上帝，以及上帝的爱。因此，耶稣作为救主的缘故就是为世人找出了得救的唯一道路，他自己是这道路，他又能将这道路传示人，在这道路上引导人。[135]赵紫宸解释，"这道路是由低而入高，由卑而至尊，由不统一的人格而进于更统一的人格"。[136]简言之，耶稣的救赎就是成为他／她效法的榜样，成为其跟随的助力，以帮助达致完善人格。除此之外，赵紫宸认为这种救赎观还体现了人自救之可能。赵紫宸解释，基于耶稣的启示，世人能够在自己的经验中，在耶稣的言行中觉悟到上帝的旨意，从而努力地自救。[137]由此可见，赵紫宸的救赎不是指基督新教传统意义上的代赎，他的救赎仅仅是耶稣的启示与人自救之结合。因此，赵紫宸的救赎论缺乏他力。但是，这种救赎论与儒家自救的理念却不谋而合。

总结而言，耶稣的救赎，就是成为世人效法的榜样和助力。由此可见，"中国儒家的内修精神，于此表露无遗"。[138]甚至，在赵紫宸大胆诠释的中国基督论中，耶稣自然而然地成为了儒家的俘虏，其实是一种和西方自由派神学融合在一起的儒家。[139]事实上，耶稣基督成全了中国"人中心"的文化，乃至"人天交互"的观念。正是基于这种特殊的基督论，赵紫宸才能建构一套儒家式的基督新教人格伦理，该伦理的特征是重人伦，尊德性。

基于这种儒家式的基督新教人格伦理观念，赵紫宸强调其伦理的任务主要是，要拯救个人，同时也要拯救个人生存的社会，[140]实现社会制度的基督教化。[141]这与儒家的终极理想并不相悖，儒家的理想：一是天人合一；二是治国平天下。前者主要针对个人修养而言，后者则针对个人功业而言。如何达致这个理想，孔子未教人依靠天力，而只是教人依靠自力。然而，基于基督教的社会福音观念，赵紫宸却从基督教思想中获得新的认知与补充。赵紫宸指出，宗教灵修、个人道德行为与社会是整全的一体，个人道德性的言说与实践最终要推行于国家社会之中，旨在为中国建立一个新秩序，这才符合

135 文庸等编辑，《赵紫宸文集》，卷三，第 136 页。

136 文庸等编辑，《赵紫宸文集》，卷三，第 138 页。

137 文庸等编辑，《赵紫宸文集》，卷三，第 132 页。

138 林荣洪，《曲高和寡：赵紫宸的生平及神学》，第 200 页。

139 古爱华，《赵紫宸的神学思想》，第 173 页。

140 王晓朝编辑，《赵紫宸文集》，卷五，第 99 页。

141 王晓朝编辑，《赵紫宸文集》，卷五，第 384 页。

当前中国伦理之需要。并且，耶稣对门徒的言训正好体现了这种伦理思想之精髓。因为，"耶稣的教育有清楚明切的目的，就是要门徒得到他所见的活的真理，要门徒成为人格高强的实行家，要门徒去宣福音，救祖国，救人类，建造天国"。[142]所谓天国，即，是上帝的公义公平在此岸世界之实现，这在耶稣生平中已经彰显，耶稣受死表明了天国的价值。凡是跟随耶稣者，需要与耶稣同行，创建人格与发展人格。并且，其人格的成全与天国的实现密切关联。赵紫宸解释，

> 人的成全与天国的实现，乃是互相衔接的工作，是一事的两方面。人须建立人格，人格即是个人的天国。人须建立社会的善意志，社会的善意志，即是人类的天国。个人与社会互为转移，努力而前，天国自能日日新，日日涌现。若天国是人与社会最高的生活，那么，天国当然有无上的价值，天国若有无上的价值，人就应当牺牲，使其临到。人能为天国的实现而牺牲自己，即为善人，为上帝的子女。[143]

就赵紫宸而言，创建地上天国是基督徒的最高使命，实现它的基础在于个人和群体的人格。人格不仅仅是个人的道德修养，也是社会的精神。人格的极致表现在信徒的舍己为人，这种付出可以改变社会，并维持一个良好的社会道德秩序，从而救国。但是，这种道德理想必须以宗教生活为基础。赵紫宸解释，

> 在自己的人格中涌出一个宗教的伦理生活、伦理的宗教生活来。换一句话，吾人若欲自立立人，立人立国，其最切要的事功，即在退而在独，则对上帝，与神明作深密的交谊，进而为人，则尽责任，为同胞谋应得的幸福。[144]

宗教与道德生活密不可分，用基督教改造中国社会，这是赵紫宸人格伦理之目标。由此可见，尽管赵紫宸的人格伦理深受西方十九世纪的自由神学与社会福音观念影响，强调对社会民生的改革。但是，他主张在中国文化语境中，个人要实现理想，就必须置于家庭、群体和国家这些较大的组织中，而福音要完整地表达则需要体现于个人与社会两者之中。换言之，个人福音与社会福音不能分割。赵紫宸解释，

---

142 文庸等编辑，《赵紫宸文集》，卷一，第 166 页。
143 文庸等编辑，《赵紫宸文集》，卷一，第 198 页。
144 文庸等编辑，《赵紫宸文集》，卷三，第 423 页。

> 人格日以扩大，始则爱一家，人格与一家等大；继而爱一乡，
> 人格与一乡等大；继而爱一国，人格与一国等大；终而爱一世界，
> 一宇宙，一上帝，人格就与一世界，一宇宙等大，浩瀚苍茫而与上
> 帝同前了。[145]

> 但是，要社会好，必要有好的个人去创造它，革新它；而好的
> 个人又必要有内心的大力量发展他的人格。个人没有人格，社会断
> 不能改善，因社会是个人结合而成的。[146]

从个人到群体，从群体到社会。赵紫宸强调人格自启，人格感化人，人格改变社会，甚至人格救国等思想。尽管这些观念建基于基督教教的社会福音思想，却亦反映出他儒式基督徒修身齐家治国平天下之理想，这种理想与社会福音主张建立公平公义的现实社会有相似之处。可以说，赵紫宸将两种思想揉合在一起，用基督新教的术语与内容来表达儒家传统思想，他笔下的耶稣似乎成为孔子式的君子，旨在倡导一种人生境界，强调以德性维持人人关系与社会秩序。尽管他晚期的神学思想发生转变，比如他对基督论有新的阐释。但是，赵紫宸强调建立信徒人格，从而达致社会，塑造社会的伦理宗旨却始终一致。

作为深受儒家传统文化熏陶的中国神学家，赵紫宸并不完全否定儒家思想，他甚至发现基督新教与儒家伦理思想有共通之处，可以彼此借鉴，甚至融会贯通。[147]他解释，"儒家能够从基督教里发现生命的源头，而基督教则能够从儒家中看见自己真理的代表（agent of truth）"。[148]并且，"我们是中国人，生在中国文化的环境里，承袭古圣先贤许多好教训，好榜样。这些教训与榜样，常与耶稣的教训，若合符节，我们若不愿忘本的话，自然应当拿来与基督教的《圣经》同看，当作修养的辅助。况且基督自己本要成全一切良善，并无嫉妒排除异己的意思。众善出于一源，归于一途，互相照应，岂不可以

---

145 文庸等编辑，《赵紫宸文集》，卷一，第 241 页。

146 文庸等编辑，《赵紫宸文集》，卷三，第 155 页。

147 赵紫宸解释，我们中国人，生在中国文化的环境里，承袭古圣先贤许多好的教训，好榜样。这些教训与榜样，常与耶稣的教训，若合符节，我们若不愿忘本的话，自然应当拿来与基督教的《圣经》同看，当作修养的辅助。况且基督自己本要成全一切良善，并无嫉妒排除异己的意思。众善出于一源，归于一途，互相照应，岂不可以并观而齐听。参见，文庸等编辑，《赵紫宸文集》，卷一，第 361 页。

148 王晓朝编辑，《赵紫宸文集》，卷五，第 253 页。

并观而齐听"。[149]因此，赵紫宸尝试用基督新教的术语与内容来表达，甚至弥补儒家传统思想之不足，同时又注意借重中国的言词，以更好地说明人格的内容与信徒建立人格之可能，以及人格伦理实现之基础。确切地说，他主要借用西方人格概念，将基督教的上帝观、神学人观、基督论和伦理观与儒家的人本主义和伦理观融会贯通，从而指出中国基督新教人格伦理的任务是实现个人道德的基督化，并由此进一步实现中国社会的基督教化。就赵紫宸的人格伦理思想而言，它其实反映了西方社会福音的主张，即，相信通过人为的努力（主要指人格的实现），则可能改变现行的社会秩序，从而实现人间天国。这种思想与儒家的终极理想--治国平天下，即，实现理想社会的观念不谋而合。然而，如何实现基督化的人格，它又具体包含哪些德性、美德，以及如何达致理想社会，笔者将在以下章节详述。

---

149 文庸等编辑，《赵紫宸文集》，卷一，第361页。

第八章　个体与群体的人格

　　在第七章中，提及人格的建立必须通过训练而形成，而人格的形成又必需三大要素。第一要有模范，第二要有目标，第三要有能力。这三大要素耶稣基督都具备，因为耶稣代表上帝的人格，他是完完全全的人，他的一生展现了有人格的生命之典范。[1]因此，赵紫宸总结基督新教人格伦理的目标是，跟随耶稣，以其人格为榜样效法他，从而成为有人格之个体与群体。

　　具体而言，耶稣的生命展现了上帝圣洁与和平之人格，该人格同样透过耶稣完全的人与完全的神之二性体现在耶稣的生活、受死与复活之历史事实中。因此，圣洁、和平是个体与群体需要在具体现实生活中积极效法之人格。吊诡的是，现实世界充满了纷争，尤其二十世纪初期的中国正陷于内忧外患的境遇。作为深受儒家传统文化影响的基督新教神学家、伦理学家，赵紫宸在论及和平之实践中指出，要达致圣洁和平之人格，个体与群体必须具备爱（仁）、宽恕与忍耐之德性，它们是基督徒道德生命之标志。其中，爱是主要德性。但是，仅仅具备爱、宽恕与忍耐之德性尚不足够，因为正义（义）的德性同样不可或缺。因此，基于这四种德性，在如何具体实践圣洁与和平人格的道德生活中，赵紫宸展开了详细的论述。

8.1 圣洁

8.1.1 圣洁与效法

　　赵紫宸指出，上帝创世成身，救赎人类，要人仰赖耶稣基督，而成圣洁，不但在生活上显出救恩的奇妙，并且在行为上表示德行的尊崇。换言之，救

1　文庸等编辑，《赵紫宸文集》，卷三，第 179 页。

法要在人的行为上生效率。人与人群必须有道德的生活与行为。[2]道德生活是效法、实践的过程，而耶稣则是人们效法的善范，是人的榜样。论到善范，耶稣基督在积极方面，建立了纯善纯爱，绝对圣洁的人品；在消极方面，表示无瑕疵无玷污，无丝毫罪恶的性行，是道德的模范与表率。因此，人们应当以耶稣为标准，衡量自己的心机与行为，从而成为圣洁。[3]不仅如此，人的意义、价值和归宿都来源于耶稣。耶稣不但对人启示上帝，并且在启示上帝的时候，同一种行为中启示了人生的意义、价值与归宿，教人知道自己一落千丈的低坠，和品格（人格）高无峻极的可能。因此，人们应当学习效法耶稣。然则如何学习呢？正如《圣经》的教导，耶稣是葡萄树，人是枝子，凡不结果子的枝子，先要修剪净尽，然后才能有结实。这意指人们应当正心术，正思维，使性情态度，都符合他的教训。换言之，人必须洁净心灵，成为圣洁，正如耶稣自己首先为了上帝的旨意，又为了人自己成为圣洁，人则应当如此效法耶稣，成为圣洁。而成为圣洁的道路既建立于上帝的话语，又建造在上帝的话语之祈祷上。[4]

再者，赵紫宸强调基督新教是神人一贯的生活，所谓神人一贯，指人居住在两个世界之中，一是此世界，另则是彼世界。人处于此世界，若要拯救此世界从其自己的束缚中出来，就必要时刻与彼世界有实在的联络。而彼世界则是精神所寄托的地方，在那里与上帝往来。对于彼世界，人须要有强健的信仰，热烈的盼望。对于此世界，人须要彼此宽恕，互相帮助，向恶势力作不止息的争战，使人群得自由，得生命，而将两个世界连结在一起的是上帝的爱。[5]赵紫宸论述，上帝在爱中展现了自己的圣洁与完全，爱是上帝的重要属性与德性--上帝的道德品性，综合起来自不外乎圣善和慈爱；圣善为体，慈爱为用。[6]上帝之爱的极致体现在耶稣基督的降生、受死与复活中。《约翰福音》说："上帝爱世人，甚至将独生子赐下，使凡信者不沦亡而得永生。"因此，上帝是爱这层深意，在耶稣言论中已经清楚阐释，并在耶稣的实践中体现。耶稣行事，无不本于至爱。可谓诚命惟爱，新约惟爱，爱为德行的中枢，爱为伦理的基础。上帝耶稣，同德同心；在十字架上的祷告说，"父啊。饶恕

---

2 文庸等编辑，《赵紫宸文集》，卷二，第 559 页。

3 文庸等编辑，《赵紫宸文集》，卷二，第 560-561 页。

4 文庸等编辑，《赵紫宸文集》，卷三，第 512-513 页。

5 文庸等编辑，《赵紫宸文集》，卷三，第 513 页。

6 文庸等编辑，《赵紫宸文集》，卷三，第 39 页。

他们，因为他们不知他们所做的事"（《路加福音》23：33）。这显示出上帝与耶稣同心，并且表明上帝与耶稣的爱何其深。

由此，上帝也要求信徒照其标准行事为人，即，要求信徒爱神爱人，这样才能成就圣洁、完全之生命。对此，耶稣对门徒说，"你们要完全，像你们的天父一样完全"《马太福音》（5：48）。耶稣的话语阐释了上帝德行的完全是因为他无私的爱，上帝的父德如此，自然可以做人类行为的标准，要人为善，要帮助人为善，从而达到上帝为人设定的地位--完全。[7]换言之，上帝爱人，人要爱人；上帝是圣善，人因此应当成为圣善；上帝纯全，人因此应当纯全，纯全建基于上帝之爱。[8]需要指出，"完全"展现了一种至高的道德理想，但这并不意指人可以达致完全，成为上帝。换言之，人只能追求，而不能拥有，然这追求的过程却展示了圆满充实的人生。

并且，信徒需要追求完全之原因归结于上帝本身。因为上帝的完全本身是动态的，赵紫宸解释，

> 一息有一息的完全；是活的完全，不是死的完全。一息的生命是完整的，虽比后一息为不完全，却在此一息时，没有更为完全的。一息的现在是其自身完全的标准。因此上帝完全之义，并不在于黑智儿（黑格尔）的绝对观念似的呆滞停顿，乃仍有长进伸展的创新。完全之意，不是一切绝对在，不增不减，不生不灭；所以上帝的完全，是动而变的完全，不是静而寂的完全。惟有动，乃有完全，静则便不完全了。[9]

> 再者，上帝是爱，爱是引人前行的，爱是给人丰美充足的生命的。[10]

从赵紫宸的解释而言，上帝之所以被视为一个完全的上帝，正是因为他有这动态的特质。并且，赵紫宸反复强调上帝是爱，爱是他的重要属性。因此，赵紫宸总结，上帝的动态前进是朝向爱的方向走。如果上帝的动态前进是朝向其他方向，他便是违背了自己的本性，便不可能成其为完全的上帝了。再者，在第七章已经论述上帝是大宇宙，而人是小宇宙，大宇宙带动小宇宙

7　文庸等编辑，《赵紫宸文集》，卷三，第 92-93 页。
8　文庸等编辑，《赵紫宸文集》，卷二，第 500 页。
9　文庸等编辑，《赵紫宸文集》，卷一，第 77 页。
10　文庸等编辑，《赵紫宸文集》，卷一，第 133 页。

前行则促使人爱神爱人，从而使人得以完全。因此，信徒的完全不仅仅是他／她自己努力的过程，更重要的是来自上帝的助力。

赵紫宸进一步说明，完全不是一个抽象的概念，它主要体现在神人之宗教关系与人人之人伦关系之上。具体指人要达到最高的人格，心灵的奇乐；要人与上帝为真正的父子，人与人为真正的弟兄，有切实的、亲密的、情投意合的相通。简言之，从个人与个人人格的关系而导人与上帝复合，与人互爱。[11]不爱人则不能发展自己的人格。[12]此外，赵紫宸认为，完全亦体现了耶稣基督救赎之目的，耶稣基督救人不单要人得解脱，乃是要人归向上帝，与上帝和睦，要人成圣，要人得以成长，成为全人。人得救，不单要撤弃旧性，乃要"心志改换一新，并且穿上新人，这新人是仿着上帝造的，有真理的正义与圣洁"。[13]总之，"完全"体现了神人、人人彼此相互间的理想道德关系。

由此而言，完全是人格修养的操练过程，它也体现了救恩带来的生命更新。在此过程中，人格越形组织而完整，生命越得提升，不断创新。于是，人便能自救，且能救人。救人意指成为别人效法的榜样，成为别人跟随耶稣的助力。中国儒家的内修精神，于此表露无遗。赵紫宸从人格迈向统一、完全的角度看救恩，一切属乎救恩的经验，都包括在人格成长的过程里。重生不是一次过的经历，乃是息息的创新，是人在上帝爱里，从牺牲的事上涌起来。进一步，成圣是渐进的，献身是天天的祭礼，悔改是时刻弃恶向善的立志。[14]

8.1.2 圣洁、成圣与圣礼

尽管赵紫宸强调行为者的圣洁品格与完全，但是，在具体实践中他却质疑个体与群体追求成圣之可能性。他解释，基督教信仰跨越两个世界：在永恒的世界（属灵的世界），道德以上帝的本性为客观基础，以耶稣基督为绝对的标准，以圣灵的恩助为实践的力量，以万汇群生在耶稣基督里同归于一为究竟的目标，有清楚的指示；但是，在现实世界，它是在上帝的忿怒与审判

---

11 文庸等编辑，《赵紫宸文集》，卷三，第 97 页。

12 文庸等编辑，《赵紫宸文集》，卷三，第 149 页。

13 文庸等编辑，《赵紫宸文集》，卷二，第 558 页。

14 林荣洪，《中华神学五十年 1900-1949》，第 392 页。

之下，基督教所主张的道德行不通。因此，论及道德的完全必须区分纯粹的个人与社会连带的个人，以及群体。[15]

首先，赵紫宸指出纯粹的个人几乎不存在，因为人必须与人、社会发生间接直接的关系。个体有多重身份，比如，

> 信徒是耶稣基督的弟子，同时又是国家的国民，对于父母是子女，对于子女是父母，在社会里是公民，是主是宾，是上司，是下僚。一切是一个关系之网，在关系网里，不能不受关系的经纬的牵制；不在关系网里，不能有人的存在，人的生活。[16]

换言之，纯粹的个体并不存在，个体的人必须生活在复杂的关系之中。不同关系则又有不同的道德标准，作为信徒在信仰的层面，他／她应当以上帝的诫命为准；作为现实生活的人在社会中，他／她又受不同领域道德标准的牵制。显然，个体处于各种复杂关系网络之张力中。具体地说，赵紫宸以当时中国信徒的现实事例来解释：

> 世界在罪恶之中，一个忠实的信徒，不能不与罪恶发生间接直接的关系。信徒是耶稣基督的弟子，同时又是国家的国民，对于父母是子女，对于子女是父母，在社会里是公民，是主是宾，是上司，是下僚。一切是一个关系之网，在关系网里，不能不受关系的经纬的牵制；不在关系网里，不能有人的存在，人的生活。信徒上受上帝的命令，下受罪恶的包围，要怎样才能完全奉行圣谕而不犯罪恶呢？要怎样，耶稣基督的救赎才能在信徒身上发生完全的效用呢？譬如国家有战争，若系侵略他国，信徒可以宁受刑罚而不参加。这样做，他的父母妻子同受苦难，他可以不顾及么？他心灵之内若得启示，当然可以撇弃父母妻子以及自己的性命而遵行上帝的旨意。若不得启示，应当怎样做呢？国家若系被强国侵略而有抗战，信徒又当怎样行呢？他作基督徒，身跨两个世界：一个世界拉他往东，一个世界拉他往西；往东则不抗敌而免于杀人，免于杀人而忍看同胞沦于万劫不复的压制；往西则抗敌杀人，虽未必能毅拯救同胞，却已尽了本分，竭了心力。东亦是犯罪，西亦是犯罪，又如何而可以完全奉行上帝的旨意呢？纵有绝对的标准，他在相对的世界上，

---

15 文庸等编辑，《赵紫宸文集》，卷二，第 567 页。
16 文庸等编辑，《赵紫宸文集》，卷二，第 567 页。

如何能愨遵照而行呢？若上帝可怜他，使他觉得应当抵抗侵略，他
就捎起抢来杀仇敌，然而所杀的岂不也是上帝的子民么，杀了岂不
也是罪恶么？[17]

以上赵紫宸用实例说明了信徒现实道德生活之悲怆性。因为他／她是国
民、子女、父母、公民、主人、宾客、上司与下僚。这些不同的身份／角色
构成了彼此交织的复杂关系网。比如，信徒与上帝之间的信仰关系，国民与
国家之所属关系，子女与父母之家庭关系，公民与社会之政治关系，主人与
宾客之人情关系，以及上司与下僚之工作关系。在该类种种复杂的关系中，
他／她受不同的道德标准牵制，并要求遵从一定的宗教原则、社会原则，以
及家庭原则等。并且，这些原则并不完全一致，甚至可能相悖。赵紫宸举例，
一方面如果国家有战争，该战争属于侵略性质。但是，出于爱人与受启示之
缘故，信徒自己可以受刑罚而拒绝参与战争。这遵从了宗教信仰之法则，却
违背了儒家忠君报国的原则，从而累及父母妻子，违反了保护之家庭原则；
另一方面，如果国家有战争，属于防卫性质。基于爱人，不可杀人之信仰原
则，信徒同样处于两难境地：一则爱他人／她人，信徒不抗敌而免于杀人，
免于杀人却需要忍看同胞沦于万劫不复的压制；二则爱自己人，信徒要抗敌
杀人，尽管未必能够拯救同胞，却尽了义务。然而，这种抗敌与不抗敌的行
为都是犯罪。换言之，无法免除不犯罪。由此可见，纵然在宗教上有绝对的
标准，在此相对的世界上却难以付诸于实践。既如此，如何成圣？或者，耶
稣基督的救赎如何能在信徒身上发生完全的效用？

赵紫宸指出两种出路，一是作纯粹的个人，他／她可以超脱一切而奉行
上帝的旨意，即便身为奴虏，亦死而不怨；二是作为非纯粹的个人，他／她
受不同道德标准之制约。为他之计，只有两善相形取其大，两恶相彰取其小。
有所取，取必有恶，在上帝面前，他／她是背负世界的罪人，只有在上帝面
前俯首认罪，诚求宽恕。毕竟，"人自己是有罪的，人的世界更是有罪的；住
在世界里，只有善取其大，恶取其小的办法。而善取其大，恶取其小，仍须
圣灵的指引。上帝借着圣灵向人下命令，只有人亲自听见，亲自答复，完全
奉行，便是上帝的恩典"。[18]并且，除去上帝的恩典，赵紫宸还倡导，信徒"事
事祈祷，恳求上帝的指引，圣灵的援助，叫我们能够竭尽智慧与力量，务使

---

17 文庸等编辑，《赵紫宸文集》，卷二，第 567-568 页。

18 文庸等编辑，《赵紫宸文集》，卷二，第 568-569 页。

每一种选择不为自私偷安的心理所转移，每一种决定受过信仰与爱律的批评，经过可能感觉得到的上帝的准许；再者，信徒在爱中，用谦卑虔诚的心，彼此商讨批评，务使所有的抉择，在可能范围与上帝的许可中，实行出来；最后，信徒要背着十字架准备作牺牲，时刻不忘记信徒所走又新又活的路是耶稣基督受死复活，由死入生的救赎之路"。[19]

由此可见，尽管赵紫宸强调信徒的人格、德性。然而，在具体的道德判断上，他却倾向于后果论，即，以后果决定方法、原则的好坏。这明显违背了德性伦理之主张。因此，与其说赵紫宸是典型的德性伦理学家，不如说他更像是后果论者。但是，需要指出，究竟如何做道德判断并不影响信徒对圣洁人格之追求。赵紫宸强调，圣洁取决于上帝的恩典，只要人尽力行善，并求得上帝的宽恕，则可称之为圣洁。换言之，"上帝将成圣的使命加在信徒身上，要求信徒尽心尽力做那不可能之事"。[20]然而，信徒圣洁与否主要在于上帝的恩典与判断，而不仅仅在于人的道德行为。因此，尽管成圣在现实世界充满了种种张力而难以实现，信徒却不能因此而放弃之。

其次，论及群体。赵紫宸指出，群体是个体的组织，更是社会组织。尽管群体同样需以耶稣基督为绝对的道德标准，追求成圣。但是，群体处于现实世界，其成圣之路同样存在张力。譬如，国家有战争，教会是超乎国家，又是在国家范围之内的，应当作何种的指引，何种的表示。[21]对此，赵紫宸列举了四种教会立场来分析作答，第一种是避世的教会。此类教会团体小，可以在某种可能情形下逃避世界，作出世的苦修。赵紫宸批判该类教会违背了上帝旨意，上帝要求信徒不可逃避世界而保全自己的圣洁。逃避世界是逃避责任，是不道德，是犯罪；[22]第二种是具有双重行为的教会（天主教教会）。它们将教会分为两部分：一部分完全服从上帝作修士修女；一部分入世应接，完全与世界周旋，用世界的方法，犯世界的罪愆。即便如此，入世的群体固已犯罪，那出世的群体，藉着入世的部分保护他们／她们，维持他们／她们，使他们／她们不与罪恶直接交涉，其实也犯罪；[23]第三种是主张唯爱主义的教会。他们／她们主张要在世界上实行唯爱主义，反对战争，不参加战争。在

---

19 文庸等编辑，《赵紫宸文集》，卷二，第 570 页。
20 文庸等编辑，《赵紫宸文集》，卷二，第 571 页。
21 文庸等编辑，《赵紫宸文集》，卷二，第 569 页。
22 文庸等编辑，《赵紫宸文集》，卷二，第 569 页。
23 文庸等编辑，《赵紫宸文集》，卷二，第 569 页。

战争的时候，有人受刑，有人坐监，被称为良心的抗恶者。赵紫宸指出，该派别的信徒在战争的时候为红十字会的护士，为救济工作的职员与领袖。然而他们／她们也在罪恶之中。因为间接的参加战争，依然是参加战争，参加战争即是罪。不直接参加战争，似乎是依赖着他人的流血而得自身自由的保障，自己的义依赖他人的罪而成全，即是罪；[24]第四种是信徒个人与社会公共生活分离的教会。这类教会全体中每个信徒慎作个人的生活，在公共事务上各自为计，教会不能指引，不表示策略。换言之，信徒尽各样的本分。但是教会不负责任，不作切实的导引，失去了先知的功能，这都是犯罪。[25]

赵紫宸从这四种形态的教会说明群体在现实中追求成圣之张力，一方面教会试图保全自己的圣洁身份，则必须放弃对世俗世界之责任；另一方面教会参与拯救世界之行动，则又可能违背了诫命，而付上圣洁的代价。因此，教会群体追求成圣似乎不可行。既如此，如何遵行效法上帝，成就圣洁生命之诫命呢？

基于对以上四种类型教会的批判，赵紫宸指出教会是基督的身体，信徒是基督的肢体，整个的圣会（教会）是一个继续耶稣基督的，逐渐成形的道成肉身。教会的圣工是使超越的基督教的道德，贯注在现实世界之内。因而它仍然需要在上帝与圣灵的指引下，追求成圣，却又不可避世。具体做法是，教会要集合信徒，讨论社会问题，谋求合乎上帝旨意的解决方法。"一方面要对信众作切实的指导，另一方面要决志不偏不倚，不与任何政治经济的势力相结构，不为任何党派团体所利用，更不急求教会自身的保存。教会的所以然，是要传福音、为真理作见证，发先知的声音，从而拯救世界"。[26]然而，如何具体的付诸于行动，赵紫宸却没有详述。笔者认为，赵紫宸所言的圣洁教会其实是指一个入世又超世的群体，它既需要担负参与拯救世界的使命，又要遵行上帝与圣灵的指引追求成圣。那么，该双重身份必然相悖。

笔者认为，以上赵紫宸论述的信徒个体与群体之现实境况，非常类似于莱因霍尔德·尼布尔之主张。尼布尔从社会学的进路指出，人是社会性的动物，个人不能离群索居，个人必须隶属于群体，而这些群体都有自己不同的利益、要求与命运。那么，个体则必须置于这复杂的关系网中，必须与不同的利益、

---

24 文庸等编辑，《赵紫宸文集》，卷二，第 569 页。

25 文庸等编辑，《赵紫宸文集》，卷二，第 570 页。

26 文庸等编辑，《赵紫宸文集》，卷二，第 571 页。

要求与命运纠缠与抗争。[27]换言之，个体企图独善其身是不可能的。因此，在现实世界要做纯粹的个人几乎不可能，同样的，群体追求全然的圣洁也难以达致之。

　　赵紫宸对个体与群体关系之看法与尼布尔颇相似。但是，在现实的伦理主张上，赵紫宸更保守，更理想化。可以说，赵紫宸的人格伦理更类似于超越与现实之结合体。正如他自己所总结，"所谓超越，意指它根植于上帝的启示；所谓现实，说明基督新教的道德是充分的道德，它有根基，有标准，有模范，有法律，有权能，有归宿，可以实行在现实世界。[28]只是现实实践不在一朝一夕之间，信徒仍需努力实行基督教的道德生活。必须事事祈祷，恳求上帝的指引，圣灵的援助，用德性来引导实践，甚至背着十字架准备作牺牲"。[29]因此，尽管在人而言，成圣似乎不可能。然而，在耶稣基督道成肉身的事实中却已经成就圣洁生命之可能。信徒被选召效法耶稣、像耶稣，需具备爱、宽恕与盼望的德性信靠耶稣，相信上帝已经以基督的十字架与复活决定了历史的终末。由此，赵紫宸总结，"唯有基督教能为世界造一个道德的基础，只有基督教能够拯救世界出罪恶，而归回到上帝的怀里"。[30]

　　最后，就赵紫宸而言，个体与群体圣洁人格的建立还取决于圣礼。赵紫宸解释，"圣礼是礼节，礼节亦是形式表示的，藉着象征，传递无法传递的圣意，能在一举之中，宣达基督教，上下古今，四隅万方，总于基督的全部真理与恩典"。[31]在圣礼中，最整全的是圣餐礼。"圣餐之礼，表彰基督临在全部的真实。圣饼圣酒，因祝圣而代表耶稣的身躯宝血，呈启道成肉身的真理；一杯一饼，诉说上帝赐下圣子纯全无缺的神爱；信徒受餐，表明基督深入人心，创造教会，创造新人类新社会的生命"。[32]并且，在圣餐中，上帝的爱，

27　Reinhold Niebuhr, *The Nature and Destiny of Man*, 1946b, p. 285.

28　赵紫宸解释，道德的归宿意指道德所要达到之目的。世界上有罪恶，有苦难，人在信持上帝，排除罪恶，斗胜苦难的生活与行为中，与圣灵同工，建立好的家庭，好的社会在地上，也有一个辽源的，至终必到的归宿。那归宿就是道德与幸福完全的合一，各人与群体完全与上帝和睦，天国的至终实现。这一切，那耶稣基督在成身受死复活的救赎工程中早已成全；过去现在将来的一切都包含在其中。参见，文庸等编辑，《赵紫宸文集》，卷二，第 562 页。

29　文庸等编辑，《赵紫宸文集》，卷二，第 570-571 页。

30　文庸等编辑，《赵紫宸文集》，卷二，第 571 页。

31　文庸等编辑，《赵紫宸文集》，卷二，第 154-155 页。

32　文庸等编辑，《赵紫宸文集》，卷二，第 155 页。

注入人心，人心的爱，回应悠长。因此，圣餐一礼，成了爱的圣筵，使人建立了善德。真、善、美，调剂和协，不觉不知之中，在人的品格里，助长了耶稣基督无瑕疵无指摘的形象。[33]

由此，上帝借着圣餐塑造和展示了信徒的圣洁身份，更进一步铸造了信徒的品格。圣餐礼表明了上帝施与信徒的恩典，以及信徒对神圣之爱的回应，在这交互的行动中，信徒的品格得到了强化与坚固。

8.2 和　平

在第七章中提及赵紫宸设定中国基督新教人格伦理的目标是，实现个人道德的基督化，并由此进一步实现中国社会的基督教化。因此，赵紫宸描述这样一个理想社会的图景是，人与人和平相处，国与国之间，不再有战争流血，而能够和平相处。[34]但是，该理想社会必须始于个人道德人格的实现，而个人人格又根植于耶稣基督。因为耶稣的一生展现了完整人格的生活方式。由此，赵紫宸指出，信徒需要在耶稣基督的教训中来实践完整人格。

赵紫宸解释，〈登山宝训〉（《马太福音》5-7 章）则具体体现了耶稣的人格。他总结，〈登山宝训〉是耶稣的人生哲学与伦理学。[35]耶稣伦理学的总纲是尊重人格，将此推放到人人的关系上，则是人对于同胞当尊敬，当和睦，当爱国，爱同类，爱仇敌，以及希上帝（效法上帝）。[36]基于此，赵紫宸强调爱是重要德性。不仅如此，赵紫宸指出耶稣的生平事工，以及十字架上的牺牲更展现了耶稣和平的品格，作为有人格的信徒与群体则必须效法之。

然而，耶稣的和平品格主要建基于上帝与耶稣基督爱的本性。因此，赵紫宸设定"爱"是基督新教信仰的核心，他撰文〈上帝论--上帝是爱〉，指出"爱"是上帝的根本属性。因为"爱"，上帝创造天地万物，甚至在他泛滥涌溢的爱潮里，按照自己的本性，自己的形像，化生人类。上帝爱人，为的是

---

33 文庸等编辑，《赵紫宸文集》，卷二，第 156 页。

34 文庸等编辑，《赵紫宸文集》，卷五，第 51 页。

35 赵紫宸解释，《马太福音》第五章一至二十节，可说是耶稣人生哲学的总论；第五章二十一节至四十八节，可说是耶稣的伦理学，第六章全部可说是耶稣的宗教学，第七章全可说是耶稣处世的实践论，就是他人生哲学的结论。参见，文庸等编辑，《赵紫宸文集》，卷一，第 231 页。

36 文庸等编辑，《赵紫宸文集》，卷一，第 231 页。

爱，为的是人，为的是他要在人里面伸展他自己，为的是要人像自己。[37]因此，"爱成全了个人的道德，也建立了社会的道德"。[38]基于"爱"的宇宙论、上帝论与基督论之理论预设，赵紫宸主张"爱"是基督徒道德生活的中心，上帝爱人，人要效法此爱。具体地说，耶稣基督在其生平中展示了何谓爱的德性、爱的典范，耶稣的言语，尤其是在〈登山宝训〉中的教训就是信徒道德实践之标准。换言之，耶稣基督的〈登山宝训〉展示了基督教信仰的独特性。因此，信徒应当以此为基础来理解耶稣基督的和平品格。

具体而言，耶稣的一生是和平之典范，其和平品格主要基于宽恕与爱（爱仇敌）之德性。在〈登山宝训〉中，耶稣特别指明爱仇敌的教训，"有人打你的右脸，连左脸也转过来由他打；有人想要告你，要拿你的里衣，连外衣也由他拿去；有人强逼你走一里路，你就同他走二里"（《马太福音》5：39-40；。[39]赵紫宸解释，耶稣的爱超越世人的爱，耶稣爱人包括爱自己的仇敌，这体现了耶稣至高的道德标准。

然而，这种绝对的爱之观念在当时的基督教新教信徒中引起了较大争议。该经训在当时的中国被斥为"奴隶道德"，认为不利于救拔危亡的中国。[40]对此，赵紫宸辨析，耶稣的教训不是要善人自愿做奴隶，乃是要善人表示决心爱人。并且，它体现了耶稣的超抵抗主义，不是使人做低首下心的奴隶，乃是要人做拯救同胞的健卒。他解释，"超抵抗主义是爱国爱同胞的人在恶社会里独抱的大能力主义"。[41]因为耶稣并非不要人不抵抗，而是要人用最有效率的方法去抵抗。恶来，人要用善去抵抗它，使它消灭。[42]简言之，以善制恶。除此之外，赵紫宸解释"爱仇敌"是因为人皆是可贵的，他／她有无止境的发展可能性；它体现了有力的人要负拯拔无力的人之责任，强救弱，智救愚，贤救不肖，善人救恶人。[43]

---

37 文庸等编辑，《赵紫宸文集》，卷一，第 87-88 页。

38 文庸等编辑，《赵紫宸文集》，卷三，第 51 页。

39 文庸等编辑，《赵紫宸文集》，卷一，第 265 页。

40 "奴隶道德，这是耶稣教我们亡国，这是耶稣叫被压迫的劳动者，永远忍气吞声，静静的做资本家的奴隶，死死的受他剥削。参见，陈华洲，〈「有人打你这边的脸，连那边脸也由他打」与「国民」〉，载《真理与生命》，第 4 卷 20 期，1930 年，第 33 页。

41 文庸等编辑，《赵紫宸文集》，卷一，第 268 页。

42 文庸等编辑，《赵紫宸文集》，卷一，第 266-267 页。

43 文庸等编辑，《赵紫宸文集》，卷一，第 267 页。

总之,〈登山宝训〉以爱为核心体现了耶稣和平的人格观念。耶稣的教训是以"爱"来克服"恶",由此耶稣的和平不是消极的无抵抗,是积极的爱,是勇者的努力。它体现了有人格之人的道德主张。因此,"登山宝训"是强者的道德观念,它主要重视精神的感化力量。

需要指出,赵紫宸强调爱是耶稣的重要德性,或者道德律,爱仇敌是重要教训,从而推演出和平是信徒追求的重要人格。其理由在于,爱是和平的前提,和平是爱的实现。然而,吊诡的是,在当时的中国语境中,赵紫宸又提出,尽管和平人格应是信徒积极追求之标准,但绝对的和平实践并不可能。他解释,

> 耶稣教人爱仇敌,是对人格强健的人所发的教训。爱仇敌就决无战争了么?我爱仇敌,仇敌不爱我,便怎样?我有人格,且以人格为重;仇敌不爱人格,且将人格撇去了,便怎样?爱仇敌是耶稣的明训,超抵抗也是耶稣的明训。然而耶稣的教训中找不出爱仇敌就无战争的意思,超抵抗就是不抵抗的意思。耶稣曾说过:"操刀者,死于刀。"门徒曾尊耶稣为和平的君王。但是耶稣教训人,除了家庭问题之外,只为人类说原理,没有为人类立细则,因为有原理可以应用在复杂的人生上,立细则便要生不适于变迁的阻碍。譬如爱是原理,爱童子必须引导他,爱师长必须被引导,爱父母必须有供养,爱朋友必须有忠信;爱子女有过不改,要责打他们,爱同辈有过不改,要规劝他们,事事随情形而变,岂能千端万绪,尽立规则么?同样,爱仇敌是原理,不是对付仇敌的规则。仇敌不害我,或害我,而我有法可使仇敌变态度,可使自己得保护,我便没有理由宣战。不宣战而尽力消弭灾祸,是爱自己,亦是爱仇敌。仇敌必对我宣战,操刀挺戈,寻衅于我,我有人格是上帝所尊重的,我有国家是上帝所爱护的,我有家室是上帝交托于我,社会供给于我,而我用自己的人格发展所维系的,我必自卫卫国,挺身而战!我战是保护国家的人格,是保护同胞的人格,是保护自己的人格,也是保护堕落人格的仇敌国尚有余剩的人格。我战不出于憎毒,是出于服从道德律,未始不是爱仇敌。我不能爱仇敌而让仇敌杀我;难道我爱仇敌,就不能自爱了么?[44]

---

44 文庸等编辑,《赵紫宸文集》,卷一,第276页。

　　赵紫宸强调耶稣基督的爱，认为它超越了人性中的仇恨，也超越了民族主义的意识形态，是达致人类和平的基石。然而，建基于爱之和平仅仅是大原则，它必须在具体实践中有所变通，才能成为切实际和人生的教训，从而付诸于实践。所谓爱仇敌，意指不以仇恨与报复的心理对待敌人，而是主张信徒用爱的德性改变自己的态度，从而建造自己的人格，它主要体现在个人伦理之范畴。

　　但是，从社会伦理（社会政治伦理）而言，信徒与群体爱仇敌却不影响其爱家爱群体之表现，爱国之心不等于仇外之心（恨仇敌），然维护民族、国家的主权却是里所应当。因为国家、同胞与亲人都是上帝给予的部分，信徒群体有责任保护之。再者，和平与战争并不相悖，战争是为了换回和平，它主要取决于具体语境与实情，基于爱与和平的观念信徒并不主动攻击他人／她人，以及他国。但是，当国家、同胞遭遇战争时，信徒可以以武力回应之。因为信徒是上帝的子民，爱仇敌的同时也需要保全自己，爱自己。这体现了信徒道德生活之悲怆性。

　　因为在当时的中国社会，作为一个爱国的中国人，同时又是持守基督信仰，坚持耶稣基督教导的信徒，既要投身于社会行动，又要实践爱之重要德性；既要爱仇敌，又要伸张正义。那么，他／她必然处于悲怆抉择中。尽管赵紫宸始终坚持以爱为首要。但是，同时为了保护同胞，伸张正义，他不能不在爱与正义之间作出调和与妥协。他一方面在〈基督徒对于日本侵占中国国土应当持什么态度〉中真诚劝说日本放弃侵略行径；另一方面，他亦指出"信徒可以本耶稣的精神与自己的理解参加救国运动"。[45] 可以说，这种悲怆的道德抉择是在特殊语境下之产物。因此，笔者认为，赵紫宸为了不违背所持守的爱之德性，他只能设定个人伦理与社会伦理之界限。

　　再者，就和平而言，耶稣基督在十字架上的牺牲展现了一个绝对和平之图景。但是，反观现实世界却难以企及。那么，当如何理解与实践和平人格呢？赵紫宸尝试用两个世界的观念来说明和平在实践中的相对性。所谓两个世界，意指流变而有穷的世界，与永恒的世界（即，是上帝自己）。在前者中，苦痛害恶问题永无完全解决的可能；较之，在后者中这一切都可解决。然而，人类却生活在流变有穷的世界中，尽管上帝将德性种在人心里，要求人彼此合作，彼此相爱。但是，人的罪性却无法实现上帝设定的标准。于是，耶稣

---

45 文庸等编辑，《赵紫宸文集》，卷三，第 453 页。

基督以超历史的道成为历史的肉身，相反相成而达到人类救法的成全，这是基督教的辩证法。基于此，一切人类生活是矛盾中的活动，一切生活的上进是矛盾的统一；矛盾是永远在统一的动程中，而统一永远是更大的矛盾的开始。所以在历史的范围之内，只有比较的统一，而没有完全的统一，只有比较的和平，而没有完全公道的和平。[46]因此，现实世界的和平并不绝对，即，只有相对的和平。但是，信徒并不能因此而放弃追求和平人格之决心，因为耶稣基督已经在十字架上展现了真正和平之事实。

进一步，赵紫宸指出和平的相对性又基于正义的德性，和平人格与爱、正义之德性相辅相成，因为没有正义，决无和平。[47]他说，"人格发展，在于求正义，在于爱同群，内有主观的正当思念，外有客观的正当关系，然后以善意志破除恶意志的冲突而创立和平"。[48]在赵紫宸而言，人与人之间的关系应该是客观的，客观的关系善必因主观的关系善。人在与他人发生关系之先与发生关系之际，动机必须正当；因为动机正当，一切关系则正当。因此，和平基于正义的动机，人必须先在自己里面有正义，才能建立和平的人格，从而维护人间的正常秩序。由此，和平始于个体，推至群体，乃至国与国之间。那么，作为有人格的信徒首先要具备正义的动机，才能倡导和平，建造和平，宣传诚去诈，德去罪，爱去残杀与战争；他／她先要建造自由的家庭，以爱相结，永保家庭的和平，继要建造正当的教育，力主非罪不伐，非恶不杀的和平；继要建造奠在人格上的法律与政治，工商与文明，使国境之内有和平，国家与国家之间有和平。[49]

8.2.1 和平的实践与挑战

赵紫宸强调信徒个体与群体的和平人格，但是，他认为个人与群体的人格与道德修养还必须推放至国家社会的更大团体中，才能真正实现。并且，唯有如此才能达致人格救国之目的。因此，赵紫宸的人格伦理更是社会政治伦理，它关注社会、国家的发展，积极倡导用基督教的道德观念来引导信徒参与社会的态度与行动。再者，赵紫宸的人格伦理不是一套空泛的道德理论，

---

46 文庸等编辑，《赵紫宸文集》，卷三，第 695-696 页； 第 699 页。

47 文庸等编辑，《赵紫宸文集》，卷一，第 215 页。

48 文庸等编辑，《赵紫宸文集》，卷一，第 216 页。

49 文庸等编辑，《赵紫宸文集》，卷一，第 213-215 页。

他强调其在实践中的积极作用，它与社会国家的境遇密切关联。基于此，他的和平人格观念在具体实践中不断受到冲击、挑战与调适。具体分析如下：

首先，赵紫宸所处的时代正值中国内忧外患的年代。赵紫宸在 1931 年的〈基督徒对于日本侵占中国国土应当持什么态度〉一文中描述当时中国的局面，

> 日本帝国主义，乘世界各国不易兼顾东方问题的时期，乘中国空前洪水的灾难与不息的内争，用武力侵占中国的国土，杀戮中国的人民，违反世界和平的公约，蔑视人类共同的幸福。我们痛心疾首，恨恶此种违逆公理，蔑视人道，破坏人类文化的罪恶。我们因为国家蒙最大的耻辱而伤心悲痛，因为基督所主持的正谊被人践踏在铁蹄之下而哀悼忧惶。[50]

因此，在 1925 年五卅运动之前，中国基督徒追求和平的道德取向相对一致。而在五卅运动以后，尤其是"九·一八"（1931 年）事件爆发后。中国信徒对待和平人格的持守开始面临日益严重的考验，当时教会在战争与和平、不抵抗的问题上各持己见。其中主张抗战的固然不少，但是主张积极用爱来感化敌人，作为进攻利器的也不乏人。他们／她们站在耶稣唯爱主义的立场，反对战争之爆发，不赞成抗敌的行为。虽不批评他人抗敌行为，至少他们自身，要保持信仰的一致，人格的统一，决不参加任何抗日的事工。[51]就赵紫宸而言，在国难、危机当前，他一方面并不完全否定和平人格的重要性，另一方面却又同时充满了民族义愤，认识到信徒有参与抗日救国运动的必要性。并且，他从基督教信仰的立场设立了信徒参战与救国之依据。具体而言，赵紫宸以《尼西米记》4：20 作为《圣经》的依据，指出信徒保家卫国的理由。他解释，

> 在危急存亡之秋，全国民众，就该在相当的引导之下，组织起来保卫国土。官吏将卒，固然要直接负捍卫的责任，但在现代的组织之下，全民众也都要负捍卫的责任。尼西米得了波斯的准许，要重建犹大的国家。他的敌人知道了他的计划与事工，便齐心来攻击耶路撒冷。他却百折不回，一方面准备随时争战，一方面昼夜不遑的修理耶路撒冷的城墙。那时的民众在尼西米的领导之下，万众一心，一手执弓刀，一手修城墙。至终他们把城墙修好了，疆土保全

---

50 文庸等编辑，《赵紫宸文集》，卷三，第 453 页。

51 姚西伊，《中国基督教唯爱主义运动》（香港：基道出版社，2008），第 77-78 页。

了，仇敌攻退了。我们今日，对内需要有百般的建设，对外需要有强毅的应付，我们不能攻，也不必攻，我们却万万不能不守，而守的时候，也只有一手执弓刀，一手修国政。[52]

从赵紫宸的诠释而言，他并没有否定和平是基督徒追求的最高社会理想人格，但在民族危机日益严重的情况下，在保家卫国的紧急关头，中国信徒正如历史中的犹太人需要积极对抗复杂的生存境遇，需要全方位的保全国家与人民。因为这种保卫，或者国战，只有一个理由，就是国家在无法的时候，受迫而宣战灭除罪恶。[53]因此，赵紫宸在《基督徒对于日本侵占中国国土应当持什么态度》一文中指出，基督徒应当"本耶稣的精神及信徒自己的理解参加救国运动"。[54]由此，基于防卫而非侵略的正义原则，他认为有必要进一步思考和平的实践论。他解释，爱与和平如果作为绝对的道德律令，从动机、目的和手段来规范信徒在任何情况下的道德决定与行为将是行不通的。尤其在抗战救国的斗争中，彻底坚持非暴力的原则无论在理论上、感情上和实践上都不可能，信徒必须对民族救亡的武装斗争做出正面的回应与行动。[55]由此可见，赵紫宸总体上强调和平的人格。但是，在原则上他并不是反对暴力，虽然暴力是在迫不得已时才应该使用，暴力仍然是可以被接纳的手段。赵紫宸甚至也允许用武力来对抗日本的侵略。[56]赵紫宸指出，"我信抵抗罪恶是人之天职，抵抗外寇之侵夺，是人民与其政府之天职；惟有抵抗可以拯国家于沦亡"。[57]因此，赵紫宸不得不重新寻找信仰的依据，指出在爱、公义与和平的道德原则下，在不进攻而仅仅是防卫的条件下，信徒参与战争使用暴力在基督教伦理体系内的合法性。

基于对当时中国复杂境遇之洞悉，以及信徒对和平与正义抗争之不同回应。赵紫宸再次从《圣经》寻求和平实践之依据。他首先重新诠释了〈登山宝训〉5：38-42；5：43-45 的经文在实践中的应用原则。[58]他解释，

---

52 文庸等编辑，《赵紫宸文集》，卷一，第 415 页。

53 文庸等编辑，《赵紫宸文集》，卷一，第 276 页。

54 文庸等编辑，《赵紫宸文集》，卷三，第 453 页。

55 姚西伊，《中国基督教唯爱主义运动》，第 92 页。

56 吴利明，《基督教与中国社会变迁》，第 37 页。

57 文庸等编辑，《赵紫宸文集》，卷三，第 463 页。

58 经文："你们听见有话说：'以眼还眼，以牙还牙。'只是我告诉你们，不要与恶人作对。有人打你的右脸，连左脸也转过来由他打；有人想要告你，要拿你的里衣，

所谓转左脸，送外衣，走二哩，应要求，从借贷，种种话，都是表明人格精神，都不是立定行为细则。人要打右脸，善人不能抵抗，转左脸，就是以善胜恶，为善有余力的精神。人要得衬衣，强迫走一哩，要求借贷，善人不肯抵抗，反而给外衣，走二哩，应要求，供借贷；这不是善人自愿做奴隶，乃是善人表示决心爱人，爱人有余闲，有余力的精神。[59]

赵紫宸强调，〈登山宝训〉这段经文（5：38-42）主要说明不用恶方法抵抗恶，乃用超于恶，终必胜恶的方法抵抗恶。并且，至关重要的是它指明了信徒的人格精神之所在。但是，信徒有人格，方法不难得。换言之，需要区分人格精神与具体实践，只要立定前提，在实际上"不必咬文嚼字，泥守章句"。[60]基于此，赵紫宸进一步解释〈登山宝训〉5：43-45 中"爱仇敌"之含义。赵紫宸指出，

恨仇敌，不如爱仇敌，因为恨要生出毁灭来，爱却能转毁灭为互助的生命。这好像是极简单的，但是各国已经走在与这相反的路途上，似乎不经巨创深痛，不经大多数的人觉悟，现在的野蛮局势是打不开的。不过世界在大转变之中，天地崩溃的时候，我们还当保全自己的与民族的信仰。基督徒应当加入战争么？对于这个问题，各人的看法不同。道义在那里，基督徒也应当在那里。加入战争是有道义的；不加入战争也是有道义的；道义这件东西，在这样一件大事上却不清楚屹立在任何一方面。所以基督徒应当参加战争与否确乎是极难的问题。不过有时候，我们要行为，要决心，要快刀斩乱麻；耶稣叫我们爱仇敌，也叫我们买刀。人之所贵，人之所恃，有甚于生命！[61]

连外衣也由他拿去；有人强逼你走一里路，你就同他走二里；有求你的，就给他；有向你借贷的，不可推辞。"（5:38-42）。

　　"你们听见有话说：'当爱你的邻舍，恨你的仇敌。'只是我告诉你们，要爱你们的仇敌，为那逼迫你们的祷告。这样，就可以作你们天父的儿子；因为他叫日头照好人，也照歹人；降雨给义人，也给不义的人。"（5:43-45）。

59　文庸等编辑，《赵紫宸文集》，卷一，第 266 页。

60　文庸等编辑，《赵紫宸文集》，卷一，第 266 页。

61　文庸等编辑，《赵紫宸文集》，卷一，第 429-430 页。

赵紫宸的诠释并不否定耶稣基督爱之德性，建基于此的伦理理论预设也与他先前对该经文的基本诠释相符合。但是，在具体现实语境中，或者说在信徒道德实践的方向上，赵紫宸对"爱仇敌"是否包涵"自我牺牲"作出了新的解释。他认为，爱并不完全排除暴力反抗的可能性，尤其在爱不能维持的极端野蛮局势下，信徒同样允许以爱的原则来保护自己和同胞，因为信徒的生命同样宝贵。但是，信徒在此过程中也应当不失信仰与盼望，继续"恳求上帝拯救他的儿女脱离战争的凶恶，领天下各国走和平的道路。教人类破除一切仇恨，误解，使教会与国家都从这种罪恶得解放，以致能与圣子的一切弟兄联络团结，成为一个社会，与和平的君王永远有团契"。[62]由此可见，赵紫宸强调"爱仇敌"，却亦不否定爱同胞，爱自己，保护同胞，以及保护自己。且"爱同胞，便是爱自己，爱自己，便是爱同胞"。[63]从赵紫宸的解释可知，他其实补充了所谓完备的爱是指什么，它应该包括爱神、爱人与爱己，三者构成三角关系。爱神必然爱人，爱人却未必能够爱神，而爱人者如果不知道爱己又如何知道何谓爱人。因此，爱己是应然的。

在赵紫宸而言，〈登山宝训〉的总纲是爱与宽恕，它表明了信徒的人格精神之所在，且要求信徒依此行事。但是，信徒有人格，在动机上出于爱心，在现实中却可以"不必咬文嚼字，泥守章句"。[64]这尤其可以应用在日本侵略中国的现实境况中。赵紫宸认为，耶稣教人爱仇敌，是对人格强健的人所发的教训。[65]因此，"爱仇敌"并不具备普遍性。由此，爱仇敌并不意味着无战争，如果仇敌不害我，或害我，而我有法可使仇敌变态度，可使自己得保护，我便没有理由宣战。不宣战而尽力消弭灾祸，是爱自己，亦是爱仇敌；如果仇敌必对我宣战，操刀挺戈，寻衅于我，我有人格是上帝所尊重的，我有国家是上帝所爱护的，我有家室是上帝所交托于我，社会供给于我，而我用自己的人格所发展所维系的，我必自卫卫国，挺身而战。[66]由此可见，当中国遭到武力侵犯的时候，信徒可以参与战争。该参与的动机是出于爱人格、爱国家、爱家人等，这在义理上是合理、合法且必要的，并不与耶稣的教训总纲相悖。

---

62 文庸等编辑，《赵紫宸文集》，卷一，第 430 页。

63 文庸等编辑，《赵紫宸文集》，卷一，第 243 页。

64 文庸等编辑，《赵紫宸文集》，卷一，第 166 页。

65 文庸等编辑，《赵紫宸文集》，卷一，第 276 页。

66 文庸等编辑，《赵紫宸文集》，卷一，第 276 页。

需要指出，基于对"爱仇敌"的再诠释，赵紫宸还批判了唯爱主义者的主张。他解释，"唯爱，乃是冒险倔强，用道义去抵御罪恶强权。印度的甘地，与许多基督徒就作这样的主张"。[67]但是，当前中国需要的不是唯爱主义，或者非抵抗的教义，中国面临的困境是如何抵抗外寇之侵夺，且唯有抵抗才可以拯救国家于沦亡。[68]并且，唯爱主义者所倡导的总体原则虽合理，却片面强调爱的德性，而忽略了公义之重要性。赵紫宸指出，公义是宇宙的根基，它建基于公义圣善之上帝。[69]"上帝恶恶，而爱罪人，罪人终不悔过，害及同群，上帝岂无公义的对付么"?[70]由此，"国家之上，不是他国，乃是正义；各国之际，不应当有强权，乃应当有正义。故凡爱国爱世的人，随时随地须与强权奋斗，务使其消灭而后已"。[71]基于此，蔑弃公理，毁灭人道，用剽窃劫夺之行为，侵占他国土地，屠杀他国人民之军阀国家，决不能与此种残恶共戴天也。由此，抵抗罪恶是人之天职，抵抗外寇之侵夺，是人民与其政府之天职；惟有抵抗可以拯救国家于沦亡。[72]在赵紫宸的思想中，"仇敌"与"恶者"截然不同，理当区别对待。前者意指有希望成为朋友之对象，后者则是无法用爱来感化的他者，必当以严厉的办法来处置。在赵紫宸的理解中，当时的日本帝国主义正是该类恶者[73]。因此，除以武力对抗外，别无它途。进一步，赵紫宸指出唯爱主义者所言的"爱"并不整全，具有片面性。他们／她们仅仅强调爱世界而忽略了爱国。他批评，

> 基督教高谈国际主义，宣传国际和平，果然很好，但在今日却有"反求诸其身"的需要，须有"请自隗始"的觉悟。基督教在今日，倘使"舍近而图远，舍本而逐末"，岂不要"我躬不阅，遑恤我后"么？[74]

---

67 文庸等编辑，《赵紫宸文集》，卷一，第 430 页。

68 王晓朝编辑，《赵紫宸文集》，卷五，第 395 页。

69 文庸等编辑，《赵紫宸文集》，卷三，第 462 页。

70 文庸等编辑，《赵紫宸文集》，卷一，第 266 页。

71 文庸等编辑，《赵紫宸文集》，卷三，第 169 页。

72 文庸等编辑，《赵紫宸文集》，卷三，第 462-463 页。

73 赵紫宸指出，我们并不恨恶日本人民，但我们要日本人民知道我们对于日本帝国之罪恶痛心疾首，深愿日本有觉悟的分子也起来主张公道，使其国家表示诚确定悔改。参见：文庸等编辑，《赵紫宸文集》，卷三，第 453 页。

74 文庸等编辑，《赵紫宸文集》，卷三，第 158 页。

> 当此时候，国人最容易做的一件事，就是鼓吹世界和平，而不爱这个表面上无一可爱的中国。[75]

从赵紫宸的批判而言，他并不否认爱与和平的重要性。尤其在日军侵略中国之前，他主张绝对的和平，反对暴力。但是，面对中日关系相当紧迫的现实问题时，他相对缩小了关注的视野，集中深入地思考了自己作为信徒、中国人对国难、战争与国际冲突应取的态度，从而对爱、和平与公义做出了较全面的分析和辩驳。从赵紫宸的立场而言，他分析了基督徒的两种身份，一是基督徒的身份（超国家的身份），二是本国国民的身份。在当时中国面临战争，身陷侵略的环境下，他更强调信徒的国民身份。他指出，尽管基督徒具有双重身份，但这并不是说基督徒就没有国家，并且，爱国主义与超国家主义也不相抵触，正如爱家庭与爱国家不相抵触。然而，二者不能两全的时候，基督徒应当顺着主旨，舍家报国，舍国救世。[76]由此观之，赵紫宸在具体处境中将爱国设定为信徒的优先选择，并为这种主张寻求信仰上的依据。

需要说明，赵紫宸界定信徒的双重身份以此来解释信徒和平人格之本质，并不意指赵紫宸的爱国主义与狭隘的民族主义，或者暴力主义相同。客观而言，赵紫宸从来不否认和平是世界的至终目标，是基督教的最高人格理想，而爱则是解决纷争的主要手段。他说，

> 在于今日，有人格的中国人应该与抱负广大的日本人，英国人，法国人，美国人等，相交以信，相尚以德，在我们共居的地球上，在我们大家逃不出的世界上，建造永久相爱的生命。这些人以人格相见，要以上帝为标准，主张用爱解决一切问题。[77]

因此，即便赵紫宸主张爱国，从而抵抗日本军国主义的侵犯，他仍强调这种抵抗与自卫的动机与目的在于爱世人、爱弱者，而不是出于报复、侵略和侵犯，二者截然不同。并且，这种反抗的行动中同样蕴涵着爱人的目标。简言之，从爱出发，采取暴力的手段拯救弱者，制约恶者，从而达致和平--又回到爱之归宿，其宗旨并未改变。

以上论及赵紫宸分别从《圣经》寻求依据解释信徒群体参与战争的必要性。然而，在个人伦理而言，尤其是从他本人出发，他自己的人格实践却体

---

75 文庸等编辑，《赵紫宸文集》，卷三，第 163 页。

76 文庸等编辑，《赵紫宸文集》，卷三，第 40 页。

77 文庸等编辑，《赵紫宸文集》，卷一，第 277 页。

现了他绝对的和平主义思想。具体地说，1941 年，美日太平洋战争爆发，燕京大学被日军封锁，赵紫宸与陆志韦等十一位教授被日军投入监狱达半年之久。在狱中，肉体的煎熬与精神的窘迫让赵紫宸的思想产生了重大变化，使他再思信仰、神学与人格伦理问题。在狱中，赵紫宸面对日军的威胁与欺辱，他采取的个人立场主要基于《登山宝训》中耶稣所宣讲的非暴力、不抵抗策略。他描述自己的狱中生活是践行人格，即，"苦难生坚韧，坚韧生品格，品格生希望"，赵紫宸将生死置之度外，唯独思忖耶稣基督的死亡如何体现了上帝之爱，以及表达了耶稣基督如何至终胜过了罪恶。[78]因此，确切地说，赵紫宸把绝对的爱与非暴力严格限制在个人范围，他所理解的耶稣基督的教训仅仅是关乎个人的非暴力，而不是群体绝对的非暴力。这意指群体、国家受他国侵略，不可能不抵抗而拱手相让国土，以及出卖同胞的生命。他强调，个人与群体有别，从群体立场而言，群体是社会的群体，群体追求社会公义理所应当，而追求公义则不能完全避免暴力而洁身自好。因此，个人与群体实践人格，付出的代价不同，具体实践策略也各异。就此而论，赵紫宸主张的非暴力与暴力（抵抗）其实是有条件，有限制，以及有范围的。换言之，赵紫宸的人格伦理并不具有普遍性，其人格伦理有个人伦理与社群伦理之别。因为前者主要以爱之德性为引导，后者则主要以正义为基础。相关问题随之提出，爱与正义是怎样的关系？它们如何影响个体与群体的具体实践？

　　正义与爱相辅相成，爱是正义之基础，正义缺乏爱则不能执行（justice should not be administered without love）。[79]这体现在赵紫宸的伦理思想中，或则说，赵紫宸以此来解释二者之关系。但是，他更强调爱在二者中占主导地位。其原因在于，一方面赵紫宸根据耶稣基督〈登山宝训〉之教导设定爱是主要德性；另一方面则与赵紫宸儒家之背景密切相关。在前面已经谈及就儒家思想而言，它强调仁（benevolence）和义（righteousness/justice）。但是，儒家的伦理目标是要透过"仁"在不同社会关系中的影响，去达致家庭、社会和世界的融合。因此，儒家从本源上来说主张和平，并不倡导战争。然而，基于"义"的理由，儒家也不否认战争的必要性。然而，它设定战争是"不得已"之（out of great reluctance）决定。换言之，当己国遭遇他国的武力侵犯时，己国采用武力自我防卫是"义"的行动。所谓儒家的"义"，在这原则上

78 文庸等编辑，《赵紫宸文集》，卷一，第 463 页；第 447 页。

79 Ping-cheung Lo, "The Art of War Corpus and Chinese Just War Ethics Past and Present."*Journal of Religious Ethic*s, 40.3, September, 2012, p. 437.

与基督教之"正义"相似，二者并不相悖。由此，赵紫宸的儒家思想与基督教伦理思想在该议题上一致。简言之，基于义／正义的原则，赵紫宸认为当中国遭受日本武力侵略的时候，中国需要采取武力自我防卫。尽管这与"和平"之人格相悖，但这是"不得已"而采取的行动，由此具有道德上之合法性。然而，即便在采取武力的情况下，同样基于儒家的"仁"之德性，赵紫宸也同时强调和平是最重要的人格，和平是至终目的。基于此，他不断撰文劝告日本放弃武力侵略的行为。并且，赵紫宸反复强调中国采取自卫战是别无选择的决定，是不情愿的行动。

因此，从赵紫宸的回应而言，他强调和平之人格，这与耶稣的教训，以及儒家思想并不相悖。然而，从社会伦理的角度而言，赵紫宸不是绝对和平主义之倡导者，这或许更受其中国哲学背景影响。在中国哲学思想中，包括儒家，从来没有绝对的和平主义观念。就墨家思想而言，尽管墨家反对战争，但其反战的立场并不等同于绝对的和平主义，他们／她们亦不是绝对的和平主义者。因为他们／她们仅仅反对用战争来解决国与国之间的冲突纠纷，却认同自卫战在道德上的合法性。并且，墨家强调这种"不得已"的武力反抗是纯粹的自卫行动（purely self-defensive）。[80]由此可见，在和平的具体实践语境中，赵紫宸更像是一位道德现实主义者（moral realist）。

总结而言，基于爱的重要德性，以及宽恕与忍耐之德性，赵紫宸指出信徒必须效法耶稣基督，成就和平之人格。吊诡的是，现实世界纷争不息充满挑战，尤其赵紫宸身处的时代正值中国内忧外患之特殊时期，如何能够在现实生活的具体实践中践行耶稣般的人格，赵紫宸一方面具体提出信徒与群体必须具备爱、宽恕、忍耐与正义之德性，以成就圣洁、完全之品格；另一方面，他又指出信徒与群体当效法耶稣，爱神爱人，尤其爱仇敌，以实践耶稣和平之人格。然而，爱神爱人，二者之间既连贯又断裂，若即若离关系微妙。所谓连贯，指信徒透过效法耶稣基督，对他人／她人的爱便与上帝对人的爱有了连贯性；所谓断裂性，指信徒爱他人／她人是基于效法上帝对我们的爱。但是，上帝与基督有其不可为人效法之处。比如，十字架上的牺牲。由此，信徒对他人／她人的爱既不能，也不应酷似上帝与基督对世人的爱。换言之，这是两种合中有分，同中有异的爱。其中上帝对人的爱是普世性（universal）

---

80 Ping-cheung Lo, "The Art of War Corpus and Chinese Just War Ethics Past and Present," p. 439; p. 435.

的，信徒对人的爱却是兼容性（inclusive）的。信徒作为受造物，虽然可以胸怀普世，但实际上爱的对象是不可能广及普世的。因此，只要这种爱是有爱无类，保持开放性，可向任何一个角度延伸，兼容并包，这种爱便已在受造物的限制内酷似上帝的爱了。再者，爱必定宽恕。上帝的爱之宽恕包括罪的赦免，而人的爱之宽恕却并无该成分，仅仅包含不怀恨在心，不图报复，不念旧恶，并重建破碎关系。[81]

　　基于此，建基于爱之重要德性，在具体社会实践中，赵紫宸指出了人之爱的局限性与有效性。赵紫宸强调爱与正义并存，强调爱意味着宽恕，即，不憎恨，不复仇，不主动攻击对方。但是，同样基于爱，信徒亦要保护自己与他者／她者的生命，当生命受到恶者攻击之时，信徒同样可以用武力的方式给予回击，它持有《圣经》的依据。因此，尽管爱达致和平，和平是爱之归宿。然而，基于正义，以及人的罪性，和平人格仅仅是信徒追求的最高理想，较难在现实世界完全实现，但这并不说明和平人格并不重要。

8.2.2　和平、天国与教会

　　赵紫宸强调其人格伦理亦是天国的社会道德理论，它不能脱离天国的，信徒的社会。所谓天国，意指上帝子女的团契，惟以爱为法律，以耶稣为导师。牠是世界中的世界，人间内的人间，不躲避现实，乃要因心灵的团契而改变现实。换言之，天国超世，却不离世。因此，在天国内部，需要着重美善的生活与爱之德性，而在外则主张以爱来感化人，使其与内部的团契相融化，乃至达致一个美善、和平的国度。[82]进一步，天国有形有体的机构是教会，所以人格伦理主要以教会的生活为背景，以天国的成全为目标。其宗旨是要造成社会的和平，秩序，进展，以至于人人都发达，快愉，与成全。[83]

81　落秉祥，"爱与效法─对话及诠释性的神学伦理学"，载《中国神学研究院期刊》，第 35 期，2003 年，第 71-75 页。

82　文庸等编辑，《赵紫宸文集》，卷一，第 434-435 页。

83　文庸等编辑，《赵紫宸文集》，卷二，第 503 页；第 507 页。需要指出，赵紫宸所指的天国就是教会。他说，"天国--即新人群新社会--乃是逐渐实现的。换言之，就是教会--因为教会就是天国。即是新人群，新社会--是照天然演进的程序，而渐进于完善的"。参见，文庸等编辑，《赵紫宸文集》，卷三，第 40 页。再者，"天国里组织的团体，具体的集合是教会"。参见，文庸等编辑，《赵紫宸文集》，卷二，第 100 页。

基于此，建立天国同样需要爱的德性，而宽恕之德性亦不可或缺。因为"耶稣所教我们的人格，情感是：崇高的牺牲精神；伟大的宽恕精神；平等的博爱精神"。[84]由此，赵紫宸同样引用《马太福音》18：21-22，以及《路加福音》23：33-34来说明宽恕的重要性，

> 那时彼得进前来，对耶稣说："主啊，我弟兄得罪我，我当饶恕他几次呢？到七次可以吗？"耶稣说："我对你说，不是到七次，乃是到七十个七次。"

> 到了一个地方，名叫骷髅地，就在那里把耶稣钉在十字架上，又钉了两个犯人，一个在左边，一个在右边。当下耶稣说，"父啊，赦免他们。因为他们所作的，他们不晓得。"

赵紫宸以此经文来解释建立美善、和平国度的基础。赵紫宸指出，天国的生活以爱之德性为首要，爱是解决世上一切纠纷的总锁匙。然而，爱又基于宽恕。耶稣要人宽恕人七十个七次，耶稣自己被钉在十字架上，却还求上帝饶恕杀死他的凶手。因此，信徒应当效法之，彼此宽恕。赵紫宸同样强调，宽恕是"彼此"的行为，信徒若要宽恕人，或者被人宽恕，都必须从自我中释放出来，努力瞻仰耶稣的圣范，上帝的圣心，天国的圣美，由此从爱上帝，效法上帝的实践中践行宽恕之德性。[85]确切地说，信徒只有认识到自己（得罪者与被得罪者）也是被宽恕的对象，正如耶稣宽恕了自己，他／她才能学习宽恕的意义，也才能够让和平成为可能。因为被得罪者要宽恕对方，乃是一种实施控制对方的方式，而那些不愿意接受宽恕者同样手持抗争的权力，唯有二者都接受彼此的宽恕，彼此放弃控制，放弃已获得的权力，才能达致和平。对于教会群体而言，耶稣的生平和受死正是放弃控制和权力的榜样，耶稣基督的复活更是这种宽恕生命之基础，复活让爱敌人成为可能。在耶稣里复合的生命不再被罪捆绑，不再执着权力，愿意彼此信任，和平共处。唯有这种生命才具备整全性，亦才能够达到圣洁之要求。

需要指出，宽恕不仅仅是基督教的德性，它本身在儒家思想中也是重要德性之一。儒家的道德理想是"仁"，"仁"的观念中有孝，有忠，有恕。所谓"仁者人也"，就是人的基本道理。人与人相系，推本便是孝，尽心便是忠，及人便是恕。儒家的伦理目标就是要透过"仁"在不同社会关系中的影响，

---

84 文庸等编辑，《赵紫宸文集》，卷三，第69页。

85 文庸等编辑，《赵紫宸文集》，卷一，第439-441页。

去达到家庭和社会的融合。[86]换言之，在儒家的伦理观念中，和谐、融合与和平是基本主张。

基于此，赵紫宸多次对日本武力侵占中国的行径提出宽恕、悔改之建议，从而主张重建和平关系。他说，"我们并不恨恶日本人民，但我们要日本人民知道我们对于日本帝国之罪恶痛心疾首，深愿日本有觉悟的分子也起来主张公道，使其国家表示诚确的悔改"。[87]由此可见，和平始终是赵紫宸的盼望与主张。

此外，建立和平的人格，忍耐之德性同样不可缺少。赵紫宸解释，

> 信耶稣的不失望，因耶稣的方法无他，就是以寡敌众，以爱敌恨，以善敌恶，以忍耐敌暂时的逼害，以完全的失败敌非难者的胜利，而以完全失败为成功的起点。客西马尼，各各他，十字架，荆棘冠，是基督徒永久胜利的表帜。跟随耶稣，没有别法，只有背负十字架，才能成全我们自救救人的事功。[88]

由此可知，忍耐之德性建基于基督论。耶稣一生的所作所为，以及在十字架上的死亡与复活展示和成就了忍耐之德性。唯有十字架是信徒盼望的源泉，因为十字架的希望预示着爱终能战胜仇恨，正义终能战胜邪恶。因此，信徒应当效法耶稣的忍耐德性，并存盼望。忍耐尤其体现在信徒彼此之间，以及信徒与世界的关系之中，且忍耐与爱彼此关联，它们共同成就了信徒彼此相爱、和平之可能。

需要指出，赵紫宸的爱、宽恕与忍耐之德性都与其天国观密切相关。他认为，借着信徒的努力--主要体现在良好人格之建立，从而天国--这个理想的社会可在地上建立。简言之，天国在人间。由此而言，赵紫宸的天国论并不具有末世论的色彩。赵紫宸解释，

> 狄尼的《耶稣的事迹与其意义》一书，给了我许多的暗示。他使我毅然决然地废除了耶稣信从"末世论"的观念……耶稣不是一个"末世论"者。"末世论"讲上帝的国是未曾临到而将要猝然之间临到的。在临到的时候，世界要受审判，以色列要复兴，上帝的义怒要倾倒在一切有罪的人身上。耶稣所教训的，则与这些教训迥乎

---

86 吴利明，《基督教与中国社会变迁》，第 34 页。
87 文庸等编辑，《赵紫宸文集》，卷三，第 453 页。
88 文庸等编辑，《赵紫宸文集》，卷三，第 317 页。

> 不同。复活，审判，与世界有末期，当然都是耶稣所信的；但是相
> 信这些事，不即是一个末世论者，因为在耶稣，复活与审判可以随
> 时而有。[89]

由此可见，赵紫宸的天国并不意指末世论所提及之天国。[90]在赵紫宸而言，天国已经降临，且将发展。[91]具体而言，"天国是人群的生活，起于微而成于大，人必须奋斗，必须牺牲，设身于现在的天国，劳瘁作工，设想于将来的幸福，不失信仰，至终必有一个圆满的人间"。[92]换言之，天国已经在人间，但仍需要不断扩展。而天国在人间的机构是教会，即，"天国里组织的团体，具体地集合是教会"。[93]教会是"文化内的文化，社会内的社会，负维持道义，主张公德，创造和平的责任。因此，教会要用传道服务的，道德的活动，转移个人与社会，永不失望，永不懈忽地等待教会的扩大，人群社会的进入上帝的爱，等待着世界皆被圣灵引入教会之内，使大地成为圣徒的国，上帝的家，主的圣殿，新的圣城耶路撒冷"。[94]

需要指出，就赵紫宸的作品而言，他早期比较忽略教会。但是，"赵紫宸三十年代的作品无疑十分重视教会，但他所理解的教会并不具有神圣性与使徒性，而是社会重建之工具"。[95]进一步，到四十年代以后，随着他对自由神学思想之不断扬弃，他对教会之理解亦发生了转变。确切地说，他将自己对启示论与基督论之新解释应用于教会论上，并且更强调教会之重要性。他指出，

> 没有上帝的旨意，圣灵的感召，决无教会形成的可能。教会的
> 基础是彼得所认定的基督，不是彼得所组织的社团，而彼得所认识
> 的，乃是出于上帝的启示，不是由于人的构造。教会的来源是由于
> 上帝，不是由于人；教会是上帝所设立的，是上帝的殿廷，圣灵的

---

89 文庸等编辑，《赵紫宸文集》，卷一，第459页；第461页。

90 虽然赵紫宸强调天国在人间，这并不意指赵紫宸否定末世论，不相信主再来，乃至扬弃了末后的审判。他指出，"上帝在天，公平自在，福善祸淫，天国里自有权衡……一方面教会长有自内的肃清，应时的改革，一方面，信众忍痛等待，有来日的审判"。参见，文庸等编辑，《赵紫宸文集》，卷二，第100页。

91 文庸等编辑，《赵紫宸文集》，卷一，第461页。

92 文庸等编辑，《赵紫宸文集》，卷一，第536页。

93 文庸等编辑，《赵紫宸文集》，卷二，第110页。

94 文庸等编辑，《赵紫宸文集》，卷二，第161-162页。

95 邢福增，《寻索基督教的独特性—赵紫宸神学论集》，第131-132页。

> 廊庙。上帝在耶稣基督里下降，在耶稣基督里启示自己的真在，而
> 耶稣基督又集合信众，使他们因信赖他崇拜他而成为教会；所以教
> 会成立主要的原因是在于上帝，不是在于人。所以耶稣基督是教会
> 的元首，教会中的各分子是耶稣的肢体。教会即是耶稣基督的身体。
> 96

由此观之，赵紫宸的教会论的确发生了转变，其所指的教会具有神圣与传统之意义了。然而，教会对社会之贡献并没有因此而消减。他强调，教会仍然应该保留先知的功能，不应逃避世界。[97]

简言之，教会的使命是更加广泛地建立信徒与群体之人格，以拓展天国。其原因在于，耶稣来是要改革人心，使人迎接上帝到他们的心里，到他们社会里，由此而使人类成为新人类，社会成为地上的天国。因为基督教的救法不是法子，乃是生活，乃是耶稣基督的人格，生活在人心里，在社会里。[98]换言之，"天国也就是耶稣的人格扩充到了成为全群相爱的社会"。[99]需要强调，在天国之拓展方面，除去教会之努力，赵紫宸同样强调圣灵之工作（这在赵紫宸早期的神学思想中甚少提及）。他指出，

> 人要悔罪改过，走耶稣所走的道路，作耶稣所作的事工，成耶
> 稣所要人成就的品格。人集合起来要创造人间的天国。人的前途是
> 远大的。个人要承受上帝自己的灵住在他的人格里，使自己作为上
> 帝圣灵的殿庭；许多人合起来，互相爱助，作牺牲克己的生活，奋
> 斗建设，使人人得有优游快乐的自由，有上帝的灵为贯注于中的生
> 命，因而成为天福，或为新人类的新社会。[100]

毋庸置疑，赵紫宸的天国观影响其伦理思想，正是基于一种乐观、积极的天国论，他才始终将人格作为拯救、建立和发展国家之基础。然而，赵紫宸的天国论却误解了天国的本质，且他对人性过于乐观。[101]天国不是一个完

96　文庸等编辑，《赵紫宸文集》，卷四，第 70-71 页。

97　文庸等编辑，《赵紫宸文集》，卷二，第 570 页。

98　文庸等编辑，《赵紫宸文集》，卷二，第 123 页。在四十年代以后，赵紫宸更强调
　　教会拓展人间天国的使命。

99　文庸等编辑，《赵紫宸文集》，卷二，第 124 页。

100　文庸等编辑，《赵紫宸文集》，卷二，第 112 页。

101　尽管赵紫宸对天国的实现，以及对人性持乐观态度。但是，他亦指出罪恶对教会、
　　天国的破坏。因此，他承认地上的天国是混杂的，容让的。参见，文庸等编辑，

美的人间社会，世人也没有能力建设这神圣的国度，天国是上帝在历史上对人类的救赎程序。人相信耶稣基督，认罪悔改，放弃以自我为主导人生，过着以神为主的生活，让上帝的权柄彰显在他生命中，天国就在他的心里。所以在耶稣基督里，天国早已降临，成为现今的属灵实际。然而，天国在将来还要降临，这是一种崭新的生存境界，唯有重生得救的人，才有资格进入其中。那时，人类历史结束了，新天新地要展开，天国全然实现。再者，教会是天国在地上的代表，她却不完全等同天国，在其中也有罪恶败坏。她不脱离社会，乃是要向社会作见证。教会是在世却又不属世的信仰群体，将天国的实际具体呈现在地上。教会不能完全肯定世界，以为世上没有邪恶存在；也不能完全否定世界，以为其中没有一点良善。正因世人有罪恶的本性，教会从事社会改革的工作，便有一定的限制，而理想的社会无法完全在人间实现。[102]

总结而言，赵紫宸的天国，或者教会是在尚未实现的实在中。正如他所言，"天国已经在世界上，是事实；是还未来到世界的，是希望；又是永远在来的，是动程，动向"。[103]因此，它具有双重使命，一是指向那遥远的彼岸世界；另则是显示出一个现在的实在，具体表现于基督教会的生活中。[104]毋庸置疑，后者更为现实与重要，由此他从早期到晚期始终强调建立信徒的人格，从而塑造一个良好社会的道德理想。[105]其目的在于，最终达致天国（和平国度）在地上之全面实现。

总结而言，赵紫宸的人格伦理重点在于效法耶稣基督，实践其圣洁与和平之人格。在耶稣的时代，世界同样充满着暴力，耶稣却没有以暴易暴，而是选择和平的道路，秉着爱、宽恕与忍耐之德性，最后为众人牺牲在十字架

《赵紫宸文集》，卷二，第109页。那么，天国的成长亦不是朝夕可成就的，信众需要忍痛等待，有来日的审判。参见，文庸等编辑，《赵紫宸文集》，卷二，第110页。需要指出，赵紫宸早期否定末世论，不信主再来，以及末后的审判。但是，晚期在天国论中他却提出了"来日审判"。笔者认为，或许他经历了人生的转变，以及不断直视了现实社会的复杂性与丑恶的一面。因此，他不得不重新反思"来日审判"的神学意义。

102 林荣洪，《中华神学五十年 1900-1949》，第403页。

103 文庸等编辑，《赵紫宸文集》，卷二，第108页。

104 古爱华，《赵紫宸的神学思想》，第244-245页。

105 需要强调，在四十年代后，赵紫宸更强调教会在建立个体与群体人格上之重要作用。

上，三天后复活。因此，十字架是无能的大能，是非暴力的象征。然而，在赵紫宸的时代，中国正值内忧外患，并遭受日本军国主义之侵略。在这样现实的语境下，尽管赵紫宸强调和平是信徒追求的最高道德理想。但是，基于正义之德性，赵紫宸又指出，爱与正义相辅相成，爱不能脱离正义而实现。因此，面对日本军国主义的侵略，在中国面临生死存亡之危机关头。笔者认为，赵紫宸不得不严格区分个人伦理与社会伦理，就前者而言，信徒可以实践绝对的爱与非暴力之教训；然而，就后者而言，群体是社会的群体，群体追求社会公义理所应当，而追求公义则不能完全避免暴力而洁身自好，这与《圣经》的原则并不相悖。因为爱与正义并存，爱意味着宽恕，即，不憎恨，不复仇，不主动攻击对方。但是，同样基于爱，信徒亦要保护自己与他者／她者的生命，当生命受到恶者攻击之时，信徒同样可以用武力的方式给予回击。由此可见，赵紫宸的人格伦理充分展现了信徒道德生活之悲怆性。

第二部分小结

从以上三章人格的概念，人格的建立，以及圣洁与和平人格之实践三方面，分别探讨了赵紫宸对中国新教人格伦理的建构。从赵紫宸的论述而言，他首先从"中国基督教青年会全国协会"总干事余日章的人格概念获得启发，并进一步发展了他自己对人格概念的定义与阐释。赵紫宸解释，人格不是生而具备，而是后天培养形成的，且它与行为者的道德习惯密切相关。既如此，行为者需要不断反复实践道德的行动，以获得良好的道德习惯。然而，实践道德行动的过程又必须以耶稣基督为典范。因为"耶稣代表上帝的人格，他是完完全全的人，他的一生展现了有人格的生命之典范"。[106]

然而，如何具体的效法耶稣基督，从而达致个体、群体与社会的拯救。赵紫宸从上帝与耶稣基督的属性入手，指出耶稣的生命展现了上帝圣洁与和平之人格，该人格同样透过耶稣完全的人与完全的神之二性体现在耶稣的生活、受死与复活之历史事实中。因此，圣洁、和平是个体与群体需要在具体现实生活中积极效法之人格。吊诡的是，现实世界充满了纷争与暴力，尤其二十世纪初期的中国正陷于内忧外患的境遇。作为深受儒家思想影响的新教基督徒伦理学家，赵紫宸在论及和平之实践时指出，要达致圣洁和平之人格，

---

106 文庸等编辑，《赵紫宸文集》，卷三，第 179 页。

个体与群体必须具备爱（仁）、宽恕与忍耐之德性。其中，爱是主要德性，它们是基督徒道德生命之标志。但是，仅仅具备爱、宽恕与忍耐之德性尚不足够。因为正义（义）的德性同样不可或缺。由此，赵紫宸结合儒家伦理思想与基督新教伦理思想指出，爱与正义相辅相成，正义缺乏爱则不能执行，而爱缺乏正义则是自欺的伤感。因此，赵紫宸认为在中国遭受日本军国主义侵略时，中国信徒群体可以采取武力来作自我防御，该防御建立在爱与正义之德性基础上，具有道德上的合法性。换言之，群体是在"不得已"的情况展开武力防御，这同样出于爱--爱自己的同胞，爱自己。这与《圣经》的原则并不相悖。然而，这仅仅是基于群体的社会伦理抉择，就个体而言，个人却可以选择绝对的和平主义。换言之，社会伦理与个人伦理需要区别对待。

总结而言，赵紫宸的新教人格伦理产生于复杂的社会语境，作为一位爱国又忠实于基督教信仰的神学家、伦理学家，赵紫宸的人格伦理思想毋庸置疑需要回应当时时代的需求。同时，在赵紫宸生活的时代，正值社会福音盛行之时，他的神学伦理学不免受其影响，并且他认为社会福音正好为中国社会的重建指明了一条出路。再者，赵紫宸从小深受儒家文化熏陶，其个人背景带来的影响也不容忽视。儒家重视仁、义之德性，让赵紫宸能够顺理成章地将这些观念与基督新教人格思想相结合，从而提出一套适应中国社会发展的伦理学。因此，毋宁说赵紫宸的新教神学伦理是人格伦理，却更是基督新教与儒家思想结合之产物。无论如何，赵紫宸的伦理思想的确为当时的中国伦理思考提供了一种方向，并为后来新教伦理在中国的发展奠定了基础。因此，亦无法否认赵紫宸的人格伦理有其学术上与实践上的价值，当然也无法免除历史的局限性。

第三部分　侯活士品格伦理与赵紫宸人格伦理之比较

第九章　两种伦理传统之会遇

　　在方法论部分已经探讨了比较之意义，旨在强调比较之方法能够清楚展示侯活士与赵紫宸品格（人格）伦理之独特性。同样基于比较之理论，笔者亦认同亚里士多德的"朋友如镜"论非常适用于进一步阐明比较的性质。[1]所谓镜子，它能够反照出我们自己的形象，而朋友则如一面镜子，能够映照我们自己的本相，帮助我们进深地认识自己。基于"镜子"理论之解读，笔者尝试将侯活士的品格伦理与赵紫宸的人格伦理视为彼此之镜子：一方面透过阅读侯活士与赵紫宸各自的文本去理解他们的伦理思想；另一方面则把他们作为彼此之镜以便反思各自伦理学的传统。由此通过对他们双方理解的增进，从而跨越文化的界限，能够较准确全面地展现他们各自伦理思想的独特性。同时，指出各自伦理实践主张在不同文化语境下实现，或者借鉴之可能。

　　鉴于此，本论文前八章已经分别探讨了侯活士和赵紫宸各自伦理的主要概念，以及其伦理建构的不同语境与方法。毋庸置疑，二者各自的伦理传统都有其自身的语言与概念体系，各自的文化与社会语境，同时这塑造了他们各自处理道德问题的视角差异性。但是，二者作为新教伦理学家，均是从新教德性伦理之大传统去建构各自的伦理观念，这又构成了他们共同拟定伦理基础的相似性。不仅理论如此，笔者实际透过对二者文本的仔细阅读与引述，确实发现了他们双方彼此询问与对话之焦点，亦洞察到彼此会遇相撞之火花。无论该焦点与火花有多大或多小，它们确实帮助我们理解品格（人格）伦理之重要性与价值。尤其帮助我们更好地理解品格（人格）伦理在当下，尤其在当下中国语境的现实意义。

1　余纪元，《德性之镜：孔子与亚里士多德的伦理学》，第 5 页。

因此，为了具体地展示二者伦理学之相似相异处，以下章节笔者将逐步比较侯活士与赵紫宸伦理学展开语境、发展目的、建构内容、圣经诠释与神学基础之议题，以进深探讨二者伦理学之独特性。

9.1 伦理展开之语境

侯活士与赵紫宸都是从基督新教立场来探讨基督徒的道德生活，且强调信仰对信徒群体道德生命塑造之意义。对双方而言，两者的中心问题都涉及基督徒的信仰生活是什么样的，或者信徒应该成为怎样的人。更确切地说，二者的伦理学都通过关注品格（人格）来回答该中心问题。然而，它们却用不同的术语，不同的方法陈述了此问题。

就侯活士的品格伦理而言，基督新教叙事的内容塑造了信徒群体的道德生活，而视景则帮助信徒正确地观看世界，从而塑造信徒的品格。具体地说，基督新教的叙事揭示了上帝在历史中的行动如何体现了其圣洁品格，以及耶稣基督道成肉身的生活与事工则如何启示了和平品格之可能。因此，作为上帝的子民，以及耶稣基督的门徒，信徒群体需要效法其圣洁与和平，从而成为有品格之人。

就赵紫宸的人格伦理而言，基督新教的术语与内容表达，弥补了儒家伦理思想之不足。确切地说，主要是耶稣基督的教训与生活更好地展现了有人格的道德生命之典范。因此，中国儒家伦理思想需要从基督新教获得补足，要求信徒跟随耶稣，以其人格为榜样效法他，从而成为有人格之人，并达致社会，以便在地上建立一个理想的道德秩序。[2]

由上可知，侯活士与赵紫宸的伦理学分别以品格、人格来指称。但是，它们共同关注的中心问题却始终一致，即，"信徒应该成为怎样的人"。然而，二者以行为者为中心的两种伦理学为何有此不同的指称，它们又是如何演变

---

2 1950年，在中国解放后，赵紫宸仍然相信基督教对中国建设的独特贡献，相信人格是建立地上完美道德秩序之基础。赵紫宸说，"中华人民共和国的新政权是真心真意为全国人民，尤其是劳动劳苦的大众，谋利益，谋幸福的。新政权所走的路子，所定的方向是对的；不这样中国是不能上轨道而成为独立、民主、和平、统一、富强的国家的。它所欠的就是不信上帝……因此，我们要在实际的工作上配合新政权，拥护新政权，为新政权祈祷……我们各宗派要联合起来在实际服务人民的事工上，一致表显基督的精神……我们的教会决不可以作与社会脱节的教会"。参见，文庸等编辑，《赵紫宸文集》，卷四，第137页。

发展，或者如何由各自的传统所塑造而成，从而导致这种分歧。笔者认为，需要将它们置于西方德性伦理传统，以及新教[3]与儒家两个传统下对人格之理解的语境中加以剖析，以回答这两种伦理学的相似性与差异性。具体地说，笔者将比较侯活士与赵紫宸伦理学各自最基本的问题与方法论，并解释它们如何被自己相应的文化、社会背景与神学传统所塑造。

9.1.1 侯活士伦理之语境

侯活士品格伦理的建构始于对当代西方伦理学之批判与反思。侯活士与麦金泰尔联袂共同质疑当代伦理的理性主义。他们指出，当代道德论证受启蒙运动影响，逐渐抛弃了亚里士多德与阿奎那的美德伦理传统，却在伦理中倡议道德理论的客观性，认为道德判断的客观性必须建基于理性之上。理性遂被设定为人的美善本质，而人的品格和德性（virtue）则被视为相对性和偶发性的，不能作为伦理选择的基础，遂被边缘化。[4]然而，仅仅倚重理性所带来的道德困局却又成为现代社会问题的症结。因此，要解决该问题就必须重新发扬美德伦理传统。基于此，侯活士批判性地借鉴亚里士多德、阿奎那和麦金泰尔等学者的德性论去重构基督新教品格伦理，以及重新强调品格在伦理抉择中的重要性。

由此可见，侯活士的品格伦理建构并非空穴来风，它建立在已有的德性传统基础上，并进一步发展之。换言之，其品格伦理理论一方面借鉴了大量的西方德性伦理知识；另一方面又着重在新教神学伦理的框架下补充以德性和品格为起点的基督新教道德生活反省的内容。简言之，其品格伦理既奠定在先辈的德性伦理基础上，又拓展于对旧有伦理局限之批判上。因此，侯活士的品格伦理建立了一套较为成熟完整的理论。尽管他始终否定自己在建构一套伦理体系，毋庸置疑，他实际确实建构了一套比较完善的新教品格伦理学。并且，在新教领域内外引起了学者等的广泛关注，甚至"被称誉为新教德性伦理复兴的表表者"。[5]

---

3 需要指出，这里的新教特指十九世纪美国新教。因为赵紫宸的人格概念与人格伦理学正是受美国十九世纪的品格观念影响的。

4 Stanley Hauerwas, *The Peaceable Kingdom: A Primer in Christian Ethics*, pp. 10-13; Alasdair MacIntyre, *After Virtue: A Study in Moral Theory*, pp. 36-78；曹伟彤，《叙事与伦理：后自由叙事神学赏析》, p. 104.

5 Jean Porter, "Virtue Ethics," In Robin Gill ed., 2012, p. 98.

该称誉实至名归，从新教伦理的发展而言，由于强调罪的严重性，较忽略德性伦理之探讨。尤其是路德，他认为人在犯罪后彻底堕落，且丧失了上帝的形象。由此，人无法实践有德性之活动（效法上帝）而成为有德性之人。即使行为者从事德性之活动亦仅仅是外在的模仿，而无法从外在行为转化为内在的更新。由此，路德解释德性仅仅是上帝爱的恩赐（gift），而不是通过培养获得之道德成就。因此，路德反对亚里士多德德性伦理对新教伦理之意义。他否定行为者的外在行动能够带来其内在的转变，从而造就有德性之人。[6]与此相反，路德强调人的转变，以及德性之塑造仅仅是上帝恩典下之产物。

不难看出，路德的观念对新教德性伦理之发展产生了负面影响。从整个新教伦理历史来看，基督新教伦理学很少关注德性伦理，且对此论述不多。较之，却主要强调用诫命来塑造信徒的道德生活。因此，新教神学伦理学家古斯塔夫森总结，在新教的语境下，神学伦理学的主要任务是反对基督徒把通过自己的信仰所塑造的生活与获得的恩典混淆起来。因为前者属于人的经验范畴，这尽管与超越的上帝有关，却不能等同于上帝的恩典。[7]换言之，如果认为基督徒的道德生活是信仰塑造之结果则可能违背恩典之理论。由此，基督新教伦理学并不像天主教伦理学那样关注德性伦理。

然而，该看法却逐渐受到质疑。古斯塔夫森提出，"神学伦理学可能最好集中在品格和德性上，以展示基督徒道德存在之本质"。[8]正是该建议极大地启发了侯活士对品格伦理之思考与建构，侯活士指出，"受益于古斯塔夫森之思考，我认为，我们对上帝的认识与我们对自己的认识是彼此关联的（correlation），且加尔文已经清楚地展示了它，而该关联性可能最好用品格与德性来表达"。[9]基于此，侯活士研究亚里士多德与阿奎那的德性伦理，他发现以行为者为中心的德性伦理尽管强调自我的主动性。但是，这同时是在恩典下，信徒才能够发展积极主动向善的自我，以及他／她能够顺服上帝的诫命，不断重复善的行动，且培养自己内在的善之品格，以此过像上帝一样圣洁的生活。[10]由此可见，侯活士并不否认原罪。但是，侯活

6　Jennifer A. Herdt, *Putting On Virtue: The Legacy of the Splendid Vices,* p. 174; p.180; p. 193; p. 195.

7　James M. Gustafson, *Christian Ethics and the Community,* p. 13.

8　Stanley Hauerwas, *The Peaceable Kingdom: A Primer in Christian Ethics,* p. xxi.

9　Stanley Hauerwas, *The Peaceable Kingdom: A Primer in Christian Ethics,* p. xxii。

10　Stanley Hauerwas, *Character and the Christian Life: A Study in Theological Ethics,* pp. 2-3.

士亦强调，基于恩典论与自我的主动性，信徒有向善之可能。因此，信徒品格之塑造并非不可能。

基于此，侯活士的品格伦理突破了新教伦理对诫命与恩典对立之看法，从而积极引领了新教德性伦理之复兴。

9.1.2 赵紫宸伦理之语境

对赵紫宸而言，其人格伦理缘于当时的中国语境。具体地说，20世纪初期的中国逐渐失去了儒家传统纲常名教的威信，儒家的精神传统亦逐步丧失。因此，世风日下，道德沦丧。赵紫宸认为，要拯救中国的命运，则需要从中国人的道德着手。于是，作为从小接受儒家思想教育的儒者，同时后来又皈依基督新教，并在北美接受严格神学训练之神学家赵紫宸，发现基督新教与儒家伦理思想有共通之处，可以彼此借鉴，甚至融会贯通。他解释，"儒家能够从基督教里发现生命的源头，而基督教则能够从儒家中看见自己真理的代表（agent of truth）"。[11]换言之，二者结合则能够发展一套适合中国语境的，切实可行的道德理论。基于此，受余日章人格概念启发，赵紫宸进一步发展了一套完整的人格伦理理论。并且，设定其伦理任务是要拯救个人，同时也要拯救个人生存的社会。[12]

因此，较之侯活士，赵紫宸的人格伦理建基于儒家德性伦理与新教神学之基础上。在赵紫宸的时代，尽管儒家传统纲常名教逐渐失去威信。但是，作为具有浓厚儒家背景的赵紫宸并不彻底否定儒家伦理思想对国人道德观念塑造之可行性。并且，以新教神学为参照，赵紫宸发现基督的精神正好能够弥补儒家伦理之不足。因此，赵紫宸尝试用基督新教的术语与内容来弥补儒家伦理思想之不足，以说明人格的内容与信徒建立人格之可能，以及人格伦理实现之基础。需要指出，赵紫宸的人格概念并非原创，而是源自余日章，余日章则又是从西方宣教士穆特获得之。但是，余日章与穆特仅仅是将该概念，以及简要的阐释传入中国，却未曾对此作出深入的说明，由此缺乏详实的理论基础。然而，赵紫宸却承接他们的基本思想，并进一步从基督新教和儒家理论出发，较完整地建构了一套人格伦理，这在其时代是难以比拟的。并且，它对今天的中国学界进一步发展新教德性伦理奠定了基石。

---

11 王晓朝编辑，《赵紫宸文集》，卷二，第253页。

12 王晓朝编辑，《赵紫宸文集》，卷二，第99页。

总体比较而言，侯活士与赵紫宸品格（人格）伦理的建构基础与语境不同。但是，二者在各自的语境中都成功构建了自己的一套伦理体系，并在其时代产生了深远影响，该影响方兴未艾。虽然继赵紫宸后，其人格伦理似乎并未得到其他学者的进一步发展，当然这受制于其特殊的时代背景。然而，当今的中国社会同样面临着诸多的道德困境与危机，不乏有学者推崇复兴德性伦理来解决道德问题。由此，赵紫宸的人格伦理理论或许可以作为一种探讨之基础。纵观赵紫宸的人格伦理，一方面他是在解决中国的道德问题，且是以中国人能够理解的观念来建构伦理思想，由此其伦理较能为国人认同并付诸实践；另一方面，他的理论确有其局限性，尤其在解释基督新教神学术语时主要跟随了当时美国十九世纪的神学传统。然而，赵紫宸伦理理论之局限性或许可以借鉴侯活士品格伦理理论来补足。毕竟，二者都在探讨德性伦理，并且，侯活士的新教品格伦理在很大程度上得到了学界内外的认可，他在一些伦理概念的讨论上更为深入，在一些神学议题的解释上更符合新教主流传统，能为赵紫宸推崇的人格伦理在中国的发展提供借鉴与参考。另一方面，在具体的战争与和平之道德议题上。笔者认为赵紫宸的和平实践与观念更具有现实意义，以及更符合现实语境，它或许能够为侯活士提供实践上之有效反省与借鉴。这正是本论文比较之现实意义与价值所在。

9.2 伦理发展之目的

侯活士的品格伦理思考的是，信徒群体如何才能获得圣洁与和平之品格，他通过视景、叙事，以及彼此关联的德性来作答；赵紫宸的人格伦理所关注的则是，上帝的人格与神人关系，上帝的创造与人的自我实现，以及上帝的人格特征（德性）。他通过对该类主题的阐释来说明信徒群体获得人格之可能。总之，两种伦理学都关注信徒的整体生活，以及关注他／她成为"像耶稣般"的信徒之道德生命质量。

然而，侯活士的品格伦理建基于异教哲学家亚里士多德，以及天主教神学家阿奎那与天主教哲学家麦金泰尔的德性伦理传统。并且，在此基础上构建了新教品格伦理。较之，赵紫宸的人格伦理则置于儒家德性伦理传统，却又揉合了新教的道德主张，可谓新教与儒家德性伦理之结合。因此，在具体讨论什么使得信徒成为有品格（人格）之信徒的观点上，二者既相似又相异。

　　侯活士品格伦理的一个基本观点是：信徒群体的信仰生活是以德性为中心的生活。换言之，德性的践行是信徒真实信仰生活的必要部分。而信徒群体的信仰生活存在一个最高的目的，该目的就是让信徒效法基督而真正成为耶稣的门徒，从而见证上帝和平国度。同样的，赵紫宸人格伦理的基本观点是：信徒群体的信仰生活是以德性为中心的生活。并且，信徒群体信仰生活之最高目的是效法耶稣，从而成为有人格之人，并达致社会，以便在地上建立一个完美的天国。

　　毫无疑问，赵紫宸的人格论实质上是社会中心论。赵紫宸不仅仅强调信徒的宗教性，更强调其社会性，指出信徒是群体中的个体。尽管赵紫宸指出，个体人格的造就在先，个体影响群体从而达致社会，改变社会。但是，从本质而言，社会整体又先于个体。因为个体脱离整体则失去了意义，个体只有在社会中才可能体现出人之为人之本质生活。而该生活就是人格生活。就人格的发生源而言，在于个体身上，而个人的人格实践又是一种社会的实践，因为个人只在社会中才能践行其人格。由此，以人格为中心的善之生活实质上是一定社会条件下的道德生活。简言之，信徒群体之道德生活是以其人格实践为中心的，而该实践却又不能脱离一定的社会条件。

　　较之，侯活士的品格论则是信仰群体论，而非社会中心论。换言之，侯活士仅仅强调信徒的宗教性，却不指涉其社会性。即便个体品格之塑造也是在信徒群体之中进行的，个体与信仰群体密切关联。较之，社会则对个体品格的塑造无关。

　　由此观之，在此意义上，赵紫宸的人格观更类似于亚里士多德的德性论。亚里士多德所言的德性生活，不仅指涉个体，而且指涉社会。个人与社会之终极目的在内涵上并没有实质性的区别。亚里士多德强调个人与集体的德性生活是同一的。而以德性为核心的社会实践，就是亚里士多德的理想城邦得以确立的根本原则，恰如个人生活是以德性为中心一样。依亚里士多德之见，社会德性生活的由来类似个人德性生活的由来。因此，有德性的城邦必然是在道德上最为优良的城邦。他把个人与社会相比较。认为人如不作善行终于不能获得善果，人如无德性而理智，终于不能行善；一个城邦也是如此。因此，一个城邦必须有人们称之为义士、达者与哲人的诸品格。即，要有勇敢、正义、理智等德性，才能达成善业，从而导致德性生活。[13]较之，赵紫

13 龚群，"亚里士多德的德性与社会的关系理论"，载《哲学与文化》，卷三，第八期，2003 年，第 24 页。

宸的人格伦理，同样指涉个体与社会，且个体与社会以人格为中心的道德实践相辅相成。换言之，个体需要具备爱（仁）、宽恕与忍耐之德性，而一个社会需要"圣人"、"仁者"的诸品格。如此才能建立一个有道德的社会。

然而，侯活士的品格伦理则缺乏该方面之向度。侯活士认为，建立个体与群体品格之目的不是要建构一个有德性之社会，而是帮助信徒在现实世界见证上帝和平国度之可能。因为人的堕落与罪性，而无法造就一个真正和平之国度。由此，试图透过塑造有品格的个体、群体以便建立一个道德的人类社会，且要求一个道德的人类社会为有品格之人所构成，这种伦理构想在侯活士而言无疑是不切实际的理想主义，甚至是空想。因为从人类历史发展至今，这种有品格之个体构成真正道德之社会并没有实现过，它不过是一种理论上之探讨，或者说，仅仅是学者对人类理想社会之憧憬。

为什么侯活士与赵紫宸伦理发展目的有如此分歧，这关涉到二者对人性论之不同见解。或则说，二者对该问题的不同解释：什么样的人才具有德性，或者说怎样才能使普遍个体（或者信徒群体）具有德性。笔者认为，赵紫宸总体上对人性的看法比较乐观。比如，他早期较忽视基督教的原罪观念，他对罪的理解仅仅在于，罪是指人违背道德上的责任。他解释，"人格的涣散就是人格的消灭，就是罪"。[14]因此，人必须努力向前，创新人格，消除罪，而这种向前的进程就是自救，因为上帝赋予了人自救之能力。[15]由此可见，赵紫宸并不强调罪的危害性，却对罪之消除持积极乐观态度，他甚至相信人能够自救。他解释，人的自由是人自救的基础，所谓自由主要指人的自由意志，它是善恶抉择之关键。基于人的善意志，人必须为自己的道德行为负责。然而，晚期，赵紫宸的神学思想发生转变，他开始承认原罪。赵紫宸指出，"人堕落了，违背了上帝的命令，人里面上帝的形象被罪恶蒙蔽了，损坏了，不复能服从上帝，亦不复能自拔于罪恶之中"。[16]但是，赵紫宸对人性的看法与早期一样持乐观态度，因为他仍然相信人有能力履行道德责任，从而塑造自己的人格。其原因在于，人性之中本含上帝的形像，且耶稣基督道成肉身启示了信徒如何顺命而作道德的行为。赵紫宸解释，

> 上帝创造人，按照自己的本性，自己的形象；所以人性里包蕴

---

14 文庸等编辑，《赵紫宸文集》，卷一，第 132 页。

15 文庸等编辑，《赵紫宸文集》，卷一，第 132 页；第 115 页。

16 文庸等编辑，《赵紫宸文集》，卷二，第 559 页。

着上帝的命令，顺性而行，即是顺服上帝的命令，逆性而行，即是违背上帝的命令。人堕落了，违背了上帝的命令，人里面上帝的形像被罪恶蒙蔽了，损坏了，不复能服从上帝，亦不复能自拔于罪恶之中。上帝乃入世成身，启示圣范，使人看见道德命令的尊严，也使人知道罪恶的深重。入世成身的上帝在耶稣基督里显明出来，启示着上帝的本性，颁布着上帝的命令，一则要再申命令，一则要在人生活里再造上帝的形象，使人顺命而作道德的行为，至于成全上帝的旨意。所以耶稣基督的启示，即是上帝命令的表显，亦即人性本质的表显。人性之中本含上帝的形象，本蕴上帝的命令，本有道德律。人不外于道德律，道德律不外于人，二者相函，原为一体，所以人遵循道德律，即是顺性，即是由自己，即是自由。[17]

从赵紫宸的阐释而言，人的堕落不是全然无可救药的。因为人有上帝的形像，人性里包蕴着上帝的命令，凭借耶稣基督道成肉身的启示，它能够使人重见道德命令的尊严，也使人知道罪恶的深重，从而建构人有道德的行为。并且，在此意义上，赵紫宸还解释这其实与中国的圣哲理论相似。赵紫宸指出，

《中庸》开首即说："天命之谓性。"孟子则有良知良能的议论，说是非之心，人皆有之。意思就是说，人须作道德的行为，因为人的本性须要如此作。他竟更进而说善养浩然，人若善养而不害性理，且可察知这浩然之气，充塞乎天地之间。张载《西铭》里则直截地说："天地之帅吾其性。"诚如是，则上帝的命令种在人心里，上帝的形像造在人性里，是人可以经验到，省察到的。[18]

由此可见，赵紫宸晚期虽然承认原罪。但是，却不完全否认人有行使道德之能力。并且，基于人性蕴含上帝的形像，本蕴上帝的命令，本有道德律之观点，赵紫宸亦不强调罪的危害性。正是基于该人性观，赵紫宸认为，尽管人性并不完善，但人有接受德性的能力，它体现在人能够通过不断循环往复的实践活动而获得某种德性。正如人们做正义的事情，才能成为正义者。因此，人的自然人性能够得到德性之改造和自由意志的引导，人的道德实践（或者"习惯培养"）能够改变人的天赋，并在理性之作用下达到人性的完善

---

17 文庸等编辑，《赵紫宸文集》，卷二，第559页。

18 文庸等编辑，《赵紫宸文集》，卷二，第560页。

和道德的至善。并且，不同的道德实践养成不同的德性。因此，赵紫宸解释，"人不能直接为品格而求品格；志于客观的善，努力赴之，品格乃不期然而成立，而成立之时，恰是善意志的结果，但不是直接管理的结果"。[19]由此可见，赵紫宸对人性的发展持乐观态度。当然，这并不意味着赵紫宸完全否认他力他救。他解释，"上帝无量的生命，激荡在人心里，使人与上帝全心协助，努力地将他的同类从罪恶中救出来"。[20]换言之，在上帝之帮助下，信徒能够成为有人格之人。

较之，侯活士则强调人的原罪，以及罪带来的危害。他指出，"我们的罪在于不信那位满有恩典的造物主；我们身陷于罪，乃至以为自己的品格就是自己的特殊成就"。[21]换言之，侯活士否认个体能够成为道德完善之人，即便信徒能够成为有品格之人，这也是在上帝的恩典下。脱离恩典，则无品格可言。因此，侯活士的伦理目的与赵紫宸不同。并且，侯活士从未试图以个体为起点来建造一个有品格（善）之社会。相反，侯活士不断指出人的罪性与有限性，强调信徒唯有忠心地见证上帝和平国度，而不是企图改变这个现存的世界。

由此可见，基于对人性的不同态度与理解，侯活士与赵紫宸发展了两种不同的伦理目的。然而，尽管侯活士与赵紫宸对人性论持相异看法。但是，二者却都采取了一种基于人性的进路来发展各自的德性伦理学，且他们都设定信徒品格（人格）之塑造与上帝的恩典密切相关。

9.3 伦理内容之构建

侯活士与赵紫宸伦理学的总体框架相似--都以行为者怎样过一种德性的生活为各自的进路。总体而言，侯活士与赵紫宸都认为，信徒应该成为怎样的人都需要通过品格（人格）谈起。他们都强调品格（人格）不是天赋、命定或者自发的，而是后天培养形成。确切地说，它是一种习惯，该习惯一旦养成具有持久性与稳定性。换言之，品格（人格）意味着一种不可轻易更改的特性。如果一个人要成为有品格（人格）之人，重要的是他／她必须是出

---

19 文庸等编辑，《赵紫宸文集》，卷一，第 363 页。

20 文庸等编辑，《赵紫宸文集》，卷一，第 132 页。

21 Stanley Hauerwas, *The Peaceable Kingdom: A Primer in Christian Ethics*, p. 48.

于一种确定的、稳定的习惯而选择（行动）。如此往复，该习惯则成为自然的事情。正如一个正义者将倾向于做正义之事，而不会违背正义之习惯，因为通过循环往复的培养过程，"正义"已经内化为其稳定的品格。尽管如此，侯活士与赵紫宸都不否认特定的社会、环境可能对品格的形成产生影响。但是，他们反对纯粹的环境决定论。因为行为者的主动性始终占主导，虽然不可否认行为者的有限性--这主要体现在行为者可能受外在文化背景的影响。然而，这种有限性仅仅是一种限制，而非决定。

并且，侯活士与赵紫宸强调，在品格（人格）的形成过程中，行为者的情感与理性扮演着重要角色，即，人的品格是其理性与情感的结果。那么，如果一个行为者偶然的，或者不情愿地做正确的事情，其善行并不反映主体自身。因此，在品格（人格）伦理中，某种行为的善，是内在于品格本身的，即，是由品格的善所决定的。换言之，该行为的善不假外求。

再者，侯活士与赵紫宸都主张德性的一致性（The unity of the virtues）。所谓德性的一致性，主要指个别的德性不能单独存在，它们彼此密切关联。比如，我们具备其中任何一种德性（virtue），同时也就会拥有其他各种美德。换言之，各种德性彼此之间不可能冲突，因为每一种德性都是一种善，善只可能与恶有冲突，而善与善之间是不可能发生冲突的。然而，善与善本身之间不会有冲突，却在面对各种善的价值选择时，可能有先后的优先秩序。[22]

毋庸置疑，在侯活士与赵紫宸的品格（人格）伦理中，二者各自构成品格之德性有相同亦有相异，且各自的德性有先后的优先秩序。就侯活士而言，作为耶稣的门徒，信徒群体见证和平国度之同时又需要接受现实中的悲剧，即，接受这个已然未然的现实世界中的种种局限与苦难。由此，群体必须具备宽恕、爱、友谊、忍耐、盼望之德性。其中，宽恕、忍耐与盼望是主要德性。换言之，没有该主德则不可能见证与达致和平国度。因此，和平国度的实现以宽恕、忍耐与盼望为主要原则。侯活士如此理解信徒的主德，主要受尤达的影响，也与其对《圣经》的诠释相关。

就赵紫宸而言，基于耶稣基督的教训与生平，圣洁与和平之人格至关重要，若要达致之，个体与群体必须具备爱（仁）、宽恕与忍耐之德性，它们是基督徒道德生命之标志。其中，爱是主要德性。但是，仅仅具备爱、宽恕与

---

22 黄藿，"从德行伦理学看道德动机"，载《哲学与文化》，第卅卷第八期，2003年，第 17 页。

忍耐之德性尚不足够。因为正义（义）的德性同样不可或缺，这对于回应二十世纪初期正处于内忧外患之境遇的中国而言，尤其具有现实意义。因此，在赵紫宸对德性之论述中，反复强调的是爱与正义。他把爱与正义视为个人德性中的核心德性，或者说，是一切德性的总汇。这与他对当时中国现实境遇的反省相关，同时亦与他对《圣经》经文的诠释，尤其是对耶稣基督生命事工的理解不可分割。

比较而言，二者的伦理学都主张爱、宽恕与忍耐之德性。并且，二者的德性论都没有区分有关个人自身的德性与有关社会的德性。但是，二者所强调的主德却不同。侯活士认为，宽恕、忍耐与盼望是主要德性；赵紫宸则指出，爱（仁）是主要德性。基于不同的主德，信徒在具体实践中的表现也各异。当然，对主德的不同强调，也体现了二者对品格、人格伦理任务之不同设定。尤其需要指出，二者对"爱"之德性的理解与诠释存在较大分歧。因为赵紫宸所言的"爱"揉合了基督教的"爱"与儒家的"仁"（仁爱）之观念。相对于侯活士仅仅从基督新教角度诠释的"爱"有所不同。

具体地说，"仁"是儒家（孔子）伦理学中最重要，却又是最难以理解的概念。《论语》中作为全德的"仁"和作为特殊德性的"仁"之间的区别很重要。比如，

> "仁"被描述为一种孕育了其他特殊德性或性格特征的全德，并因此是一种整体德性和总括德性（简言之，"仁"是全德之名）。"仁"包括智（《论语·公冶长》，第十八节）、勇（《论语·宪问》，第五节）、孝（《论语·泰伯》，第二十一节）、忠（《论语·公冶长》，第十八节；《论语·微子》，第一节）、礼（《论语·颜渊》，第一节）、"恭，宽，信，敏，惠"（《论语·阳货》，第六节），等等。"仁"甚至被说成比一个人的生命还重要。然而，在许多地方，"仁"又是一种特殊德性，它不同于其他的各种特殊德性，比如勇（《论语·子罕》，第二十节；《论语·宪问》，第二十八节）、智（《论语·里仁》，第二节；《论语·雍也》，第二十一节；《论语·子罕》，第二十节；《论语·宪问》，第二十八节），以及信、直、毅（《论语·泰伯》，第八节）。在此处，"仁"可以被认为独立于智和勇。其特殊的含义与爱和慈有关，被称为"仁爱"。换言之，"仁"与仁慈或慈爱质量有关。由此，为区别作为全德的"仁"和作为特殊德性的"仁"，余纪元将前者译为

"人的优秀"，[23]后者译为"仁爱"。作为"爱"或者"仁爱"的"仁"虽然不是总体德性之"仁"，它却是该总体德性之"仁"的最重要的方面之一。[24]

就赵紫宸而言，他所谓的"仁"有以上两种含义。但是，在具体论及特殊德性时，他主要强调狭义的"仁"，即，"仁爱"--对他/她人怀有爱、关怀和仁慈。不仅如此，赵紫宸还将儒家的"仁"与基督教的"爱"结合，主要强调信徒对他人/她人的关怀与慈爱。赵紫宸解释，

> 义礼智信廉让勇耻等德皆是"仁"人的道理在人人相接的各方面发出来的德行……我们或者可以说中国伦理的实体是仁，仁的根本是孝弟。(《论语》谓"孝弟也者其为仁之本与？")"万物本乎天，人本乎祖"，有祖父而后有我，我即有善继善述为本分。有我而亦有我的兄弟姊妹，同胞共与，我即对于人对于物有莫大的责任。[25]

> 社会是浑然一体的组织，以家庭为单位，以两性为造端，以友谊为灵魂，横贯在当中。基督教社会思想，与中国固有的社会思想是一样的，都要将家庭的伦理，--孝悌的爱，--推放在大团体里……《约翰一书》三章十六至十八节；又四章二十至二十一节说，他为我们舍性命，我们从此便知道爱的意义，我们也当为弟兄舍性命。凡系占有世界上的财物，见弟兄的穷乏而封锁心门的，上帝的爱，如何能存在他的心里呢？亲爱的小子们哪，不要只在言词唇舌上表示爱，总要将爱从行为上实际上显出来……人若说，"我爱上帝"，却心恨弟兄，他便是撒谎的人，因为人不爱可以看见的弟兄，决然不能爱从未见过的上帝。[26]

由此可见，赵紫宸将儒家的"仁"与基督教的"爱"结合，主要强调信徒对他人/她人的关怀与慈爱。较之，侯活士则仅仅从基督教的观点来讨论"爱"之德性。除此之外，二者在"爱"之德性上的分歧还在于他们圣经诠

---

23 所谓"人的优秀"是对应于亚里士多德的"virtue"（德性）和"excellence"（优秀）成为"aretē"的可替换译法。参见，余纪元，《德性之镜：孔子与亚里士多德的伦理学》，第56页。

24 余纪元，《德性之镜：孔子与亚里士多德的伦理学》，第56页；150页。

25 文庸等编辑，《赵紫宸文集》，卷三，第274页。

26 文庸等编辑，《赵紫宸文集》，卷一，第400页。

释方法上的差异（详细参见十章）。比如，侯活士在讨论"爱"时，反对将经文作为规则、原则来使用，而主要从以色列人与耶稣基督的故事来阐释何谓"爱"；较之，赵紫宸则注重经文的原理，主要从经文归纳出"爱"之德性，且更注重经文与现实生活之互动。正是基于这种方法论上的差异，也导致了他们在处理诸如"爱仇敌"等观点上的分歧。

　　具体而言，侯活士在讨论"爱仇敌"时主要从耶稣基督在十字架上的牺牲来说明爱的真实含义。他解释，耶稣基督以自我牺牲的方式亲自展现了"爱人，包括爱仇敌"。基于耶稣基督的爱，"爱仇敌"意指不是报复仇敌，而是用爱来转化敌人。这正如耶稣在〈登山宝训〉中的教训。在侯活士而言，整篇〈登山宝训〉呈现的是天启特征（apocalyptic character），耶稣的教训是要求信徒忍耐，不可阻止敌人可能转化而成为天国的一员。因此，信徒的生活就是成为耶稣基督的门徒，实践耶稣般的爱，预备与敌人和好，接纳他／她成为上帝的子民。并且，这种爱也体现了信徒成为圣洁之要求。所谓成为圣洁就是要切实地实践耶稣基督如何爱仇敌。[27]基于此诠释，侯活士由始至终坚持绝对的和平主义。

　　较之，赵紫宸则不是从耶稣基督的故事来理解"爱仇敌"。他解释，"爱仇敌是原理，不是对付敌人的规则"。[28]并且，赵紫宸所理解的〈登山宝训〉仅仅是耶稣的人生哲学与伦理学。[29]尽管，〈登山宝训〉是指导信徒生活之标准，但它更是一种道德观念，一种人格精神。基于此诠释，赵紫宸在具体社会的实践中则放弃了绝对的和平主义观念。比如，在日本侵占中国时，赵紫宸指出，

　　　　恨仇敌，不如爱仇敌，因为恨要生出毁灭来，爱却能转毁灭为互助的生命。这好像是极简单的，但是各国已经走在与这相反的路途上，似乎不经巨创深痛，不经大多数的人觉悟，现在的野蛮局势是打不开的。不过世界在大转变之中，天地崩溃的时候，我们还当保全自己的与民族的信仰。基督徒应当加入战争么？对于这个问题，各人的看法不同。道义在那里，基督徒也应当在那里。加入战争是有道义的；不加入战争也是有道义的；道义这件东西，在这样一件大事上却不清楚屹立在任何一方面。所以基督徒应当参加战争与否

---

27 Stanley Hauerwas, *Matthew, Brazos Theological Commentary on the Bible,* p. 72.

28 文庸等编辑，《赵紫宸文集》，卷一，第276页。

29 文庸等编辑，《赵紫宸文集》，卷一，第231页。

确乎是极难的问题。不过有时候，我们要行为，要决心，要快刀斩乱麻；耶稣叫我们爱仇敌，也叫我们买刀。人之所贵，人之所恃，有甚于生命！[30]

> 仇敌必对我宣战，操刀挺戈，寻衅于我，我有人格是上帝所尊重的，我有国家是上帝所爱护的，我有家室是上帝交托于我，社会供给于我，而我用自己的人格所发展所维系的，我必自卫卫国，挺身而战！我战是保护国家的人格，是保护同胞的人格，是保护自己的人格，也是保护堕落人格的仇敌国尚有余剩的人格。我战不出于憎毒，是出于服从道德律，未始不是爱仇敌。我不能爱仇敌而让仇敌杀我；难道我爱仇敌，就不能自爱了么？[31]

赵紫宸所言，一方面肯定了"爱仇敌"的原则在于它能够转化敌人的生命；另一方面，他更认识到当"爱仇敌"与"爱他者／她者"相背离时，当"爱仇敌"却不能转化敌人的生命，乃至抑制敌人的大恶时，则"不必咬文嚼字，泥守章句"，即，可以采用武力等方法来抵抗恶。因为"爱仇敌"原理上不是用恶方法抵抗恶，乃用超于恶，终必胜恶的方法抵抗恶。[32]并且，恶之方法是为了实现拯救其他人的生命，这不违背爱人之原理。

由此观之，侯活士与赵紫宸基于对《圣经》诠释方法的不同理解，以及具体对〈登山宝训〉这些经文的不同处理。使得他们在理解爱之德性时有分歧，该分歧也影响他们在现实生活中的实践活动。

因此，以上通过伦理展开之语境、伦理发展之目的，以及伦理建构之内容三方面比较了侯活士与赵紫宸品格（人格）伦理之异同。透过比较，基本清楚地展示二者伦理学之独特性，而该独特性正好反映了比较研究方法之价值所在。具体地说，以二者伦理学彼此为镜而展开的相互询问，我们发现侯活士在伦理建构的体系上更为完善，而赵紫宸则相对薄弱。当然，这与二者的建构基础和时代背景密切相关。换言之，赵紫宸的伦理学有其时代局限性。但是，以侯活士的品格伦理为鉴，恰好为赵紫宸提倡的人格伦理在今天中国的继续发展提供了思考之方向。因为，二者都认同伦理学应该以品格（人格）为起点来思考，其共识性与关联性比其他学者更近。

---

30 文庸等编辑，《赵紫宸文集》，卷一，第 429-430 页。

31 文庸等编辑，《赵紫宸文集》，卷一，第 276 页。

32 文庸等编辑，《赵紫宸文集》，卷一，第 266 页。

最后，在比较中发现，更为现实的意义在于，伦理是一门实践之学问，具有相当的实践价值。因此，二者各自除了为其时代的社会现实提供了丰富的伦理实践理论之外，并对一些共同的道德热点问题展开了详细讨论。诸如，面临战争，信徒当如何实践和平之品格（人格）。同样基于圣经与神学之原则，二者却提出了不同的实践论，时过境迁，历史似乎已经证实了在该问题上的孰是孰非。然而，不可否认，该问题却又在今天的不同现实语境中再现，并愈演愈烈，引起诸多讨论。由此，基于二者的伦理原则与实践主张，谁的伦理学说更对当下有指导意义。这需要我们再次回到二者的伦理学说与道德议题讨论中去获得答案。

第十章　品格伦理与人格伦理理论之比较

在前面已经讨论侯活士与赵紫宸的伦理学方向一致--都是德性论之进路，且都关注信徒如何效法耶稣基督，从而成为有品格（人格）之人。这是二者重要的相似点。尽管如此，他们的品格（人格）伦理学又来源于不同的文化和社会背景，且各自的伦理学体系有其自身的语言和概念体系，以及《圣经》基础。因此，二者伦理学具有差异性。但是，这并不意味着它们不可通约。因为他们的伦理思考都关涉到"如何成为一个有品格（人格）之信徒"。基于此，在下文将从概念辨析，以及品格与人格之建立两方面来分析二者伦理学之异同。

10.1 概念辨析：品格与人格

10.1.1 品格

侯活士的品格伦理始于对启蒙以来，以目的和义务为中心的伦理学之批判。并且，其品格伦理建立在亚里士多德、阿奎那和麦金泰尔等学者的德性论基础上。因此，侯活士的品格伦理描述的是"以行为者为中心的伦理学理论"，主张道德问题应该思考"我们应该成为什么人？"，重点关注行为者的品格，关注一个有品格之人的选择。基于此，侯活士定义，

> 品格是行为者自我主观能动行为的形式，它由行为者确定的信仰、意图和行动构成。透过该信仰、意图和行动，行为者获得了道德历史，这道德历史符合其作为自我决定的存在者之本质。[1]

具体而言，侯活士以行为者为中心来讨论伦理，主张从品格、历史、信仰等方面来观察行为者的行动。他设定行动和行为者之间有一种螺旋运动的逻辑关系，即，行为者通过确定的信仰、意图等塑造其行动。这行动揭示行为者曾经是怎样的人，说明行为者受其行动影响，在行为者所行所思的过程中，行为者形成了持久的性向，确定行为者可以成为其所是的样子。换言之，行为者塑造行动，行动又塑造行为者。但是，行为者是怎样的人与这行为者的行动之间的关系是通过道德品格来建立的。道德品格说明行为者的生活不是由决定构成，而是通过行为者的信仰、故事和意图塑造而成。道德品格揭示自我不能站在历史或者偶发性因素之外。因为，行为者受其行动影响，在选择和行动的过程中，行为者已经成为确定类型的人。换言之，行为者已经形成确定的道德品格。这道德品格又揭示自我是历史的自我，因为自我是通过历史的主观能动行为来确认的。同时，在历史的主观能动行为中，行为者的道德品格不断被揭示和限定。

在侯活士的品格定义中，他强调行为者的主观能动行为，是行为者主动选择一种品格，尽管选择的主体可能受到自身背景，如信仰、理性、动机的影响。但是，主体的主动性居于首位；再者，侯活士强调行为者不能站在其行动之外，即，行为者是通过主动选择一种品格，而成为怎样的人（成为其所是）。因此，他／她在行动中就获得了道德的历史或者品格；此外，侯活士强调品格与主观能动行为的一致性。换言之，行为者基于确定的意图和信仰做出选择，这意指行为者知道自己的行动，而不是从旁观者的角度来解释自己的行动具有某种目的性，且这种选择塑造了品格。与此同时，具有该品格的行为者在未来的行动中，会倾向于依据之前的选择来行动。即，行为者能够决定其未来的行为，以及超越当下的行动。这体现了品格、行动和主观能动行为的关联性与一致性。并且，行为者的这种品格不是自发的，它必须通过培养而获得。正是从该意义而言，侯活士定义品格是我们自我主观能动行为的形式。

---

1 Stanley Hauerwas, *Character and the Christian Life: A Study in Theological Ethics*, p. xx.

由此可见，侯活士的品格观是纯粹的西方哲学概念。它建基于亚里士多德、阿奎那和麦金泰尔等学者的德性论上，并在此基础上侯活士更加深入地阐释了行为者主观能动性这个重要概念。侯活士认为，行为者的主观能动性体现了行为者主动选择道德品格的能力，并强调行为者能够持续依照此品格作出相应的道德行动，这在品格的形成中至关重要。

此外，在侯活士的品格概念中，他仅仅探讨个体与群体的品格如何形成与形成之可能，并不提及个体与群体品格之塑造与建立一个有品格之社会有关联。对此，侯活士探讨的品格概念与赵紫宸的人格概念有别。当然，这种差别与二者不同的文化背景和学术背景密切相关，更与二者所处的社会语境相关。因为二者所处的时代不同，面对的社会问题也相异，这导致他们在具体的理论建构和解决现实道德问题的思考上有所不同。但是，仅仅在此方面的理论差异并不影响他们探讨品格（人格）概念本身与实践道德议题的关联性。

10.1.2　人格

赵紫宸认为，基督新教的道德行动目的就是建立个人和群体之人格，从而达致社会，塑造社会和政治生活。换言之，赵紫宸的人格伦理建构目的是，以个体的人格发展为起点，最终要求达致社会，从而建立一个有人格的社会。因此，其人格理论涵盖的外延相当广泛。基于此，赵紫宸对人格概念有独特的理解，他解释人格为，

> 人格也者，无他，乃人生生活进程中，因求适事理的动作而发生的统一态度与行为而已。西谚说，"种一思想，获一动作；种一动作，获一习惯；种一习惯，获一人格；种一人格，获一归宿。"具体而言，吾人有生以来，即有个人与环境两方的交触。个人有内部的欲求，故必须动作，而适应环境。人境两方得到一种调剂，故生命得以发展，久而久之，人类生了一种觉悟，知道事皆有理，物皆有则；违反理则，生活必受亏损，或致消灭。人既知此，乃竭力使内部的要求适合事物的道理，人伦的法则，以致造成了一种习惯的态度与行为。在个人内部，有了统一组织的欲求；在个人的互触，有了一定的标准与规范。内而人心，外而事物，莫不得有条理，按有次序，而在个人，则有了人格。[2]

2　文庸等编辑，《赵紫宸文集》，卷三，第 173 页。

就赵紫宸的人格定义而言，它更具有中国哲学的特征。因为其人格概念与中国传统德性伦理的建构相关。其人格、人格伦理建构之立足点更像是一种为道德而道德，以利他（有利于社会）为行为目的之精神境界。因此，赵紫宸定义的人格概念，更强调行为者与环境（社会）的密切关系，主张二者可以相互调剂，彼此补足，甚至人格之建立是为了达致一个更美好的道德社会。对此，在侯活士的品格概念中显然缺乏该观点。侯活士探讨的品格概念仅仅局限于个体与相关的特殊群体，并不由此发展或者延伸及相应的社会。由此看出，侯活士的品格伦理学与中国传统德性伦理学内容有差异。当然，这种差异体现了中西方德性伦理学之别。但是，该区别并不影响对二者伦理学之比较。因为，它们有更重要的相似之处--都是基于德性伦理之传统，都在品格（人格）概念理论探讨中，强调行为者的主观能动性，强调行为者与行动之间的逻辑关系，以及行为者的品格／人格不是自发的而必须通过培养而获得。换言之，在这些基本概念内容上，二者的观点一致。

10.2 品格与人格之建立

侯活士与赵紫宸探讨的是基督新教品格（人格）伦理学。《圣经》，主要是《新约圣经》在他们各自伦理学的建构中极其重要。尤其是在和平与圣洁品格（人格），以及爱与宽恕之德性的阐释上，他们主要倚重于《圣经》文本。在对二者圣经诠释的比较中，我们将发现，他们都十分强调〈登山宝训〉中耶稣的教导，并对其持有不同见解。正是基于这种不同的理解，他们在具体实践和平（品格）人格上有所差异。当然，该差异一方面源自他们二者对经文之不同诠释，另一方面亦与他们各自的神学传统密切相关。在以下部分，笔者将对此给予详细分析。

10.2.1 侯活士的圣经观

侯活士强调群体之圣洁品格，因为群体作为基督教叙事的延续者，其圣洁的生命尤其重要。但是，何谓圣洁，又如何成为圣洁之子民，侯活士的论证建基于他对《圣经》之诠释；再者，侯活士着重群体和平之品格，其原因亦在于他深受属灵导师尤达之影响，[3]尤达强调耶稣的生活和事工，认为耶稣

3　William Werpehowski, "Talking the Walk and Walking the Talk," p. 241.

的事工不能与正义与和平的政体分割，而这正义与和平又特指耶稣道成肉身在地上展现和倡导之正义与和平。尤达强调，"必须统一耶稣的伦理与教会的伦理，强调耶稣在十字架上死亡的现实意义。如果只是将耶稣的死亡作为形而上的救赎，则将割裂耶稣的伦理与教会的伦理。并且，耶稣基督建立了新人类--一群和平的子民"。[4]基于此，耶稣的非暴力抵抗，尤其在十字架上的非暴力代价，以及复活对其所行之路的确认都是重要主题。在此立场上，侯活士与尤达的论点极其相似。然而，如何根据《圣经》获得此论点，侯活士与尤达在诠释方法上却各异。

尤达认为，群体正确理解《新约》对耶稣的描述，则能够明白教会生活的规范；侯活士却认为，教会必须首先是一个真实和平的群体，才能够正确理解《新约》对耶稣的描述。由此可见，二者对于《新约》理解的先后秩序有所不同。并且，侯活士强调该先后秩序至关重要，他引述亚他那修（Athanasius）的一段话来说明，

> 对寻求正确理解经文的信徒而言，他／她必须具备良好的生命与纯洁的灵魂，且让信徒的美德引导心灵，在人性所及的范围内领悟上帝话语的真理性。信徒除非有纯洁的心灵并尝试效法圣徒的生活，否则不可能明白他／她的教导。正如任何人想要观看阳光，就必须首先洁净眼睛，以达到所能观看的最高纯净度；任何人想参观一座城市，或者一个国家，就必须亲临此地。同样的，任何人想要理解圣言书写者之想法，就必须首先洁净其生活，透过效法其生活而认识他／她。[5]

侯活士引述该段话旨在说明，顺服先于理解，且信徒的品格十分重要。[6]由此，侯活士以信徒品格为诠释之条件，强调信徒群体在诠释《圣经》之前，

4　John Howard Yoder, *The Politics of Jesus: Vicit Agnus Noster*, pp. 96-100. 尤达在《耶稣的政治》一书中，主要从福音书的故事探讨耶稣的教训和事工的道德结果。他认为，耶稣的生活、死亡和对上帝国度的宣讲具有政治含义，他展示了基督徒生命的主要规范是一种不抵抗的爱，即，是和平的、非暴力的规范。因此，尤达让侯活士认识到非暴力与基督教息息相关。参见，Stanley Hauerwas, *Hannah's Child: A theologian's Memoir*, p. 60.

5　Stanley Hauerwas, *A Community of Character: Toward a Constructive Christian Social Ethic*, p. 36; Stanley Hauerwas, *Unleashing the Scripture: Freeing the Bible from Captivity to America*, p. 37.

6　Richard B. Hays, *The Moral Vision of the New Testament: Community, Cross, New Creation: A Contemporary Introduction to New Testament Ethics*, SanFrancisco: Harper SanFrancisco, 1996, p. 255.

首先要成为一个有能力聆听《圣经》中关于上帝故事的群体，且能够活出忠实于该故事的生命。[7]简言之，唯有当我们成为这样的群体，才能从耶稣的故事中获得道德指引。如果群体置身于教会传统外阅读《圣经》，他们／她们只能让《圣经》成为不同于教会政治（the politics of the church）的另一套政治意识形态。[8]换言之，"在教会传统外阅读《圣经》将助长信徒个人主义，自我陶醉，以及暴力的倾向"。[9]对此，侯活士以北美基督徒群体为例，批判阅读《圣经》的错误方法。他批评，

> 大多数北美基督徒设定他们／她们有责任，亦有权利来阅读《圣经》。但是，我挑战这种预设。教会至为重要的任务是，需要从其手中拿走《圣经》。让我们不要再把《圣经》交给那些升入三年级，自认为已经是成熟年龄的孩子们。我们要告诉这些孩子，以及孩子的父母，独自读经的习惯并不可取，不应该鼓励人们再如此行。[10]

换言之，唯有被上帝国度的故事所塑造之群体才能够正确的阅读《圣经》。[11]需要指出，侯活士强调群体性阅读《圣经》之重要性，以及阅读者与文本诠释之先后关系，这主要受弗莱与林贝克后自由《圣经》诠释理论的影响。尽管他们的诠释进路曾不断受到自由主义《圣经》诠释论者的批判与挑战。但是，他们倡导对《圣经》叙事的关注，从而产生的影响却十分深远，尤其是叙事成为当代神学、伦理学的一个重要术语，其应用从《圣经》的诠释转向神学（神学伦理学），并在此领域大放异彩。侯活士正是该类叙事神学伦理学的表表者，尤值一提。

以上论及侯活士的主张，群体品格（道德生命）是诠释之条件。但是，诠释又基于阅读者对《圣经》的正确阅读。于是，相关问题随之提出，怎样才能正确阅读《圣经》呢？对此，侯活士提出了两条路径：一是群体必须首先从圣徒的生命中认识真理，以至于能够正确读经。侯活士解释，

7　Stanley Hauerwas, *A Community of Character: Toward a Constructive Christian Social Ethic*, p. 1.

8　Stanley Hauerwas, *Unleashing the Scripture: Freeing the Bible from Captivity to America,* p.15.

9　Richard B. Hays, *The Moral vision of the New Testament: Community, Cross, New Creation: A Contemporary Introduction to New Testament Ethics*, p. 255.

10　Stanley Hauerwas, *Unleashing the Scripture: Freeing the Bible from Captivity to America,* p. 15.

11　Richard B. Hays, *The Moral Vision of the New Testament: Community, Cross, New Creation: A Contemporary Introduction to New Testament Ethics*, p. 255.

《圣经》的权威是透过圣徒的生命来表达的。而他们／她们的
生命早已获得了教会的认可，并作为我们应当成为我们所是之对象。
更严格地说，如果要明白《圣经》的真理，我们就必须效法这些圣
徒如何透过其生命反映出他们／她们已经正确学习到实践《圣经》
的要求。[12]

侯活士所指的"圣徒"不仅仅包括罗马天主教教会正式承认的圣人，它
也涵盖了所有信心之先辈，因为借着这些信心先辈的忠心生活使得《圣经》
的见证栩栩如生。不仅如此，他们／她们还将传统传承下去。[13]因此，侯活士
指出，"借着效法那些将《圣经》传承下来的信徒，我们学会了如何成为一群
懂得宽恕的子民，从而能够继续将经文所言说的上帝故事延续下去"。[14]由此
可见，信徒的忠心生活来自传统之延续，传统又塑造了后继者有品格之生命，
使其继续演绎《圣经》之故事，该演绎确定了信徒正确阅读《圣经》之可能
性。

需要指出，侯活士在这里所言的效法圣徒与其前面强调的效法基督有所
分别。"前者是我们的范例（example），而后者是我们的典范（exemplar）。耶
稣基督是我们的典范，其行为定下了标准，让所有跟随者跟随之"。[15]这里，
侯活士旨在说明这些圣徒仅仅是范例，他们／她们将耶稣教导的忠心生活传
统延续传递下去了，可成为后来者之楷模。

此外，侯活士提出的另一条路径是，借着教会的圣礼，尤其是圣餐礼，
学习真理，从而明白如何正确读经。其理由是，"基督教的故事是需要演绎之
故事，而圣礼可能比教义更能帮助我们聆听，宣讲与活出上帝的故事"。[16]由
此，侯活士极其重视圣礼，他在描述信徒群体的圣洁与和平品格时曾指出，
透过浸礼和圣餐，信徒能够进入上帝的生命，成为耶稣基督故事的一部分，
由此成为圣洁子民之可能。[17]此外，圣礼不仅仅是属灵生命（spiritual）的塑

---

12 Stanley Hauerwas, *The Peaceable Kingdom: A Primer in Christian Ethics*, p. 70.
13 Richard B. Hays, *The Moral Vision of the New Testament: Community, Cross, New Creation: A Contemporary Introduction to New Testament Ethics*, p. 256.
14 Stanley Hauerwas, *A Community of Character: Toward a Constructive Christian Social Ethic*, p. 69.
15 罗秉祥，《公理婆理话伦理》（香港：更新资源有限公司，2002），第 24 页。
16 Stanley Hauerwas, *The Peaceable Kingdom: A Primer in Christian Ethics*, p. 26.
17 Stanley Hauerwas, *Christian Existence Today: Essays on Church, World, and Living in Between*, p. 107.

造，它还体现在实践中，具体塑造了信徒的伦理生活。[18]并且，教会演示圣礼，圣礼同样展示了教会应有的实践模式，圣礼赋予群体想象力去理解和实践上帝之和平国度。因此，就侯活士而言，在教会聚集敬拜、圣礼演示中，最能够对《圣经》作出正确的解读。

综上从侯活士对北美基督徒错误阅读《圣经》之批判，以及正确读经之建议中，可以管窥侯活士对当代基督徒与伦理学家读经方法之回应。就侯活士而言，他们／她们并不重视如何正确阅读《圣经》，却仅仅关心如何使用经文来支持群体的道德生活，实质是诠释方法论上的倒置。换言之，群体有品格的道德生命才是正确读经，乃至诠释之前提。只有当信徒认识到自己是被耶稣基督故事塑造之群体，以至于在实践中具体呈现出耶稣基督故事所要求的道德生活时，信徒群体才可能真正明白经文的真意，且能够正确诠释《圣经》。

由此，就侯活士的《圣经》阅读与诠释方法而言，其进路犹如鸡与蛋孰先孰后，颇为吊诡。不可否认，侯活士的论证较严谨，且能够自圆其说。但是，质疑其释经方法的学者亦不在少数。比如，新约研究教授思科（Jeffrey S. Siker）就指出，"侯活士的释经方法反映出他对教会群体的重视。教会诠释经文，相应地，经文又解释了教会。经文与教会之间的动态对话无疑是侯活士诠释《圣经》的关键所在。但是，侯活士对经文的使用却是功能性的"。[19]另外，基督教新约伦理学家海斯（Richard B. Hays）指出，"即使我们认可侯活士的诠释方法。但是，信徒具体在教会中读经时，还是可以询问自己学到了什么，耶稣故事塑造了自己什么，耶稣故事所塑造的群体生活有什么特性等等问题。然而，侯活士对此类问题的解释都是提示性的，而缺乏系统回答"。[20]不仅如此，海斯针对侯活士的诠释论进一步提出了四点批判。

其一，海斯认为侯活士对《圣经》的诠释比较粗略，且对文本缺乏系统的阅读。比如，侯活士所言的"耶稣故事"主要是将福音叙事作为整体来看待的。再者，当侯活士具体参阅《圣经》文本时，他仅仅引述全文，却很少作出经文诠释，也未曾尝试从文本的语言结构分析中找出相关的神

---

18 Stanley Hauerwas and Charles Pinches, *Christians among the Virtues: Theological Conversations with Ancient and Modern Ethics*, p. 69.

19 Jeffrey S. Siker, *Scripture and Ethics: Twentieth-Century Portraits,* New York: Oxford University Press, 1997, p. 97.

20 Richard B. Hays, *The Moral Vision of the New Testament: Community, Cross, New Creation: A Contemporary Introduction to New Testament Ethics*, p. 256.

学见解。总之，其引述的经文不过是把故事重述一遍，再给予简单说明而已。甚至在其讨论《圣经》的专著《解放圣经：还美国一个圣经原貌》（ *Unleashing the Scripture: Freeing the Bible from Captivity to America* ）中，侯活士同样很少释经，却对理解经文所应该具备的条件解释较多。[21]具体地说，在其专著的文章〈登上宝训的讲道〉（ A Sermon on the Sermon on the Mount ）中，侯活士说，

> 我认为〈登山宝训〉设定了一个非暴力群体的存在，如果不是这样的群体则不可能明白〈登山宝训〉。或者，说的更具争议性些，除非你是一个和平主义者，否则你不可能正确阅读它……该篇讲道不是为人们发展出一套非暴力的伦理理论，而是说明要正确阅读这篇讲道，则必须要求信徒群体是非暴力的群体。[22]

海斯解释，从引述的这段话可知，侯活士并非致力对《马太福音》5：21-48 的经文结构与逻辑给予诠释，他亦不关注"有人打你的右脸，连另一边也转过去由他打"，"有人强迫你走一里路，你就跟他走二里路"这些经文具体在第一世纪的历史背景中的含义。并且，侯活士也不理会《圣经》中何处提及耶稣教训他的听众"当恨你的仇敌"《马太福音》5：43，以及具体讨论"完全"（ *teleios*, perfect ）《马太福音》5：48 这个词的意思。总之，侯活士缺乏运用释经来说明文本中的具体语词是否能够支持其非暴力的伦理理论。如果按照侯活士的观点来看，详尽的释经过程并不必要，重要的是只要人们进入教会群体中，无需有疑问，他／她就已经能够正确地阅读与实践《圣经》的教导了。再者，他／她必须首先是和平主义者，才能够明白经文教导的是非暴力。那么，如果阅读者是一个非和平主义者，经文能否对其产生影响呢？显然，在侯活士的诠释理论中，这些问题都不可能产生。他也不必解释基督教非和平主义的传统如何能够受到和平主义这个少数派的挑战，或者修正。[23]

以上海斯对侯活士释经方法的批判有理有据，他尤其对侯活士在《解放圣经》一书中对经文诠释的随意性批评较严厉。然而，海斯并没有因此否定

---

21 Richard B. Hays, *The Moral Vision of the New Testament: Community, Cross, New Creation: A Contemporary Introduction to New Testament Ethics*, pp. 258-259.

22 Stanley Hauerwas, *Unleashing the Scripture: Freeing the Bible from Captivity to America,* p. 64; p. 72.

23 Richard B. Hays, *The Moral Vision of the New Testament: Community, Cross, New Creation: A Contemporary Introduction to New Testament Ethics*, p. 259.

侯活士其他作品中《圣经》诠释的可取性。比如,〈耶稣:国度的故事〉(Jesus: The Story of the Kingdom)。[24]海斯认为,该文章中侯活士引用了较多尤达释经的观点,以及学者廷斯利(E.J.Tinsley),哈维(A.E.Harvey),里奇斯(John Riches),与达尔(Nils Dahl)等人的释经见解。因此,侯活士在该文章中对经文的诠释比较准确全面。[25]然而,为何会出现侯活士作品中早期与晚期经文诠释方法的不一致呢? 海斯解释,其原因在于侯活士后来对历史批判法 (historical-critics)的不满与批评,尽管侯活士承认自己曾受益于该方法。[26]但是,他后来还是放弃了该方法。

海斯指出,侯活士最近的作品尤其反映出他对历史批判的释经方法之唾弃。比如,在《解放圣经》作品中,侯活士将历史批判研究称之为 "高等批判法" (the higher-critical method),以此表达他对历史批判已经过时的反讽。[27]相反,侯活士倡导实践《圣经》,而不必依靠学术研究的见解来释经。因为侯活士认为 "高等批判法" 所引发的意识形态不同于教会的政治。比如,大多数受《圣经》批判学训练的学者都尝试恢复《圣经》文本原初的语境,以及《圣经》作者的原意,他们 / 她们认为历史批判法之前的释经传统对正确明白文本的真意而言是一种障碍。[28]然而,任何熟悉《圣经》诠释讨论的学者--尤其是敏锐地注意到 "经文的效应史" (Wirkungsgeschichte)之观点的学者,都可能认为侯活士的观点更像是轻蔑的无知(dismissive ignorance)。[29]

然而,另一方面汉斯亦发现,尽管侯活士批评历史批判的释经方法,且他本人对经文的诠释较少。但是,侯活士却在《新约》伦理观点上采纳了大量先辈的释经成果。并且,侯活士本人对此并不避讳。侯活士坦诚地说,

> 我不是很了解《圣经》文本--我的神学训练是在新教自由派神

---

24 Stanley Hauerwas, *A Community of Character: Toward a Constructive Christian Social Ethic*, pp. 36-52.

25 Richard B. Hays, *The Moral Vision of the New Testament: Community, Cross, New Creation: A Contemporary Introduction to New Testament Ethics*, p. 259.

26 Richard B. Hays, *The Moral Vision of the New Testament: Community, Cross, New Creation: A Contemporary Introduction to New Testament Ethics*, p. 260; Stanley Hauerwas, *Unleashing the Scripture: Freeing the Bible from Captivity to America*, p. 7.

27 Stanley Hauerwas, *Unleashing the Scripture: Freeing the Bible from Captivity to America*, p. 7.

28 Stanley Hauerwas, *Unleashing the Scripture: Freeing the Bible from Captivity to America*, p. 34.

29 Richard B. Hays, *The Moral Vision of the New Testament: Community, Cross, New Creation: A Contemporary Introduction to New Testament Ethics*, p. 260.

学院完成的。但是，这种训练比我所设想的更加符合"圣经"，因为我现在发现透过阿奎那，路德，加尔文，巴特和尤达的作品去学习《圣经》是有益的。[30]

因此，"不难明白侯活士对新约经文的描述是选择性与衍生性的（derivative）。然而，尽管侯活士对经文缺乏具体的解释，且承认自己对新约文本了解不多。但是，他对教会生活的理解却是符合新约见证的"。[31]对此，思科与海斯观点相似。思科指出，侯活士对经文的使用是功能性的，且这些经文都衍生于信徒群体。即，经文描述的上帝故事只能在教会群体中获得正确聆听。[32]因此，侯活士对经文的诠释缺乏系统性。

其二，海斯认为，侯活士对新约经文的引用宽泛而分散，缺乏一套整体的观念。[33]海斯引述思科的观点来说明，

> 就《新约》而言，侯活士倾向于引用符类福音。在该类福音书中，他尤其关注《马太福音》5-7章中的〈登山宝训〉；《马可福音》8-10章中对耶稣受难的预示；《路加福音》中描述上帝对穷人与弱者关顾的故事。除去在《解放圣经》中可以找到侯活士对《约翰福音》书内容的讲道，我们在侯活士的其他十四本书（截止1994年的书籍）中只能找到四处对该书的参考内容，似乎侯活士有意、无意地在避开《约翰福音》。[34]

从思科对侯活士作品的分析而言，侯活士并不重视《约翰福音》。不仅如此，海斯指出，

> 侯活士也只是偶尔引用保罗书信，主要是《罗马书》与《哥林多前书》，而《以弗所书》则是他最爱引用的书卷。此外，教牧书信，《希伯来书》和《启示录》对他而言，似乎并未包含在他所认为的正典之列。更令人惊奇的是，他强调的圣人故事，却很少

30　Stanley Hauerwas, *Unleashing the Scripture: Freeing the Bible from Captivity to America,* p. 9.

31　Richard B. Hays, *The Moral Vision of the New Testament: Community, Cross, New Creation: A Contemporary Introduction to New Testament Ethics,* p. 260.

32　Jeffrey S. Siker, *Scripture and Ethics: Twentieth-Century Portraits,* New York: Oxford University Press, 1997, p. 97.

33　Richard B. Hays, *The Moral Vision of the New Testament: Community, Cross, New Creation: A Contemporary Introduction to New Testament Ethics,* p. 260.

34　Jeffrey S. Siker, *Scripture and Ethics: Twentieth-Century Portraits,* New York: Oxford University Press, 1997, p. 99.

用到《使徒行转》中关于使徒圣人的故事记载。事实上，侯活士之所以很重视符类福音书的原因在于，它们更完整地记载了耶稣的故事。[35]

综合思科与海斯的考证，可见侯活士对《圣经》文本的使用确是选择性，功能性的倾向，而经文考察范围亦相当有限。当然，侯活士选择经文的主旨在于为其神学伦理学服务，而不是以文本本身的整体性为重。因此，思科与海斯对侯活士的批评比较客观。就笔者研究发现，自侯活士 1994 年以后的作品而言（截止于 2013 年），尽管侯活士似乎尝试更多着墨于对《圣经》文本的诠释，比如他先后出版书籍，1996 年的《上帝，教导我们：关于上帝的祷告与基督徒的生活》(*Lord, Teach us: The Lord's Prayer and the Christian life*)；1999 年的《关于上帝的真理：基督徒生活十诫》(*The Truth About God: the Ten Commandments in Christian Life*)；2004 年的《十字架上受难的基督：默想耶稣最后七言》(*Cross-Shattered Christ: Meditations on the Seven Last Words*)；2006 年的《马太福音：布拉索斯神学释经书》(*Matthew: Brazos Theological Commentary on the Bible*)。这些书籍都在释经，以及讨论经文的意义。甚至，其讨论并不仅仅限定在新约内。但是，总体上究其释经方法而言并未有新的突破。比如，他依然没有诠释经文，或者经文中的重要语词。[36]同样的，他对新约经文所探讨的伦理内容同样没有提出一个整合的观念。

究其原因，侯活士的解释在于《圣经》本身就是一个复杂的混合体，福音书以不同角度来描述耶稣就是例证。然而，这却正好显示出忠心为主而活可以有不同的方式。侯活士甚至引用布伦金斯帕（Joseph Blenkinsopp）的话--"信徒群体必须预备接受经文中创意的张力，它是群体生活不变的特征"，[37]来

---

35 Richard B. Hays, *The Moral Vision of the New Testament: Community, Cross, New Creation: A Contemporary Introduction to New Testament Ethics*, p. 260.

36 比如，在侯活士 1993 年的《解放圣经》一书中讨论过〈登山宝训〉。参见，Stanley Hauerwas, *Unleashing the Scripture: Freeing the Bible from Captivity to America*, pp. 63-72. 但是，其讨论目的在于说明群体与阅读者之间的关系，却未对经文展开诠释。然而，侯活士 2006 年的新作《马太福音》，这本释经书同样没有诠释〈登山宝训〉的经文，甚至没有解释经文中的重要语词。比如，如何解释 5:43 中"完全"这个词的意思。参见，Stanley Hauerwas, *Matthew, Brazos Theological Commentary on the Bible*, pp. 58-73.

37 Joseph Blenkinsopp, *Prophecy and Canon: A Contribution to the Study of Jewish Origin*, Notre Dame, Ind.: University of Notre Dame Press, 1986, p. 94; Stanley Hauerwas, *A Community of Character: Toward a Constructive Christian Social Ethic*, p. 63.

说明《圣经》文本中的差异性。海斯指出，"布伦金斯帕的话对侯活士的整套理论相当重要。基于此，侯活士强调教会在世上的寄居生活需要具备变通与智慧之能力，而经文的差异性正好为教会在不同时间地点提供了选择"。[38]由此可见，似乎侯活士无需处理新约经文中的差异性。换言之，该差异性并不影响他对信徒群体生活的理解。或许正因为此，侯活士认为无需对经文采取缜密的解释。此外，除去新约圣经，侯活士则较少提及旧约圣经，即便他非常强调以色列与上帝之故事。但是，除去对这段历史之描述，侯活士整体上对旧约比较忽视。

其三，海斯指出，侯活士在建构其伦理规范时，很少将经文作为规则、原则来使用，而是强调故事与故事中角色的塑造。[39]海斯的批评亦反映出他对新约伦理建构的基本主张，即，重视经文作为伦理规则的使用性，这与侯活士的伦理建构方法不同。然而，强调故事而不是经文作为规则之重要性，正是侯活士伦理方法之特征。可以说，这是侯活士对圣经伦理方法提出的挑战。

侯活士解释，基督教故事本身就是一种道德规范，它揭示了这个世界的真相，同时指引基督徒如何正确地身处其中。[40]基于此，侯活士批评新约伦理学者，指出他们／她们错误地把《圣经》叙事约化为一些简单的道德原则，或者错误地从圣经叙事中抽取一些抽象概念，比如，爱、约和应许等来简化故事本身。[41]这显然忽略了《圣经》故事本身就是一种道德规范的实质。当然，尽管某些从《圣经》叙事中抽离出来的道德原则，如爱、正义与宽恕等，它们能够在一定的道德生活中发挥作用。但是，它们也不可避免地在道德实践中引发争议。比如，同样基于爱，可能带来不同的道德结果：一是基于爱而倡导绝对的和平；二则是基于爱而要求付诸正义战争。由此可见，道德原则必须是在一定的故事语境中。即，道德原则如同德性都需要从它们自己的语境中获得理解。因为道德原则仅仅为道德教育和解释提供了简短提示（shorthand reminder），而真实的意义只能在故事中找到。[42]因此，就神学伦

---

38 Richard B. Hays, *The Moral Vision of the New Testament: Community, Cross, New Creation: A Contemporary Introduction to New Testament Ethics*, p. 261.

39 Richard B. Hays, *The Moral Vision of the New Testament: Community, Cross, New Creation: A Contemporary Introduction to New Testament Ethics*, p. 261.

40 Stanley Hauerwas, Richard Bondi and David B. Burrell, *Truthfulness and Tragedy: Further Investigations in Christian Ethics*, p. 74.

41 Stanley Hauerwas, *A Community of Character: Toward a Constructive Christian Social Ethic*, p. 58.

42 Stanley Hauerwas, *Vision and Virtue: Essays in Christian Ethical Reflection*, p. 72.

理学而言，原则对于道德论证必须，却又不足够，原则需要故事来具体说明行动和实践与故事导向的一致性。[43]

就笔者而言，侯活士以故事来塑造信徒群体的德性之伦理学建构方法有可取性。但是，经文作为伦理规则的必要性，或者必须性同样不可或缺。换言之，二者都在基督教伦理学中扮演着重要角色。

其四，海斯认为实践是侯活士伦理学的一部分。因为侯活士解释，"基督教信仰的可理解性与真实性在于其实践的能力"。[44]因此，侯活士的作品中广泛细致地探讨了诸多现实的道德议题，如和平主义，堕胎，安乐死，与照顾智障儿童等。[45]此外，海斯指出，尽管侯活士探讨的是品格伦理。但是，他并不介意提出规范性的伦理结论，且积极向其他人推介。比如，他常常告诉杜克大学神学院一年级的学生，希望在他们／她们完成该伦理学课程时已经被他改变为和平主义者。总之，在侯活士看来，就小心谨慎的探索真理而言，热情地实践真理更是伟大的美德，信仰缺乏实践则毫无价值。[46]

总结而言，海斯对侯活士伦理学的分析精确，实践确实在侯活士的品格伦理中占有重要地位。笔者在论文第四章已经阐释了侯活士如何论证实践（见证）之重要性，他认为信徒群体需要在基督教真实故事之引导下通过实践来论证真理和认识真理，即，通过实践--基督徒的生活方式来证明基督教信仰的真实性。侯活士如此强调群体实践，一方面是受巴特影响，强调神学是言说上帝且真实地见证上帝这位至真至善者之实践活动，而神学就是伦理学，该伦理学主要揭示了基督徒的生活方式，该生活方式又只能在教会群体中得到认识与实现。因此，教会群体在基督徒实践信仰的真实性上扮演着重要角色；[47]另一方面，对实践的着重又缘于侯活士自己的教会传统背景。尽管侯活士对自己的教会立场比较含糊其词，但他主要还是参与循道派教会的崇拜与服事，并积极参与该教会在社会的实践工作。

---

43 Stanley Hauerwas, *Vision and Virtue: Essays in Christian Ethical Reflection*, pp. 60-61; p. 87; p. 89.

44 Stanley Hauerwas, *A Community of Character: Toward a Constructive Christian Social Ethic*, p. 1.

45 Richard B. Hays, *The Moral Vision of the New Testament: Community, Cross, New Creation: A Contemporary Introduction to New Testament Ethics*, p. 264.

46 Richard B. Hays, *The Moral Vision of the New Testament: Community, Cross, New Creation: A Contemporary Introduction to New Testament Ethics*, p. 264.

47 Stanley Hauerwas, *With the Grain of the Universe: the Church's Witness and Natural Theology*, pp. 141-171.

10.2.2 赵紫宸的圣经观

赵紫宸强调圣洁、和平是个体与群体的重要人格。其理由是，耶稣的生命展现了上帝圣洁与和平之人格，该人格同样透过耶稣完全的人与完全的神之二性体现在耶稣的生活、受死与复活之历史事实中。因此，信徒与群体需要积极效法之。并且，具体何谓圣洁、和平之人格，信徒又当如何效法耶稣之人格，赵紫宸之论证同样建基于其对《圣经》文本之理解与诠释。

但是，相对于侯活士而言，赵紫宸的释经方法则没有设定一套自己确认的释经原则，他的释经更加随意而不具备缜密性，且主要受自由神学派释经方法之影响。因为赵紫宸 1914-1916 年在美国威德堡大学攻读神学，兼研究哲学及社会学时，正值美国基督教自由派神学盛行之时。自由神学派普遍接受《圣经》批判学的方法与成果，却批判自十六世纪宗教改革以来所倡导的字义释经法：它强调从文学、历史、宗教经验去解释经文，亦不再承认《圣经》的绝对权威性，却认为《圣经》仅仅是人生活与信仰的指导，而非必须遵守的律法。诸如此类的观念都深深影响了赵紫宸对《圣经》的理解。比如，赵紫宸撰写了《耶稣的人生哲学》，该书主要解释了《马太福音》中的〈登山宝训〉。他解释，

> 此书以耶稣的人生哲学为题目，似乎过于夸大。全书是〈登山宝训〉的解释，以我所经验，所学于我主耶稣基督的，写在每段经文之下。我所深愿的是将耶稣的心意烘托出来，所以这本书又名《登山宝训新解》。其实耶稣的教训，比我所说的话要简明，要清楚，要有力量。我是什么人，敢于揣拟我主耶稣的心志，而说耶稣的教训是这个意思，是那个意思？不过所得于耶稣的，人各有异，有深浅之别，有偏全之别，有或重或轻，或取或舍之别。我所得于耶稣的如何，我就依据所得，一一发挥出来。据我所见，《马太福音》所载的〈登山宝训〉，足以称为耶稣的人生哲学，思想有二千年之久，而意义则亘古常新。我自知学力微薄，所知所见，不免欹倾之病，我所以放胆发表我心欲言的议论，并不是因为我有独到的见解，簇新的发明，乃是因为我有宗教的经验，愿意和盘托出与我的同胞分而共之。[48]

---

48 文庸等编辑，《赵紫宸文集》，卷一，第 187 页。

从赵紫宸写作《耶稣的人生哲学》，或曰诠释〈登山宝训〉的理由与基础而言，他无疑以自己的宗教经验为依据。其写作之目的是出于"宗教经验"，"全书的解释同样是基于其宗教经验"。并且，赵紫宸亦不否认宗教经验的个体性与差异性，但这似乎不影响他／她都可以对经文作出正确的解释。由此观之，赵紫宸的释经方法更为主观、片面。

并且，基于《圣经》批判学的方法与科学的立场，赵紫宸重新建构了耶稣基督的生平事迹，他以传记体裁撰写了《耶稣传》（这是国人撰写的第一部《耶稣传》）。当中，"他指出了《圣经》记述中的矛盾，否定其中超自然的神迹；另一方面，他以自身的体认和感悟塑造了一个所有中国人都应仿效的、为国为民牺牲自我的人格典范"。[49]由此可见，赵紫宸的圣经诠释受自由神学派影响深远。

再者，较之侯活士，赵紫宸同样忽略旧约，其作品较少提及旧约经文，偶尔提及也只是为其伦理学服务，而不是以文本本身的整体性为重。比如，为了说明"保卫国土"之现实意义，赵紫宸引用《尼西米记》4：7-20 作为经文理据。[50]但是，赵紫宸并未对该经文的历史背景、上下文意思，以及作者写作意图给予任何分析，只是简要说明在《圣经》历史上可以寻索到"保卫国土"之例证。以此说明这可直接应用到其时代中国的现实语境中。并且，赵紫宸同样十分重视新约圣经。但是，侯活士与赵紫宸共同的诠释问题是，对新约经文的引用宽泛而分散，缺乏一套整体的观念。并且，他们的关注点主要集中在耶稣基督的生活与事工上。因此，在赵紫宸的作品中，他同样着重引用符类福音。在该类福音书中，他亦尤其关注《马太福音》5-7 章中的〈登山宝训〉，他解释〈登山宝训〉是耶稣的人生哲学总纲。当然，赵紫宸也偶尔引用保罗书信，主要是《罗马书》，《哥林多前书》。此外，他有时也引用《希伯来书》，《以弗所书》，《使徒行转》，《约翰一书》《腓立比书》，《歌罗西书》和《启示录》。[51]然而，较之侯活士，赵紫宸引用《约翰福音》与《启示录》较多，其目的是要说明天国之重要性。[52]"天国"是赵紫宸人格伦理中的重要观念。他将耶稣基督的救赎与天国相结合，指出天国在人间，上帝内住其中，

---

49 文庸等编辑，《赵紫宸文集》，卷一，第 450 页。

50 文庸等编辑，《赵紫宸文集》，卷一，第 415 页。

51 文庸等编辑，《赵紫宸文集》，卷一，第 357-448 页。

52 文庸等编辑，《赵紫宸文集》，卷一，第 434 页。

因而天国不是末世的盼望，而是今世的目的，是信徒努力追求之目标。[53]基于此，新教人格伦理之任务是要拯救个人，同时也要拯救个人生存的社会。[54]

相对而言，侯活士却没有提及《启示录》。但是，这并不意味侯活士忽视末世论。因为侯活士是用圣餐来预表上帝国度已经来临，而不借用《启示录》来论述之。并且，侯活士藉用圣餐宣告了耶稣基督的再来，这成为教会群体作为和平子民盼望之缘由。正是基于这末世之盼望，信徒才能理解忠心、忍耐之德性的意义，且实践之。

此外，较之侯活士，赵紫宸在建构其伦理规范时，主要是将经文作为规则、原则来使用，而不是强调故事与故事中角色的塑造。当然，这与赵紫宸所在时代的神学背景密切关联。新约《圣经》学者孙宝玲指出，

> 追溯自十八、十九世纪的启蒙运动以来，圣经叙事的意义在现代主义和自由主义所影响下愈被掩盖。在高举人类理性和科学万能的时代气氛里，人乐观地以为可以在普遍存在的知识基础和经验之上推进历史和建构社会世界。另一方面，基督信仰中却有不少传统与当时的科学知识有所冲突。基督教中的自由主义者遂致力尝试协调两者之间的矛盾，使圣经的记载与因科学发展而得知的经验和知识兼容。在这个处境下，圣经逐渐沦为必须藉历史印证，或被科学批判肢解的远古文献。在自由主义的氛围审判下，若经文的叙事内容并非通过考据而建立的历史记载，又或者未能符合或投入人类现代世界经验者，是为不真。若经文要存留不遭见弃，必得要重新诠释才能有价值和意义。所谓的诠释，就是将经文约化为普遍的伦理道德教训。[55]

由此可见，赵紫宸基于经文原则的伦理建构有其时代局限性。身处其时代，他无法超越该局限性。并且，该局限性亦体现在他对当时伦理问题讨论的张力上。比如，针对中国当时之语境--正受日本帝国主义之侵略，国家处于存亡之际。基督徒应当如何根据《圣经》中的正义与爱（爱仇敌）之原则来应对他国之武力侵略呢？试看赵紫宸同样基于〈登山宝训〉之两种不同论调。

53　文庸等编辑，《赵紫宸文集》，卷二，第 558 页。

54　王晓朝编辑，《赵紫宸文集》，卷五，第 99 页。

55　孙宝玲，《圣经诠释的意义和实践》（香港：建道基金会，2008），第 399 页。

　　首先，在日本侵略中国之前，赵紫宸反复强调和平之人格，反对暴力。他指出，耶稣的一生是和平之典范，信徒当效法之。并且，耶稣的和平品格主要基于宽恕与爱（爱仇敌）之德性。因为在〈登山宝训〉中，耶稣特别指明爱仇敌的教训，"有人打你的右脸，连左脸也转过来由他打；有人想要告你，要拿你的里衣，连外衣也由他拿去；有人强逼你走一里路，你就同他走二里"（《马太福音》5：39-40）。[56]因此，赵紫宸解释，耶稣的爱超越世人的爱，耶稣爱人包括爱自己的仇敌，这体现了耶稣至高的道德标准。总之，"登山宝训"以爱为核心体现了耶稣和平的人格观念。由此，这是成就和平人格之基础。

　　其次，"九·一八"（1931年）事件爆发后，日军占领了整个沈阳城，并继续向辽宁、吉林和黑龙江等地区进攻。国难、危机当前，人民充满了民族义愤。然而，信徒在爱与和平之原则下又当如何行动呢？赵紫宸对此作出了修正，尽管他依然强调和平，却认为和平是在不得已之情况需要采取暴力来获得的。

　　具体地说，同样建基于〈登山宝训〉。赵紫宸却重新诠释了5：38-42；5：43-45的经文在实践中的应用原则。[57]他解释，

> 所谓转左脸，送外衣，走二哩，应要求，从借贷，种种话，都是表明人格精神，都不是立定行为细则。人要打右脸，善人不能抵抗，转左脸，就是以善胜恶，为善有余力的精神。人要得衬衣，强迫走一哩，要求借贷，善人不肯抵抗，反而给外衣，走二哩，应要求，供借贷；这不是善人自愿做奴隶，乃是善人表示决心爱人，爱人有余闲，有余力的精神。[58]

　　赵紫宸强调，〈登山宝训〉这段经文（5：38-42）主要说明不用恶方法抵抗恶，乃用超于恶，终必胜恶的方法抵抗恶。并且，至关重要的是它指明了

---

56 文庸等编辑，《赵紫宸文集》，卷一，第265页。

57 经文："你们听见有话说：'以眼还眼，以牙还牙。'只是我告诉你们，不要与恶人作对。有人打你的右脸，连左脸也转过来由他打；有人想要告你，要拿你的里衣，连外衣也由他拿去；有人强逼你走一里路，你就同他走二里；有求你的，就给他；有向你借贷的，不可推辞"（5：38-42）。

　　经文，"你们听见有话说：'当爱你的邻舍，恨你的仇敌。'只是我告诉你们，要爱你们的仇敌，为那逼迫你们的祷告。这样，就可以作你们天父的儿子；因为他叫日头照好人，也照歹人；降雨给义人，也给不义的人"（5：43-45）。

58 文庸等编辑，《赵紫宸文集》，卷一，第266页。

信徒的人格精神之所在。但是，信徒有人格，方法不难得。换言之，需要区分人格精神与具体实践，只要立定前提，在实际上"不必咬文嚼字，泥守章句"。[59]基于此，赵紫宸进一步解释〈登山宝训〉5：43-45 中"爱仇敌"之含义。赵紫宸指出，

> 恨仇敌，不如爱仇敌，因为恨要生出毁灭来，爱却能转毁灭为互助的生命。这好像是极简单的，但是各国已经走在与这相反的路途上，似乎不经巨创深痛，不经大多数的人觉悟，现在的野蛮局势是打不开的。不过世界在大转变之中，天地崩溃的时候，我们还当保全自己的与民族的信仰。基督徒应当加入战争么？对于这个问题，各人的看法不同。道义在那里，基督徒也应当在那里。加入战争是有道义的；不加入战争也是有道义的；道义这件东西，在这样一件大事上却不清楚屹立在任何一方面。所以基督徒应当参加战争与否确乎是极难的问题。不过有时候，我们要行为，要决心，要快刀斩乱麻；耶稣叫我们爱仇敌，也叫我们买刀。人之所贵，人之所恃，有甚于生命！[60]

由此观之，赵紫宸的诠释并不否定耶稣基督爱之德性，建基于此的伦理理论预设也与他先前对该经文的基本诠释相符合。但是，在具体现实语境中，或者说在信徒道德实践的方向上，赵紫宸对"爱仇敌"是否包涵"自我牺牲"作出了新的解释。他认为，爱并不完全排除暴力反抗的可能性，尤其在爱不能维持的极端野蛮局势下，信徒同样允许以爱的原则来保护自己和同胞，因为信徒的生命同样宝贵。但是，信徒在此过程中也应当不失信仰与盼望，继续"恳求上帝拯救他的儿女脱离战争的凶恶，领天下各国走和平的道路。教人类破除一切仇恨，误解，使教会与国家都从这种罪恶得解放，以致能与圣子的一切弟兄联络团结，成为一个社会，与和平的君王永远有团契"。[61]由此可见，赵紫宸强调"爱仇敌"，却亦不否定爱同胞，爱自己，保护同胞，以及保护自己。且"爱同胞，便是爱自己，爱自己，便是爱同胞"。[62]

---

59 文庸等编辑，《赵紫宸文集》，卷一，第 266 页。

60 文庸等编辑，《赵紫宸文集》，卷一，第 429-430 页。

61 文庸等编辑，《赵紫宸文集》，卷一，第 430 页。

62 文庸等编辑，《赵紫宸文集》，卷一，第 243 页。

从赵紫宸前后对〈登山宝训〉之不同诠释来看，其诠释前后不一致，甚至其诠释导致实践出现了泾渭分别之格局。其原因在于，一方面赵紫宸的诠释主要视乎于他本人的信仰经验，甚至其诠释主要是基于现实境遇而非圣经文本本身之语境；另一方面更为重要的是，他从圣经文本抽离经文作为伦理原则，却忽视了经文之语境，以及上下文结构与逻辑，使得文本本身对"爱仇敌"之阐释被歪曲。其结果是，经文仅仅作为伦理指南可以随处应用而不必考虑其本意，则必然招致前后不一致之果。并且，亦可能扭曲了《圣经》本身所要表达的真理，从而带出错误的结论。但是，这似乎并不影响赵紫宸对经文的实际应用。赵紫宸本人对此也不避讳。他强调，在实际应用经文上"不必咬文嚼字，泥守章句"。[63] 由此观之，赵紫宸仅仅将经文作为道德原则之弊端，却反映出侯活士在此问题上之睿见。

无论如何，侯活士与赵紫宸诠释的重心都置于耶稣基督的教导〈登山宝训〉，且他们都是以耶稣基督为中心，环绕他来选择经文，并不断反思和诠释经文。可以说，他们的伦理学主要建构了以耶稣基督为典范的道德标准，强调效法耶稣基督，旨在借着耶稣基督的德性来塑造信徒之品格（人格）。

最后，侯活士与赵紫宸都强调道德实践。他们都认为，伦理不是抽象、抽离的判断，而是通过行动，从具体语境中印证耶稣基督教导之实践活动。但是，基于对耶稣基督教导的不同诠释，他们体现在实践中的表达也各异。比如，前者是绝对的和平主义，后者虽主张和平，却在具体语境的实践上有所保留。

由此可见，以上通过对侯活士与赵紫宸圣经观之比较可知，他们的伦理建构都与《圣经》，尤其是《新约圣经》密切相关。他们都关注福音书，尤其强调当中〈登山宝训〉之内容，却在具体实践中有两种不同的取向，这主要与其诠释方法有关。我们以赵紫宸的诠释方法为参照，可以发现他对经文的处理相当简单，他几乎不考虑经文的语境，上下文结构与逻辑，而主要是将经文作为规则、原则来使用，并以此来建构伦理规范。在具体伦理实践中，更是直接把经文的道德要义应用在社会生活中。并且，基于现实境遇之转换，在具体诠释与应用经文上又前后不一致。尽管侯活士的诠释方法也有其弊端。但是，较为可取的是他十分重视《圣经》的叙事与故事，强烈反对将经文抽离文本作为伦理原则来使用。并且，他强调文本与信徒群体彼此之间的

---

63 文庸等编辑，《赵紫宸文集》，卷一，第266页。

互动性，该互动性能够帮助信徒更好地进入圣经世界，在其故事中找到自己的角色，以及找到他／她道德生活的典范，从而塑造有品格（人格）之道德生命。乃至在道德实践中，信徒能够发现现实所面对的问题，模拟地相当于圣经叙事中的那些故事，从而依照其可以获得伦理上的应对策略。基于此，伦理建构的基础就不再是一些简短的大原则，而是真正建立在上帝的话语中。相应的，现实的道德问题也不再是抽象的，而是具体的，因为它可以从圣经的故事、语境中连接到我们现在当下的具体道德语境中。由此，只要信徒驻足于圣经故事、语境中，所谓的道德难题就不再是纠缠不清的道德选择，而是一个基于习惯的决定。

基于此，以侯活士的圣经诠释为参照，我们发现如何把伦理规范与圣经言说的模式正确的结合起来对于伦理的建构而言至为重要。并且，经文的诠释不仅仅如赵紫宸那样只强调个体的经验，还需要结合传统与理性。换言之，这三者结合才能构建一个完整的诠释方法。再者，当正确的诠释工作完成后，才能将其具体地实践在各自的伦理语境中。因此，通过以上的对比分析，让我们更清楚地看见二者诠释方法的交迭与相异之处。

第十一章　品格伦理与人格伦理
道德议题之比较

基督教伦理学并非一套独立的体系，它座落在基督教神学之内。因此，基督教伦理学对道德议题的探讨与反省都不能抽离神学的信念。因此，侯活士强调基督教伦理学必须具备神学的核心--福音。他主张品格伦理学必须以基督论为主要内容，主张信徒群体的道德生活是以效法耶稣基督为起点。换言之，信徒群体的行事为人都要以耶稣的行事为人作标准，耶稣基督是衡量信徒道德行动之尺度。同样的，赵紫宸对基督教伦理学的理解也不例外。因此，他们都是以基督论为起点来探讨各自的伦理学。然而，对同一基督之教导，却亦有不同的理解与表述，其原因在于他们持有各自的神学传统与文化传统，这影响着他们对基督之教导的不同诠释。而这种不同诠释又导致二者对同一道德议题--战争与和平存有理论与实践上之分歧。当然，这种分歧，或者道德解决方案的差异性并不意味着是对道德真理之否定。因为它们都能够从《圣经》与神学中获得相应理据。为了更好地理解他们二者对品格（人格）伦理在理论上的不同取向，以及在具体道德议题上之不同见解，笔者将进一步分析二者各自的神学传统。并且，基于二者之不同神学观念将进深比较二者伦理学处理道德议题之前设、价值与现实意义，以供参考。

11.1 战争与和平

11.1.1 绝对的和平主义：侯活士的神学理论

按照侯活士自己的总结，他的神学与哲学知识受益于诸多先辈，诸如理查德·尼布尔，莱茵霍尔德·尼布尔，巴特，拉姆齐，古斯塔夫森，卡尼（Fred

Carney），尤达，麦金泰尔，亚里士多德，阿奎那，奥古斯丁，加尔文，约翰·韦斯利，爱德华兹（Jonathan Edwards）等。[1]当然，弗莱与林贝克后自由叙事神学对侯活士之影响更是不言而喻。[2]然而，强调把耶稣与非暴力作为基督徒生命的标志，以此来构建品格伦理却主要受尤达的影响。[3]

尤达以基督论为进路作为神学探讨之起点，且强调教会实践之重要性。具体地说，尤达的基督论重点在于强调耶稣基督之人性，认为耶稣在十字架上的受苦牺牲是对暴力与强权之弃绝，"是引领另一种崭新的生活方式之开启"。[4]由此，尤达主张耶稣十字架上的牺牲是信徒效法之典范。[5]并且，忠心效法耶稣本身就是一种政治抉择，而非从政治领域中退宿之举动。因此，尤达在《耶稣政治》（The Politics of Jeus）第一章就开宗明义地指出耶稣是激进政治行动之典范。[6]

受尤达基督论影响，侯活士同样以耶稣为起点，而较忽视耶稣作为基督之本体性。因为这可能避免使得耶稣的生平沦为次要。承接尤达的基督论，侯活士还总结，耶稣基督是个无权无势的救赎主，[7]其在十字架上的宣讲、受死与复活已经展现了和平之国度，其生命见证了上帝国度所演示之景象，[8]且呼召人们跟随之，从而参与这和平国度之实践。该实践主要体现在两方面：

一是信徒需要进入群体，在世界实践非暴力之主张。而该实践主要基于宽恕、忍耐与盼望之德性。宽恕旨在表明自己放弃对个人权力之掌控；[9]忍耐与盼望意指信徒群体纵然看见生命的悲剧性与世界之黑暗，却还是不认同以暴力来解决问题之主张，且相信上帝国度最终将取代现有的有暴力倾向的社会秩序，由此等候上帝和平国度之来临。[10]因此，侯活士描述信徒群体的实践是忠实上帝，效法耶稣基督生命之表现。

1　Stanley Hauerwas, *The Peaceable Kingdom: A Primer in Christian Ethics*, p. xix.

2　Stanley Hauerwas, *Hannah's Child: A theologian's Memoir,* pp. 47-72; William Werpehowski, "Talking the Walk and Walking the Talk,"p. 243.

3　Stanley Hauerwas, *The Peaceable Kingdom: A Primer in Christian Ethics*, p. xxiv.

4　John Howard Yoder, *The Politics of Jesus: Vicit Agnus Noster*, p. 53.

5　John Howard Yoder, *The Politics of Jesus: Vicit Agnus Noster*, p. 95.

6　John Howard Yoder, *The Politics of Jesus: Vicit Agnus Noster*, pp. 1-20.

7　Stanley Hauerwas, *A Community of Character: Toward a Constructive Christian Social Ethic,* p. 48.

8　Stanley Hauerwas, *The Peaceable Kingdom: A Primer in Christian Ethics*, pp. 72-85.

9　Stanley Hauerwas, *Christian Existence Today: Essays on Church, World, and Living in Between,* pp. 89-97.

10　Stanley Hauerwas, *Christian Existence Today: Essays on Church, World, and Living in Between,* pp. 67-87.

二是信徒群体积极关心穷人、寡妇等弱势群体。该实践主要基于爱之德性，爱意味着关心与怜悯贫穷者、弱者与有罪者，知道谁是自己的邻舍，以及如何帮助那些有需要的邻舍。[11]

由此可见，侯活士的基督论与教会论密切关联，教会的实践建基于效法耶稣基督。侯活士强调，该实践并不仅仅是信徒个人伦理生活之表现，它更具有社会伦理之向度。因此，侯活士总结教会的首要社会伦理任务是成为教会--仆人的群体；教会不是拥有一套社会伦理，教会就是社会伦理。[12]不仅如此，教会还是新的城邦，或者另类的城邦。[13]这隐含了侯活士对君士坦丁式的国家基督教之批判，所谓另类的城邦旨在说明教会是上帝的国度所塑造的新实体，它有别于其他政体和社会体制，其目的与手段也不同。由此可见，侯活士的教会伦理也有政治的向度。但是，这里所谓"政治"的向度需要澄清，它不是指广义的政治，即，管理众人之事，而是指狭义的政治，即，参与社会事务。具体体现在关心贫穷人，探访与帮助有需要的人，以此特殊的方式去参与社会，服事群体。简言之，另类的城邦是透过耶稣基督在十字架上展现出来的受苦的爱来参与社会、管治社会。[14]它与广义的政治有天壤之别，因为后者倾向暴力权力，是通过权力与暴力来操控社会与国家。

总之，就侯活士的基督论而言，它非常类似于尤达的观点，坚持唯有耶稣才能将人真正的本质与使命显明出来。基于此，他们主张基督新教伦理学最好作为一套以基督为中心的伦理观，即，从耶稣的人性着手把耶稣的生平展现出来，要求信徒跟随他，效法他，从而呈现一个不同寻常之道德生命。而基督论又必须与教会论相结合，才能帮助信徒群体如何在具体的实践中彰显耶稣基督的教导。

11.1.2 相对的和平主义：赵紫宸的神学理论

较之侯活士，赵紫宸的神学思想比较复杂。他早期（1918-1929）的神学思想主要受十九世纪自由神学之影响；中期（1927-1948），赵紫宸逐步离开自

---

11 Stanley Hauerwas, Richard Bondi and David B. Burrell, *Truthfulness and Tragedy: Further Investigations in Christian Ethics*, p. 138.

12 Stanley Hauerwas, *The Peaceable Kingdom: A Primer in Christian Ethics*, p. 99.

13 Stanley Hauerwas, Richard Bondi and David B. Burrell, *Truthfulness and Tragedy: Further Investigations in Christian Ethics*, p. 11.

14 Stanley Hauerwas, *The Peaceable Kingdom: A Primer in Christian Ethics*, p. 79.

由神学转向新正统派神学。比如，他开始强调耶稣基督的救赎性，强调教会，以及启示之观念，尤其主张启示是个人与社会寻求出路之关键。他说，

> 凡得宁息在基督所启示的上帝的人，上帝必赐与人生价值与意义的真实答案。而其人亦必力求造福于社会群众，一则推广其教的神契，一则将其所发现的他世界下垂而入现世界，以使现世界自超苦恶，而上向他世界。如此，则今之所谓社会福音，乃有深广的根源。[15]

不仅如此，赵紫宸在1939年出版了介绍巴特（Karl Barth）神学思想的著作《巴德的宗教思想》，全书三万字左右，分别用十二章介绍了巴特的生平、思想背景与主要神学观点。[16]尽管赵紫宸此时尝试将巴特的基本神学思想介绍给中国的信徒。但是，他却明确声明自己"并非巴特派中的人，但深愿不执己见，用同情的心态，谦抑的领会，叙述巴特的思想"。[17]直到1941年赵紫宸被捕入狱，在狱中重新反思信仰、神学，他开始承认巴特神学所强调的"唯独恩典"。[18]然而，纵观赵紫宸整个的神学思想，巴特所产生的影响仍然较小。但是，在此阶段，赵紫宸却先后出版了《学仁》，《耶稣传》，《基督教进解》，《圣保罗传》，《从中国文化说到基督教》，《系狱记》，《基督教的伦理》，及《神学四讲》，基本奠定了他整个的神学、伦理学方向；晚期（1948-1956），赵紫宸的神学思想日趋成熟，遗憾的是他在此时期留下的神学论述不多。

从赵紫宸整个的神学任务而言，旨在说明基督教能够适应中国人的需要，并且对中国社会有一定的功用。因此，学者总结赵紫宸的神学是一种"脉络神学"，或者"相关神学"（a theology of relevance）。[19]顾名思义，"脉络神学"，或"相关神学"主要意指神学与其时代的境遇息息相关。毋庸置疑，二十世纪的中国正经历前所未有的巨变，政治、文化与道德上都处于新旧的交替状态，且面临内战与外扰之忧。作为基督徒知识分子，赵紫宸亦不能免于救国情怀，他积极尝试从基督教寻求国家社会重建之基础。

---

15 赵紫宸，"我的宗教经验"，载于徐宝谦编，《宗教经验谭》（上海：青年协会书局，1934），第74页。

16 文庸等编辑，《赵紫宸文集》，卷二，第2页。

17 文庸等编辑，《赵紫宸文集》，卷二，第30页。

18 文庸等编辑，《赵紫宸文集》，卷二，第447-448页。

19 古爱华，《赵紫宸的神学思想》，第 xi 页；林荣洪，《曲高和寡：赵紫宸的生平及神学》，第307页；邢福增，《寻索基督教的独特性—赵紫宸神学论集》（香港：建道神学院，2003），第3页。

因此，在赵紫宸而言，基督教是一个以伦理为取向的宗教，其固有的精神与道德力量能够对中国的重建产生重大作用。于是，赵紫宸认定基督教能够救中国，且基督教与其他宗教之别在于耶稣基督之人格。由此，赵紫宸从上帝论，基督论之进路入手来探讨神学，并以此来建构其伦理学。赵紫宸认为，耶稣代表上帝的人格，他是完完全全的人，他的一生展现了有人格的道德生命之典范。因此，人们应当跟随耶稣基督，以其人格为榜样效法他，从而建立自己的人格。但是，效法耶稣基督首先在于人能够认识上帝，以及神人同性之特征，这是信徒人格建立之基础。尽管如此，总体上赵紫宸整个的人格伦理主要还是以基督论为中心，且他主要强调耶稣基督的人性而非神性。

总结而言，赵紫宸与侯活士都强调基督论，尤其强调耶稣基督的人性。但是，笔者认为，较之侯活士所不同的是，赵紫宸更强调耶稣是我们个人生活与社会生活之典范，即，他严格区分了耶稣的伦理不仅仅是个人伦理，也是社会伦理。对此，侯活士却更强调群体的社会伦理。当然，赵紫宸强调个人伦理与其儒家之背景密切关联，儒家伦理强调"修身齐家治国平天下"，"修身"是"齐家治国平天下"之基础。因此，个人首先要进行自我修养，才能整顿好家，从而治理好国家，使美德彰显于天下。该伦理之秩序是由近及远，由己及人而逐渐把伦理标准向外推广。

因此，正是基于个人伦理与社会伦理之别，在具体道德实践个案中，侯活士与赵紫宸存有分歧。比如，在和平的实践上，侯活士强调群体绝对的和平，甚至可以为此付上生命的代价。侯活士解释，信徒群体是具有德性生命之群体，他们／她们不是以"以牙还牙，以眼还眼"之方式去面对邪恶与暴力，而是透过耶稣基督获取能力得以和平应对之。尽管这可能付上生命之代价，但他们／她们确知生命的意义不在于自身的生死存亡，而在于终末的盼望；他们／她们牺牲，或曰殉道忍受苦难，在于确知谁才能够真正决定生命之意义。[20]

较之，赵紫宸却在和平之实践上明显有别。赵紫宸的时代，当日本帝国主义侵占中国时。赵紫宸指出，基督教的爱并不完全排除暴力反抗的可能性，尤其在爱不能维持的极端野蛮局势下，信徒群体同样允许以爱的原则来保护自己和同胞，因为信徒的生命同样宝贵。[21]并且，为达致最终的和平，信徒群

---

20 Stanley Hauerwas and Charles Pinches, *Christians among the Virtues: Theological Conversations with Ancient and Modern Ethics*, pp. 122-124.
21 文庸等编辑，《赵紫宸文集》，卷一，第 429-430 页。

体可以以武力之方式应对暴力。但是，相对于信徒个体，赵紫宸却主张绝对的和平。1941年，美日太平洋战争爆发，赵紫宸等被日军投入监狱达半年之久。在狱中，赵紫宸面对日军的威胁与欺辱，他的回应主要基于〈登山宝训〉中耶稣所宣讲的非暴力、不抵抗之教导。因此，赵紫宸将生死置之度外，唯独思忖耶稣基督的死亡如何体现了上帝之爱，以及表达了耶稣基督如何至终胜过了罪恶。[22]由此可见，赵紫宸把绝对的爱与非暴力严格限制在个人伦理领域，他所理解的耶稣基督的教训仅仅是关乎个人的非暴力，而不是群体绝对的非暴力。

然而，为什么同样是效法耶稣，强调爱与和平，却有两种不同的伦理划分与实践。笔者认为有两方面的原因：其一，不同的伦理前设。侯活士设定，效法耶稣就是做耶稣的门徒，忠实于耶稣基督的教导，透过自身的生命去见证宽恕、忍耐、爱与非暴力之德性；[23]赵紫宸则设定，耶稣的教导主要展示了其人格精神之所在，信徒效法耶稣的人格，在动机上有爱心，在现实中却可以"不必咬文嚼字，泥守章句"。换言之，信徒总体上应当遵循耶稣的言训，却在具体实践中不必拘泥个别字句。显然，赵紫宸认识到教导与实践之间的张力，认为耶稣之爱并不能够完全解决现实社会问题，尤其是国家与国家之间的冲突。因为罪恶、强权的势力远远高于爱的力量，如果择爱固执，并不能达致爱之用意与目的。[24]进一步，固执的爱于事无补，杯水车薪，不能救拔国家于沦亡。因此，耶稣之爱只能适用于个人方面，如果推广至社会方面则不完全可行。

其二，不同的天国观与教会观。侯活士认为，天国是已然未然的（already but not yet）世界。因为耶稣基督的生命、受死与复活已经展开了上帝的国度，[25]而且耶稣的生命亦已经见证了上帝国度所呈现的样子。[26]由此耶稣呼召和

---

22 文庸等编辑，《赵紫宸文集》，卷一，第463页；第447页。

23 Stanley Hauerwas, *Christian Existence Today: Essays on Church, World, and Living in Between*, p. 95.

24 笔者认为，对此赵紫宸的观点很像莱茵霍尔德·尼布尔。尼布尔认为，这种爱可能是没有功效的（ineffective），是事与愿违的（counter-productive），或者不负责任的（irresponsible）。参见，Ping-cheung Lo, "The Structure of Reinhold Niebuhr's Social Ethics: Illustrated by His Stance Toward War and Peace," 1984, p.12. 注明：该文章暂未发表。

25 Stanley Hauerwas, *The Peaceable Kingdom: A Primer in Christian Ethics*, p. 82.

26 Stanley Hauerwas, *The Peaceable Kingdom: A Primer in Christian Ethics*, pp. 72-85.

邀请信徒的参与，以共同见证上帝的国度，且等候耶稣基督的再临。基于此，侯活士强调教会是见证上帝国度之群体，它有自己可见的标记--浸礼、圣餐、宣讲与圣洁生命。[27]它的任务是成为教会，成为圣洁和平之群体，以让世界看见上帝国度临在的晨曦。因此，侯活士强调有形可见的教会，其作品几乎不讨论不可见之教会。再者，侯活士强调教会群体而不是个人，其原因是他批判北美社会的个人主义。[28]不仅如此，侯活士认为《圣经》故事展示的是上帝与群体之故事，包括耶稣基督的〈登山宝训〉也不是展现某种个人主义式的理想。[29]因此，侯活士强调教会伦理就是社会伦理，而无需发展一套个人伦理。

　　较之，赵紫宸却强调天国在人间。他解释，所谓天国，意指上帝子女的团契，惟以爱为法律，以耶稣为导师。牠是世界中的世界，人间内的人间，不躲避现实，乃要因心灵的团契而改变现实。换言之，天国超世，却不离世。[30]进一步，天国有形有体的机构是教会，教会的任务是以天国的成全为目标。其宗旨是要造成社会的和平，秩序，进展，以至于人人都发达，快愉，与成全。[31]从赵紫宸而言，教会的任务是实现天国在人间，由此教会必然不能消极避世，而是积极进取，努力达致一个理想的人间秩序。那么，教会就要面对现实，参与到社会、政治和经济等领域，以寻求社会的改善，这是群体性的要务。另一方面，赵紫宸又认识到群体，乃至社会的转变始于个体，唯有个人身心灵的转变才能影响群体，从而达致社会之变革。[32]再者，耶稣基督的教导不仅体现在个人伦理，亦在社会伦理中。换言之，它们能在个人生活与社会生活中分别行出来。

　　最后，通过以上比较可知，侯活士强调绝对的和平主义，而赵紫宸却对此有所保留。事实上，在现实语境中侯活士的绝对和平主义主张常常被学者批评为不切实际的理想主义。比如，诺瓦克（David Novak）在其文章〈从侯活士的立场为尼布尔辩护〉（Defending Niebuhr from Hauerwas）中就质疑侯活

---

27 Stanley Hauerwas, *The Peaceable Kingdom: A Primer in Christian Ethics*, p. 108.

28 Stanley Hauerwas, *Unleashing the Scripture: Freeing the Bible from Captivity to America*, p. 35.

29 Stanley Hauerwas and William H. Willimon, *Resident Aliens: Life in the Christian Colony*, p. 77.

30 文庸等编辑，《赵紫宸文集》，卷一，第434-435。

31 文庸等编辑，《赵紫宸文集》，卷二，第503页；第507页。

32 文庸等编辑，《赵紫宸文集》，卷一，第357-448页。

士，"如果在 1933-1945 年，侯活士如尼布尔与巴特那样正面对纳粹对犹太人的迫害，他可能对此作出何种回应"。[33]并且，更为现实的意义是"我作为 1941 年出生的犹太人，之所以还能生存下来必然归谢于尼布尔，以及像尼布尔那样受公共神学影响之学者"。[34]笔者的关注焦点不在于诺瓦克的存活究竟在多大程度上取决于尼布尔以及那些公然反抗纳粹之先辈，而在于就诺瓦克与其时代的犹太人之生存语境与情感而言，他们／她们对侯活士绝对和平主义的质疑。因为基于相似的语境与情感，诺瓦克的质疑可能正好反映了赵紫宸对侯活士绝对和平主义之挑战。

在赵紫宸的时代，中国正遭遇日本帝国主义惨无人道的侵略与屠杀。尽管赵紫宸从个人伦理出发，决定效法基督，追求绝对的和平。但是，从社会伦理出发，赵紫宸批判绝对和平主义。他解释，"唯爱，乃是冒险倔强，用道义去抵御罪恶强权"。[35]因此，赵紫宸剖析了爱的局限性与非理性，指出以爱对恶，在现实语境无疑是不理智的冒险，这付出的代价可能是沉重的。由此，赵紫宸拒绝绝对的和平主义主张。他说，"当前中国需要的不是唯爱主义，或者非抵抗的教义，中国面临的困境是如何抵抗外寇之侵夺，且唯有抵抗才可以拯救国家于沦亡"。[36]

因此，以比较作为探讨的基础，笔者想问，如果角色互换将侯活士置身于赵紫宸的境遇--面临国家的存亡沦陷，人民遭受惨无人道之屠杀，他依然能够坚持绝对的和平主义吗？笔者尝试通过美国两位著名的神学家理查德·尼布尔与莱因霍尔德·尼布尔对此事件的回应来作答。因为，侯活士通过对他们二者的回应，侧面解释了他在此真实事件上的立场。

11.2 和平的现实挑战：日本侵华事件

1931 年，日本在东北发动"九一八事变"开始侵华，先后日军占领了东

---

33 David Novak, "Defending Niebuhr from Hauerwas," *Journal of Religious Ethics,* 40/2, 2012, p. 283.

34 David Novak, "Defending Niebuhr from Hauerwas," *Journal of Religious Ethics,* 40/2, 2012, p. 293. 关于"公共神学"之定义，智者见智，不同学者有不同的定义。这里提及的"公共神学"，意指神学对公共相关的共同议题之讨论，这种讨论，或者解释与建构被视为神学的价值。

35 文庸等编辑，《赵紫宸文集》，卷一，第 430 页。

36 王晓朝编辑，《赵紫宸文集》，卷五，第 395 页。

北三省。1937 年，七七事变（卢沟桥事变）则是掀开日军全面侵华的序幕。但是，1932 年，在日本侵华事件爆发后。美国神学家理查德·尼布尔首先应《基督教世纪》（Christian Century）邀请对此事件撰文呈明观点。在其文章〈什么都不做的恩典〉〈The Grace of Doing Nothing〉中，他说，"我们渴望对此积极地做些什么，但是，这些行动都是毫无建设性的；我们似乎觉得自己能够解决该事端，却意识到我们其实什么都不能做。然而，即便我们什么都不做，我们却仍然影响历史的进程，因为我们相信那位真神。由此，我们选择不行动是基于一种深远的盼望，是基于对上帝的信"。[37]

其次，莱因霍尔德·尼布尔又应《基督教世纪》的邀请来回应此事件。他撰文〈我们必须什么都不做吗？〉（Must We Do Nothing?），一方面澄清了他在该事件上之立场；另一方面又回应了对其弟弟理查德·尼布尔的看法。文中，莱因霍尔德·尼布尔严厉地批评理查德·尼布尔持守的绝对和平主义立场，莱因霍尔德·尼布尔说，

> 个人可能投射的最高理想，就社会或者集体而言，是永不可能实现的。爱可以缓解历史中的社会斗争，却永不可能消除它。而那些尝试用完美的爱来应对世界的人将可能死于十字架上。[38]

因此，"在实践上，尤其是在目前此具体的议题上，我们的应对方式是必须劝阻日本的武力威胁。如果迫不得已，就必须采纳武力挫败日本的侵略方案，并必须尽量减少武力使用的程度，防止演变成更大暴力冲突"。[39]因此，尼布尔批评理查德·尼布尔在伦理上的完美主义，或者理想主义。

11.3　侯活士与赵紫宸之回应

从两位神学家对日本侵华事件的回应与论辩中，我们发现历史上就此事件已呈现出非暴力与暴力两种截然不同的态度。前面笔者提及，如果侯活士置身于赵紫宸的境遇，他可能如何作答。虽然侯活士无法在当时参与该讨论，

37　本文于 1932 年 3 月 23 日发表于《基督教世纪》。可参见，
　　http://www.ucc.org/beliefs/theology/the-grace-of-doing-nothing.html
38　参见，http://www.ucc.org/beliefs/theology/the-grace-of-doing-nothing.html；Stanley Hauerwas, *The Peaceable Kingdom: A Primer in Christian Ethics*, p. 140.
39　本文于 1932 年 3 月 30 日发表于《基督教世纪》。可参见，
　　http://www.ucc.org/beliefs/theology/must-we-do-nothing.html

但是，这并不意味着他对此事件充耳不闻，漠然视之。相反，他在著作中特别澄明了自己的立场，并对此引发了深刻的反思。侯活士在其作品《和平的国度》中谈到，尼布尔兄弟 1932 对日本侵华事件的回应仍与我们现在的语境密切相关，他们的立场与我的立场更具相关性。[40]

具体而言，在该事件的回应上侯活士的立场与理查德·尼布尔一致。侯活士解释，理查德·尼布尔所主张的"什么都不做的恩典"是基于对上帝的信。但是，侯活士提供的理据却与其不同。他认为，"我们有耐心持守这种不行动，其原因在于这个世界是与上帝的故事相关联的，而上帝有权借着我们的忠心与不忠心，让和平国度临在。由此也让我们看见，我们需要具备忍耐与盼望之德性去面对暴力"。[41]

不仅如此，侯活士还批判了莱因霍尔德·尼布尔主张暴力之立场。侯活士指出，莱因霍尔德·尼布尔的立场建基于他对我们存在的悲剧性特征之理解。尽管莱因霍尔德·尼布尔亦相信末世的盼望。但是，他更强调该盼望不可能在历史之中实现，而只能在历史之外实现。那么，我们在历史中的存在，就需要坚持追求更接近公义，同时采纳更少的暴力来解决问题。[42]然而，侯活士则坚持，基督徒寻求的和平不是尼布尔所说那种不可能之理想，该理想不是绝对和谐的，也不是因为抑制对公义的要求而免除冲突的一种秩序。相反，和平的国度是当下的实在，因为是上帝让这和平成为可能。因此，作为耶稣的门徒我们必须承受现实必须的悲剧，而无需让其他人为此付上代价。[43]

由此观之，从侯活士对两位尼布尔的回应中已经间接反映出侯活士对日本侵华事件的态度，以及对暴力与和平之看法。笔者试图继续追问的是，如果侯活士本人如同赵紫宸被迫置身于那时代，亲历过残酷的战争，亲眼目睹过日军的肆虐暴行，而不是作为旁观者来审视这一切，他依然能够持守绝对和平主义的立场吗？再者，角色互换，如果赵紫宸身处侯活士的语境，他又是否同意侯活士的立场呢？要尝试回答该类问题，则必须将侯活士与赵紫宸的伦理学同时置于历史与现实的境遇来分析。

---

40 Stanley Hauerwas, *The Peaceable Kingdom: A Primer in Christian Ethics*, p. 135.
41 Stanley Hauerwas, *The Peaceable Kingdom: A Primer in Christian Ethics*, p. 138.
42 Stanley Hauerwas, *The Peaceable Kingdom: A Primer in Christian Ethics*, p. 141.
43 Stanley Hauerwas, *The Peaceable Kingdom: A Primer in Christian Ethics*, p. 142; p. 145.

　　侯活士所处的时代，已远离两次世界大战，处于和平年代。并且，当今美国在国际社会中扮演的角色是"世界警察"。尽管它不会主动侵略他国，却常常因为干预其他国与国之间的冲突而卷入战争。尤其在9.11之后，美国采取了"先发制人"的策略，发动了反恐战争。反恐十年，美国付出的人力物力代价颇大。基于此现实语境，侯活士反省了自莱因霍尔德·尼布尔、拉姆齐与古斯塔夫森以来的美国新教伦理学家的战争伦理。他认识到，战争只可能带来更深重的反美、仇美情绪，要避免战争的威胁，包括消除产生针对美国的恐怖主义根源，则必须诉求宽恕、爱、友谊、忍耐、盼望与和平这样的德性与品格，以化解仇恨。由此可见，侯活士的伦理学主要是在回应当今美国的社会问题。

　　不仅如此，侯活士主张绝对的和平主义，这在其所处的时代并非孤掌难鸣。正如我们在前面提及，侯活士的神学伦理学受尤达影响，而尤达是门诺会信徒，其神学伦理学的基础主要建基于其传统--主张绝对的和平主义。因此，在基督新教学术界，侯活士的绝对和平主义主张并非寂寥无声，在侯活士之前已经有学者不断强调之，并引起了学界之关注。再者，就美国的新教教派而言，今天仍然存在门诺会，阿们派（Amish）与哈特（Hutterite）这样一些受重洗派（anabaptist）影响的小教派，它们的共同特点是不主张战争，而是坚持绝对的和平主义。这些小教派的主张与立场仍然为当今的美国人所了解与熟悉，尽管大多数美国人未必完全认同，甚至反对之。但是，它们同样存在与当今的美国社会，且有一定的影响。再者，从近代历史而言，美国牧师马丁·路德·金以非暴力的公民抗命方法争取非裔美国人的基本权利，后来却获得了广泛的赞赏，更获得诺贝尔和平奖。由此可知，主张非暴力，绝对和平主义则在美国相对容易，要在美国信徒中持守这些观念也不是特别困难，毕竟他们／她们有坚守该立场的历史、传统与群体。对此，侯活士本人也承认"要在美国实践非暴力，可能比在中国来得容易"。[44]

　　较之，从中国而言，在中国哲学思想中，从来没有绝对的和平主义观念。就墨家思想而言，尽管墨家反对战争，但其反战的立场并不等同于绝对的和平主义，他们／她们亦不是绝对的和平主义者。因为他们／她们仅仅反对用战争来解决国与国之间的冲突纠纷，却认同自卫战在道德上的合法性。并且，墨家强调这种"不得已"的武力反抗是纯粹的自卫行动（purely self-defensive）。

---

44 侯活士著，纪荣智译，《和平的国度：基督教伦理学献议》（香港：基道出版社，2010），第 vi 页。

[45]因此，从中国的语境而言，赵紫宸尝试坚持绝对的和平主义则非常困难。并且，所谓绝对的和平主义，该观念来自基督教，而基督教在赵紫宸的时代更是少数群体的信仰。换言之，在赵紫宸的时代要信仰基督教已经较困难，更何况在遭受武力侵略的历史境遇下，要求人们接受基督教所主张的绝对和平主义则更是难上加难。当然不可否认，在赵紫宸的时代曾经出现过唯爱论者，但是，他／她的主张与多数人的呼声格格不入，被视为荒唐、不负责任的行为，受到了广泛的批评。正如研究中国基督教唯爱主义运动的历史学者姚西伊所言，

> 如果说 1925 年五卅运动以前中国基督徒群体在追求和平的道德取向上还保持着表面上的、相对的一致，那么五卅运动以后这种一致便开始面临着日益严重的考验。特别是"九‧一八"引发了教会内在此问题上的热烈讨论，一直持续到抗日战争全面爆发，结果造成了基督徒在战争与和平问题上的分裂。当时，唯爱主义者的非战立场已不复具有往日的号召力，反而处在争辩的漩涡中间，承受着来自各方的批评与质疑。[46]

> 一部分武力抵抗派对唯爱主义的反应是相当激烈的，相当情绪化的。九‧一八之后有人著文质问："如果非武力不足以保障世界的和平，为什么基督徒不可以借用武力呢？如果非战争不能够实现人类的正义，为什么基督徒不应该参加战争呢？我们别再为绝对无抵抗者所愚弄了！我们别再为极端和平主义者所麻醉了！"这等于说，唯爱主义对当时的民族救亡运动只能起到负面的作用。这一类对唯爱主义的严厉指责在那个时期是相当普遍的。[47]

就此而言，唯爱论者要坚持其主张是何等困难。因此，在亡国的压力下，在武力抵抗派的严厉指责下，赵紫宸本人也不得不从曾经坚持唯爱主义转向武力抵抗。由此可见，侯活士与赵紫宸生存的时代背景，以及双方绝对和平主义的来源都存在极大差异，这导致了他们对该立场的不同回应。尤其重要的是，在赵紫宸的时代，战争是中国人必须面对的问题，全国上下都积极投入抗日救亡运动中，赵紫宸必须面对该现实并作出合乎时宜之决定。并且，

---

45 Ping-cheung Lo, "The Art of War Corpus and Chinese Just War Ethics Past and Present," p. 439; p. 435.

46 姚西伊，《中国基督教唯爱主义运动》，第 77 页。

47 姚西伊，《中国基督教唯爱主义运动》，第 85 页。

在国家、民族危在旦夕之时，即便赵紫宸尝试坚持和平主义，却亦孤掌难鸣，他身边的同盟者都在纷纷转向，他本人也在不断承受武力派的严厉指责。比如，

> 熊镇岐对唯爱论者的忠告是：不要空言爱字。在人的压迫下，宰割下，支配下，尤其不要说，因为这是自欺欺人的话。而且，暂时把这爱的宗教藏在心的宝库里，且等到自己的羽毛丰满了以后，才配用这爱的翼翅来抚护众生。总之，在效果上则有害无益。它的理念确实高尚，但脱节于中华民族的严酷生存环境，其真正的实行还有待将来。[48]

因此，赵紫宸最后必须放弃绝对和平主义主张。由此不难理解侯活士与赵紫宸对同样的道德问题持有不同的立场。总结而言，这一方面与他们各自身处的现实语境相关。毕竟二者处于不同的年代，且各自国家所面临的生存处境迥异；另一方面这与其神学传统密切相关。正如前面所言，侯活士的神学受尤达影响，而尤达的门诺会（Mennonite）传统主张绝对的和平主义。但是，就赵紫宸而言，其神学主要受美国十九世纪神学传统塑造，该传统对战争的看法是多元的。换言之，维护正义之战争是允许的。

进一步，针对战争的伦理话题从历史至今争论不休，它依然具有重要的现实意义与理论意义。并且，就战争的话题，侯活士始终不断在积极寻求与中国学者的对话，甚至提出了自己的期望。侯活士解释，

> 我认为基督论与非暴力的关系特别重要，因中国与美国于未来发生冲突之可能性犹存。经济学家与政治学家指出，接下来几个世纪中，中国与美国难免会展开激烈竞争，甚至可能会彼此为敌对。若情况真的如此，中国与美国的基督徒最要紧的是，不要由得国族之身份认同，主导了我们如何与其他基督徒相处。[49]

由此观之，我们今天在当下的现实语境中对该问题之讨论依然重要，这亦相应地呈现出比较之意义。通过比较，从二者之伦理境遇，以及伦理方案，更深刻地帮助我们反省暴力与和平不仅仅是理论之探索，更是现实之实践，因为它关乎于我们的存在方式。

不仅如此，通过比较，在具体的战争与和平之道德议题上。笔者认为赵

---

48 姚西伊，《中国基督教唯爱主义运动》，第 85 页。

49 侯活士著，纪荣智译，《和平的国度：基督教伦理学献议》，第 vi 页。

紫宸的和平实践与观念更具有现实意义，因为它并非独断式或者教条化的范例，它实在反映了在战火硝烟的时代，在国家面临灭绝之灾的情况下，基督徒面对现实之巨大挑战与回应。它或许能够为和平时代语境下，侯活士主张的绝对和平主义观念提供不同实践上之有效反省与思考。这也体现了二者灾道德议题上对话之必要性。

总结而言，基于相同的神学进路，不同的社会语境。侯活士与赵紫宸对具体道德议题的探讨有所分歧。但是，就整体的理论架构而言，二者却基本一致。比如，通过对侯活士与赵紫宸的神学进路比较可知，他们都强调基督论，都以耶稣基督的生平与事工作为伦理探讨的基础。但是，基于不同的神学传统和文化传统，他们对同一基督，又有不同的理解。不仅如此，他们的神学进路并不完全规限了他们各自对同一道德议题之回应，因为神学作为一门实践之学科，它需要置身于具体的语境。并且，在不同的语境中他们展现了对同一道德议题之不同回应。在这些回应背后，更促进我们进一步思考，和平固然重要，但是，面对历史上不同形态的暴力主张与行为，如何给出恰当的解释与分析；而且，在现实的暴力面前，我们又能如何有效地抑制暴力，以及暴力带来的危害。由此，我们盼望以圣经、神学为基础的品格（人格）伦理学能够对此提供相应的答案。

11.4 结论与寄语

20 世纪 50 年代西方德性伦理复兴，呈现出对现代西方伦理困境的反思和批判。西方伦理困境体现在实践与理论两方面：一是在现代性的背景下，现代人的生活面临着多元的、相互冲突的道德价值，从而使人们的道德生活呈现无序状态；二是作为对道德现实问题（如堕胎、死刑、安乐死、贫穷等）的理论回应，则过于侧重于技术性与可操作性的理论框架，而忽视了行为者主体的内在品性。因此，德性伦理之复兴势在必行。并且，这已经体现在学界，罗秉祥评论道，"晚近 20 年英语世界道德哲学的最重大发展是美德伦理学的复兴。除了新亚里士多德学派，还有休谟学派，尼采学派及基督教学派等，百家争鸣，都在发扬德性伦理学。同样的复兴也在医疗伦理学领域发生"。[50]

---

50 罗秉祥，"传统中国医疗伦理对当代美德医疗伦理学可作的贡献"，载《生命伦理学的中国哲学思考》（北京：中国人民大学出版社，2013），第 239 页。比如，《生

　　紧随西方的德性伦理复兴，在中国道德哲学界，学者对西方德性伦理之探讨兴趣亦在加增，这主要体现在学者对亚里士多德、麦金泰尔德性伦理学的关注上。比如，学者不断将其德性伦理学的代表作先后翻译成中文，[51]并给予各方面之探讨。不仅如此，在西方德性伦理复兴的潮流下，中国本土的儒家德性伦理学亦在复兴。确切地说，近十多年来，中国大陆的儒家论述日渐活跃，并在学术思想界出现了"大陆新儒家"群体，正在推动一场儒家复兴运动。这些知识分子提出复兴儒家的理由在于：一方面可以维护中国文化的独特性；另一方面，更重要的是为了应对中国现代化遭遇的道德困境。他们／她们指出儒家的德性论旨在强调个体的道德修养，这对于培育有品格之人意义深远，因为它能够从根本上解决现实的道德问题。由此可见，德性伦理学无论在中西方都得到了相应的发展和认可，且其复兴与发展意义深远。

　　在中西方德性伦理复兴的潮流中，笔者留意到，早在 20 世纪 20 年代中国基督新教伦理学界曾对德性伦理有所探讨，其表表者是赵紫宸。遗憾的是，继此探讨之后，再无学者关注之。但是，就中国当下的伦理困境而言，较之西方并无两样。然而，中国新教界却缺乏一套系统的伦理学说来应对之。在此情况下，对于新教德性伦理学的探讨无疑有助于中国信徒的思考，并能够提供理论与实践上之指导。再者，德性伦理学本身是强调道德生命塑造的学科，它与基督新教所注重的生命教育密切相关。比如，基督教强调的属灵生

物医疗伦理学原则》（ *Principles of Biomedical Ethics* ），这本名著从 1977 年第一版到 2009 年，一共出版了 6 版，每版都有重要修改。在 2009 年的最新版本（第 6 版 ）中，该书已不再批评美德伦理学，而且承认其优点。最初这本书只强调四个道德原则，但逐渐可以看到书中对于美德伦理学的态度起了变化，从完全忽视到批评，到承认其优点，到最后赞扬美德伦理学。参见，罗秉祥，"传统中国医疗伦理对当代美德医疗伦理学可作的贡献"，第 240 页。

51　1999 年，苗力田编译《亚里士多德选集》（包括伦理学卷，政治学卷）（北京：中国人民大学出版社）；1999 年，苗力田译《尼各马科伦理学》（ *Nicomachean Ethics* ）（北京：中国人民大学出版社）；2003 年，廖申白译《尼各马科伦理学》（ *Nicomachean Ethics* ）（北京：商务印书馆）；1995 年，龚群 戴扬毅等翻译麦金泰尔的《德性之后》（ *After Virtue: A Study in Moral Theory* ）（北京：中国社会科学）；1996 年，万俊人等译《谁之正义？何种合理性？》（北京：当代中国出版社）（ *Whose Justice? Which Rationality?* ）；2003 年，宋继杰译《追随德性》（ *After Virtue: A Study in Moral Theory* ）（南京：译林出版社）；1999 年，万俊人等译《三种对立的道德探究观》（ *Three Rival Versions of Moral Enquiry* ）（北京：中国社会科学出版社）。

命培育与操练，这与德性伦理学中强调培养行为者的德性生命如出一辙，即，它们都关注"行为者"的品性，行事为人。并且，中国文化主体上还是儒家文化的延续，即，倡导儒家德性伦理传统，重视个体生命的德性质量。因此，德性伦理学，包括基督新教德性伦理学在中国的发展能够获得非信徒与信徒之理解与接受，乃至获得彼此在该理论上的对话与交流。因此，德性伦理在中国基督新教界的发展同等重要。

不仅如此，今天的中国基督新教信徒数量剧增，当中的基督徒知识分子比例亦逐年增加。甚至有些基督徒学者，并不仅仅满足于个体信仰的追求，也积极投身于公共空间作盐作光。但是，面对复杂的社会道德问题，他们／她们缺乏基于信仰之有理有力之解说与立场。较多时候，其道德言说不是过于激烈的、教条式的叫嚷，就是没有立论的，模棱两可的相对主义。简言之，其道德回应软弱无力。如果依循《圣经》的教导，要求信徒在此世界作盐作光，那么，他／她首先要明白《圣经》所要求的信徒是：作为一个有品格的道德生命者在此世界效法耶稣基督，践行有德性的道德生活。换言之，信徒本身践行有德性之道德生活就是对现实世界复杂的社会道德问题之回应，更是作盐作光之明证。这比任何形式的道德演说更有力。于是，在此思考下更引发笔者比较侯活士的品格伦理与赵紫宸的人格伦理，盼借此讨论能够促进德性伦理学在基督新教界的探讨和交流。

需要指出，该比较的方法论不是尝试指出侯活士与赵紫宸的品格（人格）伦理学孰是孰非，而是盼望一方面促进德性伦理学在中国基督教新教界之发展；另一方面更能够丰富我们对"效法耶稣基督，实践道德生命"之体认，从而展开神学与实践上之反省。在此意义而言，该书不仅仅是一种比较研究，还是两位神学伦理学家之间的一种对话、彼此询问与彼此互换之讨论，旨在达致理论与实践上有效的互补。

在此方法论的指导下，本书通过以上三部分的研究：一是从西方道德哲学背景和新教神学伦理传统出发，以自我、视景与叙事为基础讨论了侯活士的品格概念，以及群体品格的塑造与道德生活实践；二是从儒家传统背景和新教神学伦理传统出发，探讨了赵紫宸的人格概念，以及个体和群体的人格塑造与道德生活实践；三是以侯活士品格伦理与赵紫宸人格伦理思想的语境、发展和目的为起点，比较了二者在理论上，以及在具体道德议题上之异同点。最后得出以下结论：通过比较，一方面展现了二者伦理思想的独特性，亦指出了各自实践主张在不同文化语境下实现，或者借鉴之可能；另一方面，较准确地揭示二者的品格（人格）伦理确具有高度的相似性与差异性，或者有交迭与相异之处。但是，二者的差异性并不能遮蔽二者伦理学之重要相似之处：如何效法耶稣基督成为圣洁和平之群体，并在现实生活中实践道德生命。这亦是本论文研究的重要主题之一，它具有重要现实意义--能够帮助我们理解何谓多元而又合一的信仰生活，而该信仰生活又不断挑战我们去重新视景效法耶稣基督之意义，并指导信徒群体如何在现实社会实践的参与中作耶稣的门徒。

最后，在战争与和平的道德议题上，笔者从侯活士与赵紫宸各自的立场出发相互询问二者道德实践之目的、原则和意义，从而进行了跨文化之对话。这种对话一方面指出他们各自伦理理论和实践在不同文化语境下实现与彼此借鉴之可能；另一方面，以历史为明鉴，更指出该对话在当下语境仍然举足轻重，值得继续深入探讨。

因为从赵紫宸亲身经历日本侵华战争至侯活士今天身处反恐怖主义战争的语境可知，战争从未曾远离现存世界。而各国各界对战争与和平的纷繁讨论亦方兴未艾、争论不休，彼此之间各执己见，态度与看法各异--有人表示赞同，有人表示反对。并且，溯本求源回到赵紫宸的战争时代，再反观当今的反恐战争，无需争议的现实是：武器已经改良，杀伤力与破坏力却不断攀升。换言之，战争的残酷性没有因为时代之改变而逐渐减弱。相反，在残忍的攻略、计谋讨伐和镇压下，呈现出的依然是一片冷酷与悲凄的场面，生命和财产付出的代价更是天文数字。我们不禁要询问，战争为何依然存在，又如何解决之？针对前一个问题的答案，一言蔽之，战争是由于人罪之本性决定的。既如此，如何避免、或者消除战争？两位神学伦理学家给予的答案是：以绝对的和平主义与相对的和平主义应对之。并且，他们以《圣经》（主要是新约）与神学为基础阐释了各自观点的合理性，却在现实实践中产生了分歧。比如，赵紫宸最后还是放弃了最初的绝对和平主义立场，支持相对的和平主义，即，支持国家自卫战的同时继续仰望上帝阻止日本军国主义的侵略战争，从而带来和平；侯活士却由始至终坚持绝对的和平主义。为何同样基于和平主义的立场，却有如此实践上之分歧？

在掩卷之余，笔者尝试就此问题提出个人见解。笔者认为，侯活士与赵紫宸在和平主义实践上的分歧，一方面反映出《圣经》福音的和平与战争的残酷之间的矛盾。比如，赵紫宸如果坚持绝对的和平主义，其国可能灭亡，其民命不保；较之，侯活士的绝对和平主义主张是针对美国这个民主国家而言的，他驳斥战争，主张和平，是他表达意见的特权和权利。换言之，侯活士的主张无需为自己的国家付出另一个更重要的责任和代价；另一方面亦反映出和平主义理论本身的不完整性。和平主义认为暴力和战争从根本上就是错误的，在道德上不可能证明任何暴力行为的正当性。因此，和平主义拒斥一切的暴力行为，它最主要的理论基础源于基督教的诫命"不可杀人"。在《圣经》〈登山宝训〉显示了耶稣基督面对邪恶所持的态度，也勾勒出信徒对付邪恶所持守的标准。在〈登山宝训〉中，耶稣将《新约》与《旧约》对比，指出了"不可杀人"之重要原则，强调宽恕下的和好应该取代血腥的报复。但是，〈登山宝训〉也认同国家抵制邪恶和惩治违法者的职责。因此，〈登山宝训〉设定了现实社会必须促进仁爱、宽恕与和平，但也要履行正义的职责。换言之，仁爱、宽恕与和平与其所要求的正义不可或缺。因此，纵然基督徒作为和平的使者，"若是可行，总要尽力与众人和睦"（《罗马书 3：18》）。但是，若有另一方不愿意，使得和平共处不再可能，该如何面对呢？作为信徒，首先要实施的是仁爱、和平与宽恕。这是本于《圣经》之教导："若是你的弟兄犯罪，就劝诫他；他若懊悔，就饶恕他"（《路加福音》17：3，和合本修订版）。然而，对方仍然没有悔改之意，以及悔改带来的行动，则不可轻易给予过早的宽恕。因为，宽恕与和平从来就不是廉价的，而必须付出沉重代价。耶稣基督本身就如此付出了巨大代价，他作为宽恕与和平的缔造者，为了促成神人之间的和好，就亲自交付自己，被悬挂在十字架上，受尽百般的苦。最后，在十字架上所流的血成就了和平（《歌罗西书》1：20）。因此，宽恕、悔改与达致和平，都要付出代价。

因此，这也解释了在实践上，赵紫宸最后从绝对的和平主义走向相对和平主义的原因。当其时，中国面对日本惨无人道的侵略，在使用一切和平调节的方法失败后，中国有自卫和保障国民基本生存的权力，相对的和平主义同样付出了惨重的代价。并且，传统神学思想一向有此主张，信仰与理性均要求基督信徒达致的真正和平是建立在正义基础上之和平。由此，在现实世界，基督徒作为和平之缔造者，追求达致和平更需要同时兼顾仁爱与正义。仅有仁爱而无正义，则为纵容，而绝对的和平主义在此方面容易造成偏差。

　　最后，本书比较了侯活士的品格伦理与赵紫宸的人格伦理，以及探讨了德性伦理学在中国基督新教领域发展之意义。遗憾的是，它毕竟是一篇字数、主题与内容有限之书籍。鉴于此，笔者无法在书中就基督新教德性伦理学之所有内容面面俱到，更无法给予更多的分析与评判。因此，笔者在此提出新的期望与展望--盼以此书为基础可以在未来的日子中进一步就德性伦理学之其他内容作出更多、更丰富的理论与实践探索，盼在促进基督新教德性伦理学在中国之发展尽微薄之力。

参考文献

一、侯活士的书籍

1975a *Character and the Christian Life: A Study in Theological Ethics*. San Antonio: Trinity University Press（The dissertation finished in 1968, originally published in 1975）.

1977 *Truthfulness and Tragedy: Further Investigations in Christian Ethics*（with Bondi, Richard and Burrell, David B.）. Notre Dame, Ind.: University of Notre Dame Press.

1981a *A Community of Character: Toward a Constructive Christian Social Ethic.* Notre Dame, Ind.: University of Notre Dame Press.

1981b Vision and Virtue: Essays in Christian Ethical Reflection. Notre Dame, Ind.: University of Notre Dame Press.

1983a *The Peaceable Kingdom: A Primer in Christian Ethics*. Notre Dame, Ind.: University of Notre Dame Press.

1984 *Should War Be Eliminated?: Philosophical and Theological Investigations.* Milwaukee, Wisconsin: Marquette University Press.

1986a Suffering Presence: Theological Reflections on Medicine, the Mentally Handicapped, and the Church. Notre Dame: University of Notre Dame Press.

1989 *Resident Aliens: Life in the Christian Colony*（with Willimon, William H.）. Nashville: Abingdon Press.

1990 *Naming the Silences: God, Medicine and the Problem of Suffering.* GrandRapids, Michigan: Eerdmans.

1991 *After Christendom: How the Church Is to Behave If Freedom, Justice, and a Christian Nation Are Bad Ideas.* Nashville: Abingdon Press.

1992a *Against the Nations: War and Survival in a Liberal Society.* Notre Dame: University of Notre Dame Press.

1992b *Preaching to Strangers*（with Willimon, William H.）. Louisville, Kentucky: Westminster.

1993 *Unleashing the Scripture: Freeing the Bible from Captivity to America*. Nashville: Abingdon Press.

1994a *Character and the Christian Life: A Study in Theological Ethics* （with new introduction）. Notre Dame, Ind.: University of Notre Dame Press.

1994b *Dispatches from the Front: Theological Engagements with the Secular*. Durham: Duke University Press.

1995 *In Good Company: The Church As Polis*. Notre Dame: University of Notre Dame Press.（1975 original version）.

1996a *Lord, Teach Us: The Lord's Prayer and the Christian Life* （with Saye, Scott C. and Willimon, William H.）. Nashville: Abingdon Press.

1996b *Where Resident Aliens Live: Exercises for Christian Practice* （with Willimon, William H.）. Nashville: Abingdon Press.

1997a *Christians Among the Virtues: Theological Conversations with Ancient and Modern Ethics*（with Pinches, Charles）. Notre Dame: University of Notre Dame Press.

1997b *Wilderness Wandering: Probing Twentieth-Century Theology and Philosophy*. Boulder, Colorado: Westview Press.

1998 *Sanctify Them in the Truth: Holiness Exemplified*. Nashville: Abingdon press.

1999 *The Truth About God: the Ten Commandments in Christian Life* （with Willimon, William H.）. Nashville: Abingdon press.

2000 *A Better Hope: Resource for a Church Confronting Capitalism, Democracy, and Postmodernity*. Grand Rapids, Michigan: Brazos Press.

2001 *Christian Existence Today: Essays on Church, World, and Living in Between*. Grand Rapids, Mich.: Brazos Press.

2002 *With the Grain of the Universe: the Church's Witness and Natural Theology*. Grand Rapids, Michigan: SCM Press.

2004a *Cross-Shattered Christ: Meditations on the Seven Last Words*. Grand Rapids, Michigan: Brazos Press.

2004b *Performing the Faith: Bonhoeffer and the Practice of Nonviolence*. Grand Rapids, Michigan: Brazos Press.

2004c *Disrupting Time: Sermons Prayers, and Sundries*. Eugene, Oreg: Cascade Books.

2006 *Matthew: Brazos Theological Commentary on the Bible*. Grand Rapids, Michigan: Brazos Press.

2007   *The State of the University: Academic Knowledges and the Knowledge of God*. Malden,Oxford, and Carlton: Blackwell Publishing Ltd.

2008a   *Living Gently in a Violent World: The Prophetic Witness of Weakness* （with Vanier, Jean）. Downers Grove, III.: IVP Books.

2008b   *Christianity, Democracy, and the Radical Ordinary*（with Coles, Romand）. Eugene, Oreg.: Cascade Books.

2009   *A Cross-Shattered Church: Reclaiming the Theological Heart of Preaching*. Grand Rapids, Mich.: Brazos Press.

2010   *Hannah's Child: A Theologian's Memoir*. Grand Rapids, Mich.: Wm. B. Eerdmans Publishing Company.

2011a   *Sunday Asylum: Being the Church in Occupied Territory*. United State: House Studio.

2011b   *War and the American Difference: Theological Reflections on Violence and National Identity*. Grand Rapids, MI: Baker Academic.

2011c   *Working with Words: On Learning to Speak Christian*. Eugene: Or.: Cascade Books.

二、侯活士的文章

1973   "The Self As Story: Religion and Morality from the Agent's Perspective." *Journal of Religious Ethics*, 1（Fall）:73-85.

1983b   "On Keeping Theological Ethics Theological." In Berkman, John and Cartwright, Michael eds., 2001, pp.51-74.

1985   "A Retrospective Assessment of An 'Ethics of Character': The Development of Hauerwas's Theological Project." In Berkman, John and Cartwright, Michael eds., 2001, pp.75-89.

1986b   "The Church As God's New Language." In Berkman, John and Cartwright, Michael eds., 2001, pp.142-161.

1988b   "Why the 'Sectarian Temptation' Is a Misrepresentation: A Response to James Gustafson." In Berkman, John and Cartwright, Michael eds., 2001, pp.90-109.

1992c   "The Church and/As God's Non-Violent Imagination."（with Kenneson, Philip D.）*Pro Ecclesia* 1/1:76-88.

1996c   "Murdochian Muddles: Can We Get through Them If God Does Not Exist?." In Antonaccio, Maria and Schweiker, William eds., 1996, pp.190-208.

1997c   "How 'Christian Ethics' Came to Be." In Berkman, John and Cartwright, Michael eds., 2001, pp.37-50.

1997d   "Failure of Communication or A Case of Uncomprehending Feminism." *Scottish Journal of Theology*, 50（1997）, pp.228-239.

2004a "Why Christian Ethics Was Invented."（with Wells, Samuel）In Hauerwas, Stanley and Wells, Samuel eds., 2004, pp.28-38.

2004b "How the Church Managed Before There Was Ethics."（with Wells, Samuel）In Hauerwas, Stanley and Wells, Samuel eds., 2004, pp.39-50.

三、侯活士编辑的作品

1982 *Responsibility for Devalued Persons: Ethical Interactions between Society, the Family, and the Retarded.* Springfield: Charles Thomas Publishers.

1983c *Revisions: Changing Perspectives in Moral Philosophy* （with MacIntyre, Alasdair）. Notre Dame: University of Notre Dame Press.

1989 *Why Narrative? Readings in Narrative Theology*（with Jones, L. Gregory）. Grand Rapids, Michigan: W.B. Eerdmans.

1992 *Schooling Christian: 'Holy Experiments' in American Education* （with Westerhoff, John）. Grand Rapids: Eerdmans.

1994 *Theology Without Foundations: Religious Practice and the Future of Theological Truth* （with Murphy, Nancy and Nation, Mark）. Nashville: Abingdon Press.

1999 *The Wisdom of the Cross: Essays in Honor of John Howard Yoder* （with Huebner, Chris K., Huebner, Harry J. and Nation, Mark Thiessen）. Grand Rapids, Michigan: W.B. Eerdmans.

2003 *Growing Old in Christ* （with Stoneking, Carol Bailey, Meador, Keith G. and Cloutier, David）. Grand Rapids, Michigan: W.B. Eerdmans.

2004 *The Blackwell Companion to Christian Ethics*（with Wells, Samuel）. Malden, MA; Oxford: Blackwell Publishing Ltd.

1981 *Vision and Character: A Christian Educator's Alternative to Kohlberg.* New York: Paulist Press.

四、侯活士作品中文译本

2010 纪荣智译，《和平的国度：基督教伦理学献议》。香港：基道出版社。

2012 曾景恒译，《异类侨居者：有别于世界的信仰群体》。香港：基道出版社。

2012 陈永财译，《暴力世界中的温柔：软弱群体的先知见证》。香港：基道出版社。

2013 贺志勇译，《异乡客：基督徒的拓荒生活》。北京：世界图书出版公司北京公司。

2013　纪荣智译,《当他在十字架上：与侯活士默想基督最后七言》。香港：基道出版社。

五、有关研究侯活士的作品

1994　Hollar, Barry Penn, *On Being the Church in the United States: Contemporary Theological Critiques of Liberalism*. New York: Peter Lang.

1994　Lap Yan Kung, *Christian Discipleship Today: A Study of the Ethics of the Kingdom in the Theologies of Stanley Hauerwas and John Sobrino*.（Ph.D Thesis, unpublished）.

1995　Rasmusson, Arne, *The Church As Polis: From Political Theology to Theological Politics As Exemplified by Jürgen Moltmann and Stanley Hauerwas*. Notre Dame: University of Notre Dame Press.

1995　Albrecht, Gloria H., *The Character of Our Communities: Toward an Ethics of Liberation for the Church*. Nashville: Abdingdon Press.

1998　Wells, Samuel, *Transforming Fate into Destiny, the Theological Ethics of Stanley Hauerwas*. Carlisle, Cumbria, U.K.: Paternoster Press.

1999　龚立人,《柯布,潘能博,侯活士与当代华人处境》。香港：信义宗神学院。

2000　Katongole, Emmanuel, *Beyond Universal Reason: the Relation between Religion and Ethics in the Work of Stanley Hauerwas*. Notre Dame: University of Notre Dame Press.

2000　Nation, Mark Thiessen and Wells, Samuel, eds., *Faithfulness and Fortitude: In Conversation with the Theological Ethics of Stanley Hauerwas*. Edinburgh: T&T Clark.

2003　Smith, R. Scott, *Virtue Ethics and Moral Knowledge: Philosophy of Language After MacIntyre and Hauerwas*. Aldershot, Hants, England; Burlington, VT:Ashgate Publishing Ltd.

2003　Thomson, John B., *The Ecclesiology of Stanley Hauerwas: A Christian Theology of Liberation*. Aldershot, Hants, England; Burlington, VT: Ashgate Publishing Ltd.

2004　Swinton, John ed., *Critical Reflections On Stanley Hauerwas' Theology of Disability: Disabling Society, Enabling Theology*. Binghamton, NY: Haworth Pastoral Press.

2005　Jones, L. Gregory, Hütter, Reinhard, and Ewell, C.Rosalee Velloso, eds., *God, Truth, and Witness: Engaging Stanley Hauerwas*. Grand Rapids, Michigan: Brazos Press.

2005　曹伟彤,《叙事与伦理：后自由叙事神学赏析》。香港：浸信会神学院。

2006　汪建达，《在叙事中成就德性：哈弗罗斯思想导论》。北京：宗教文化出版社。

2010　Thomson, John B., *Living Holiness: Stanley Hauerwas and the Church*. London: Epworth Press.

2010　Pinches, Charles Robert, Johnson, Kelly S, and Collier, Charles M, *Unsettling Arguments: A Festschrift On the Occasion of Stanley Hauerwas's 70th Birthday*. Eugene, Oregon: Cascade Books.

六、赵紫宸的书籍

2003　文庸等编辑，《赵紫宸文集》，卷一，北京：商务印书馆。

2004　文庸等编辑，《赵紫宸文集》，卷二，北京：商务印书馆。

2007　文庸等编辑，《赵紫宸文集》，卷三，北京：商务印书馆。

2009　王晓朝编辑，《赵紫宸文集》，卷五，北京：宗教文化出版社。

2010　文庸等编辑，《赵紫宸文集》，卷四，北京：商务印书馆。

七、赵紫宸的其他文章

1921　〈拯救灵魂和改革社会的领袖〉，载《神学志》，第 7 卷 3 号，页 9-14。

1934　〈我的宗教经验〉，载徐宝谦，页 67-74。

八、有关研究赵紫宸的作品

1981　吴利明，〈赵紫宸〉，载《基督教与中国社会变迁》，页 7-72。

1994　林荣洪，《曲高和寡：赵紫宸的生平及神学》。香港：宣道出版社。

1998　古爱华，《赵紫宸的神学思想》。香港：基督教文艺出版社。

2003　邢福增，《寻索基督教的独特性—赵紫宸神学论集》。香港：建道神学院。

2005　王晓朝编辑，《赵紫宸先生纪念文集》。北京：宗教文化出版社。

2006　唐晓峰，《赵紫宸神学思想研究》。北京：宗教文化出版社。

九、其他英文作品

Antonaccio, Maria and Schweiker, William eds.

1996　*Iris Murdoch and the Search for Human Goodness*. Chicago and London: The University of Chicago Press.

Arendt, Hannah

1958　*The Human Condition*. Chicago: University of Chicago press.

Aristotle

  1972   *Poetics.* Oxford: Clarendon Press.

  1980   *The Nicomachean Ethics.* Trans. David Ross. Revised by J.L.Ackrill and J.O.Urmson. Oxford: Oxford University Press.

Augustine

  2001   *The Confessions of St. Augustine.* Trans. Carolinne White. Grand Rapids, Mich.: W.B.Eerdmans.

Beach, Waldo and Niebuhr, H.Richard

  1955   *Christian Ethics: Sources of the Living Tradition.* New York: Ronald Press.

Berkman, John and Cartwright, Michael eds.

  2001   *The Hauerwas Reader.* Durham and London: Duke University Press.

Bergson, Henri

  2007   *Creative Evolution.* Trans. Arthur Mitchell. Basingstoke; New York: Palgrave Macmillan.

Black, Rufus

  2000   *Christian Moral Realism: Natural Law, Narrative, Virtue, and the Gospel.* Oxford: Oxford University Press.

Blenkinsopp, Joseph

  1986   *Prophecy and Canon: A Contribution to the Study of Jewish Origin.* Notre Dame, Ind.: University of Notre Dame Press.

Bondi, Richard

  1984   "The Elements of Character." *Journal of Religious Ethics* 12:201-218.

Bowne, Borden Parker

  1908   *Personalism.* Boston; New York: Houghton, Mifflin and Company.

Cavanaugh, William T.

  1998   *Torture and Eucharist: Theology, Politics, and the Body of Christ.* Oxford; Malden, Mass.: Blackwell Publishers.

Crisp, Roger and Slote, Michael

  1997   *Virtue Ethics.* Oxoford; New York: Oxford University Press.

Deverell, Garry J.

  2008   *The Bonds of Freedom: Vows, Sacraments and the Formation of the Christian Self.* Eugene, OR: Wipf and Stock.

Dunne, Joseph

  1993   *Back to the Rough Ground: 'Phronesis' and 'Techne' in Modern Philosophy and in Aristotle.* Notre Dame: University of Notre Dame Press.

Eddy, Sherwood

    1913   *The New Era in Asia*. New York: Missionary Education Movement of the United States and Canada.

    1955   *Eighty Adventurous Years: An Autobiography*. Harper: New York.

Fergusson, David

    1997   "Another Way of Reading Stanley Hauerwas?." *Scottish Journal of Theology*, 50, 242-249.

    1998   *Community, Liberalism and Christian Ethics*. Cambridge; New York: Cambridge University Press.

Ford, David F. ed.

    1997   *The Modern Theologians: An Introduction to Christian Theology in the Twentieth Century*. Cambridge, Mass: Oxford, England: Blackwell.

Foster, John

    2011   *Decision of Character and Other Essays*. London: Ward, Lock, and Co., Warwick House.

Frei, Hans W.

    1974   *The Eclipse of Biblical Narrative: A Study in Eighteenth and Nineteenth Century Hermeneutics*. New Haven: Yale University.

    1975   *The Identity of Jesus Christ: The Hermeneutical Bases of Dogmatic Theology*. Philadelphia: Fortress.

    1992   *Types of Christian Theology*. Edited by George Hunsinger and William C. Placher. New Haven: Yale University Press.

    1993   *Theology and Narrative Selected Essays*. Edited by George Hunsinger and William C. Placher. Oxford: Oxford University Press.

Geertz, Clifford

    1973   *The Interpretation of Cultures: Selected Essays*. New York: Basic Books.

    1973a "Thick Description: Toward An Interpretive Theory of Culture." In Geertz, 1973, pp.3-30.

    1973b "The Impact of the Concept of Culture On the Concept of Man." In Geertz, 1973, pp.33-54.

    1973c "Religion As a Cultural System." In Geertz, 1973, pp.87-125.

Gill, Robin ed.

    2012   *The Cambridge Companion to Christian Ethics*. Cambridge, U.K.; New York: Cambridge University Press.

Glüer, Winfried

    1979   *Christliche Theologie in China: T. C. Chao 1918-1956*. Gutersloh: Gutersloher Verlagshaus Mohn.

Griffiths, Paul J.

    2003   "Witness and Conviction in With the Grain of the Universe." *Modern Theology*, 19:1 （January）: 67-75.

Gustafson, James M.

    1965   "Christian Ethics By James M. Gustafson." In Ramsey, Paul ed., 1965, pp.285-355.

    1968   *Christ and the Moral Life.* New York: Harper & Row.

    1970   "A Protestant Ethical Approach." In Noonan, John T. ed., 1970, pp.101-122.

    1971   *Christian Ethics and the Community.* Philadelphia: Pilgrim Press.

    1981   *Ethics From A Theocentric Perspective.* Volume I. Chicago: University of Chicago.

    1984   *Ethics From A Theocentric Perspective.* Volume II. Chicago: University of Chicago.

    1975   *Can Ethics Be Christian?.* Chicago: Chicago University Press.

    1978   *Protestant and Roman Catholic Ethics: Prospects for Rapprochement.* Chicago: University of Chicago Press.

    2001   "Preface: An Appreciative Interpretation." In Niebuhr, 2001, pp.xxi-xxxv.

    2007a "The Sectarian Temptation: Reflections on Theology, the Church, and the University." In Gustafson, James M. ed., 2007, pp.142-154.

    2007b "Christian Ethics." In Gustafson, James M. ed., 2007, pp.155-159.

    2007c "A Retrospective Interpretation of American Religious Ethics." In Gustafson, James M. ed., 2007, pp.213-230.

Gustafson, James M., ed.

    2007   *Moral Discernment in the Christian Life: Essays in Theological Ethics.* Louisville: Westminster John Knox Press.

Hays, Richard B.

    1996   *The Moral Vision of the New Testament: Community, Cross, New Creation: A Contemporary Introduction to New Testament Ethics.* San Francisco: HarperSanFrancisco.

Harman, Gibert

    1975   "Moral Relativity Defended." *The Philosophical Review* 84:3-22.

    1989   "Is There a Single True Morality." In Krausz, Michael ed., 1989, pp. 363-386.

Herdt, Jennifer A.

    2008   *Putting On Virtue: The Legacy of the Splendid Vices.* Chicago: University of Chicago Press.

2012   "Hauerwas Among the Virtues." *Journal of Religious Ethics* 40/2: 202-227.

Hudson, W.D.

1975   *Wittgenstein and Belief.* London: Macmillan.

Johnstone, Christopher Lyle

2009   *Listening to the Logos: Speech and the Coming of Wisdom in Ancient Greece.* Columbia, S.C.: University of South Carolina Press.

Jung, Patricia B.

1983   "Sanctification: An Interpretation in Light of Embodiment." *Journal of Religious Ethics* 11/1: 75-95.

Kant, Immanuel

1960   *Religion Within the Limits of Reason Alone.* New York: Harper & Row.

1985   *Foundations of the Metaphysics of Morals; and, What Is Enlightenment?.* trans. Lewis White Beck. New York: Macmillan; London: Collier Macmillan.

Katongole, Emmanuel

2000   *Beyond Universal Reason: The Relation Between Religion and Ethics in the Work of Stanley Hauerwas.* Notre Dame, Ind.: University of Notre Dame Press.

Krausz, Michael ed.

1989   *Relativism Interpretation and Confrontation.* Notre Dame, Ind.: University of Notre Dame Press.

Lewis, Paul

1994   "The Springs of Motion: Jonathan Edwards on Emotions, Character, and Agency." *Journal of Religious Ethics,* (Fall): 275-297.

Lindbeck, George A.

1984   *The Nature of Doctrine: Religion and Theology in a Postliberal Age.* Philadelphia: The Westminster Press.

Livingston, James C.

1971   *Modern Christian Thought: From the Enlightenment to Vatican II.* New York: Macmillan; London: Collier Macmillan.

Lo, Ping-cheung

1984   "The Structure of Reinhold Niebuhr's Social Ethics: Illustrated by His Stance Toward War and Peace." (Unpublished Paper).

2012   "The Art of War Corpus and Chinese Just War Ethics Past and Present." *Journal of Religious Ethics* 40.3. (September): 405-446.

Long, Edward Le Roy

 1982 *A Survey of Recent Christian Ethics.* New York: Oxford University Press.

Long, D.Stephen

 1993 *Tragedy, Tradition, Transformism: the Ethics of Paul Ramsey.* Boulder, Colo.: Westview Press.

Louden, Robert B.

 1997 "On Some Vices of Virtue Ethics." In Crisp, Roger and Slote, Michael eds., 1997, pp. 201-216.

Loughlin, Gerard

 1988 "See-Saying/Say-Seeing." *Theology* 91: 201-209.

Mackey, James Patrick

 1968 *Tradition and Change in the Church.* Dublin: Gill and Son.

MacIntyre, Alasdair

 1998 *Whose Justice? Which Rationality?.* Notre Dame, Ind.: University of Notre Dame Press.

 2007 *After Virtue: A Study in Moral Theory.* Notre Dame, Ind.: University of Notre Dame Press.

Mathews, Basil Joseph

 1934 *John Mott: World Citizen.* London: Student Christian Movement Press.

Marty, Martin E.

 2001 "Foreword." In Niebuhr, H. Richard, 2001, pp.xiii-xix.

Marshall, Bruce D.

 1996 "George Lindbeck." In Musser, Donald W. and Price, Joseph eds., 1996, pp. 271-277.

Matila, Bimal Krishna

 1989 "Ethical Relativism and Confrontation of Cultures." In Krausz, Michael ed., 1989, pp. 339-362.

McClendon, James William

 1978 "Three Strands of Christian Ethics." *Journal of Religious Ethics* 6/1: 54-80.

 1986 *Systematic Theology: Ethics.* Nashville: Abingdon Press.

Meilaender, Gilbert C.

 1984 *The Theory and Practice of Virtue.* Notre Dame, Ind.: University of Notre Dame Press.

Meilaender, Gilbert and Werpehowski, William eds.

2007   *The Oxford Handbook of Theological Ethics.* Oxford; New York: Oxford University Press.

Miscamble, Wilson D.

1987   "Sectarian Passivisim." *Theology Today* 44:69-77.

Murdoch, Iris

1966   "Vision and Choice in Morality." In Ramsey, Ian T., 1966, pp.195-218.

1970   *The Sovereignty of Good.* London: Routledge & Kegan Paul.

1983   "Against Dryness: A Polemical Sketch." In Hauerwas, Stanley and MacIntyre, Alasdair eds., 1983, pp. 43-50.

1983   "On 'God' and 'Good'." In Hauerwas, Stanley and MacIntyre, Alasdair eds., pp. 68-91.

Musser, Donald W. and Price, Joseph eds.

1996   *A New Handbook of Christian Theologians.* Nashville: Abingdon press.

Niebuhr, Reinhold

1932   http://www.ucc.org/beliefs/theology/must-we-do-nothing.html

1946a   *The Nature and Destiny of Man.* Volume I. New York: C. Scribner's.

1946b   *The Nature and Destiny of Man.* Volume II. New York: C. Scribner's.

1960   *Moral Man and Immoral Society.* New York: Charles Scribner's sons.

1963   *An Interpretation of Christian Ethics.* New York: HarperSanFrancisco; Harpercollins.

Niebuhr, H.Richard

1960   *Radical Monotheism and Western Culture: with Supplementary Essays.* New York: Happer & Brothers.

2001   *Christ and Culture.* San Francisco: Harper.

Noonan, John T.

1970   *The Morality of Abortion: Legal and Historical Perspectives.* Cambridge, Mass.: Harvard University Press.

Novak, David

2012   "Defending Niebuhr from Hauerwas." *Journal of Religious Ethics* 40/2: 281-295.

Nussbaum, Martha Craven

1986   *The Fragility of Goodness.* Cambridge; New York: Cambridge University Press.

1990   *Love's Knowledge: Essays On Philosophy and Literature.* New York: Oxford University Press.

O'Connell, Timothy E.

    1990   *Principles for a Catholic Morality*. SanFrancisco: HarperSanFrancisco.

Ogletree, Thomas W.

    1980   "Character and Narrative: Stanley Hauerwas' Studies of the Christian Life." *Religious Studies Review*, 6/1:25-31.

Ogilvy, James ed.

    1992   *Revisioning Philosophy*. New York: State University of New York Press.

Outka, Gene

    1980   "Character, Vision, and Narrative." *Religious Studies Review* 2/6: 110-118.

Placher, William C.

    1989   *Unapologetic Theology: A Christian Voice in a Pluralistic Conversation*. Louisville, Ky: Westminster/John Knox Press.

    1993   "Introduction." In Frei, Hans W., 1993, pp. 3-25.

    1997   "Postliberal Theology." In Ford, David F. ed., 1997, pp. 343-356.

Porter, Jean

    2012   "Virtue Ethics." In Gill, Robin ed., 2012, pp. 87-102.

Quirk, Michael J.

    1987   *"Beyond Sectarianism." Theology Today*, 44/1, (April): 78-86.

Ramsey, Ian T. ed.

    1966   *Christian Ethics and Contemporary Philosophy*. New York: Macmillan.

Ramsey, Paul ed.

    1965   *Religion*. Englewood Cliffs, N.J.: Prentice-Hall.

Ramsey, Paul

    1950   *Basic Christian Ethics*. New York: Scribner.

    1961   *War and the Christian Conscience: How Shall Modern War Be Conducted Justly*. Durham: Duke University.

    1968   *The Just War: Force and Political Responsibility*. New York: Charles Scribner's Sons.

Rauschenbusch, Walter

    1945   *A Theology for the Social Gospel*. Nashville, TN: Abingdon Press.

Rawls,John

    1999   *A Theory of Justice*. Cambridge. Mass.: Belknap Press of Harvard University Press.

Reeves, Marjorie ed.

1999 *Christian Thinking and Social Order: Conviction Politics From the 1930s to the Present Day*. London; New York: Cassell.

Robert, C. Solomon

1983 *The Passions: The Myth and Nature of Human Emotion*. Notre Dame, Ind.: University of Notre Dame Press.

1988 "On Emotions As Judgments." *American Philosophical* Quarterly 25 （April）: 183-191.

1992 "Beyond Reason: The Importance of Emotion in Philosophy." In Ogilvy, James ed., 1992, pp.19-47.

Robbins, Wesley

1980 "Narrative, Morality and Religion." *Journal of Religious Ethics* 8/1:161-176.

Roth, John D., Stoltzfus, Duane and Nolt, Steven eds.

2010 *The Mennonite Quarterly Review*. Volume LXXXIV, （July）: 312-355.

Schweiker, William, ed.

2005 *The Blackwell Companion to Religious Ethics*. Malden, MA; Oxford: Blackwell Publishing Ltd.

Siker, Jeffrey S.

1997 *Scripture and Ethics: Twentieth-Century Portraits.* New York: Oxford University Press.

Smith, Joanmarie

1985 "The Need for 'Rule' Ethics and the Practice of Virtue." *Religious Education* 80 no 2 Spr. 1985, pp. 255-264.

Stout, Jeffrey

2004 *Democracy and Tradition*. Princeton, N.J.: Princeton University Press.

TeSelle, Sallie

1975 "The Experience of Coming to Belief." *Theology Today* 32.2:159-165.

Thiselton, Anthony C.

1995 *Interpreting God and the Postmodern Self.* Edinburgh : T&T Clark Ltd.

Thiemann, Ronald F.

1996 *Religion in Public Life: A Dilemma for Democracy*. Washington, D.C.: Georgetown University Press.

Troeltsch, Ernst

　　1992　*The Social Teaching of the Christian Churches*, volume1. Louisville Ky.: Westminster/John Knox Press.

Twiss, Sumner B.

　　1998　*Explorations in Global Ethics Comparative Religious Ethics and Interreligious Dialogue*. Twiss, Sumner B. and Grelle, Bruce eds., Boulder, Colo: Westview Press.

　　1998　"Four Paradigms in Teaching Comparative Religious Ethics." In Twiss, Sumner B. and Grelle, Bruce eds., 1998, pp.11-33.

　　2005　"Comparison in Religious Ethics." In Schweiker, 2005, pp.147-155.

Wallace, Mark I.

　　1990　*The Second Naiveté: Barth, Ricoeur, and the New Yale Theology*. Macon, Ga.: Mercer.

Werpehowski, William

　　1997　"Theological Ethics." In Ford, David F. ed., 1997, pp. 311-326.

　　2012　"Talking the Walk and Walking the Talk." *Journal of Religious Ethics* 40/2:229-249.

William, Bernard

　　1972　*Morality: An Introduction to Ethics*. New York: Harper & Row.

Wittgenstein, Ludwig

　　1958　*Philosophical Investigations*. trans. G. E. M. Anscombe. Oxford: Basil Blackwell.

Yeager, D.M.

　　2007　"H.Richard Niebuhr's Christ and Culture." In Meilaender, Gilbert and Werpehowski, William eds., pp. 466-486.

Yoder, John Howard

　　1984　*The Priestly Kingdom: Social Ethics As Gospel*. Notre Dame, Ind.: University of Notre Dame Press.

　　1993　*The Politics of Jesus: Vicit Agnus Noster*. Grand Rapids, Mich.: Eerdmans; Carlisle, UK: Paternoster Press.

十、其他中文书籍

1. 艾迪著，沈宾译：《思想的探险——艾迪博士自述》。上海：青年协会书局，1936。

2. 福特编 董江阳 陈佐人译：《现代神学家：二十世纪基督教神学家》。香港：道风书社，2005。

3. 简又文：《新宗教观》。上海：青年会，1923。

4. 康德著 李秋零译：《单纯理性限度内的宗教》。 北京：中国人民大学出版社，2003。

5. 雷因霍尔德·尼布尔著 谢秉德译：《人的本性与命运》。香港：东南亚神学教育基金会：基督教文艺，1970。

6. 理查德·尼布尔著 赖英泽 龚书森译：《基督与文化》。台北：东南亚神学院协会，1967。

7. 利文斯顿著 何光沪译：《现代基督教思想：从启蒙运动到第二届梵蒂冈公会议》。四川：人民出版社，1992。

8. 梁家麟：《徘徊于耶儒之间》。台北：宇宙光出版社，1997。

9. 林贝克著 王志成 安希孟译：《教义的本质：后自由主义时代的宗教及神学》。香港：汉语基督教文化研究所，1997。

10. 林荣洪：《近代华人神学文献》。香港：中国神学研究院，1986。

11. 林荣洪：《中华神学五十年 1900-1949》。香港：中国神学研究院，1998。

12. 林毓生：《中国意识的危机—"五四"时期激烈的反传统主义》。贵州：贵州人民出版社，1988。

13. 罗秉祥 谢文郁编：《耶儒对谈：问题在哪里？》（下）。桂林：广西师范大学出版社，2010。

14. 罗秉祥 陈强立 张颖等著：《生命伦理学的中国哲学思考》。北京：中国人民大学出版社，2013。

15. 罗秉祥：《公理婆理话伦理》。香港：更新资源有限公司，2002。

16. 麦金泰尔著 龚群 戴扬毅译：《德性之后》北京：中国社会科学院，1995。

17. 麦金泰尔著 宋继杰译：《追寻美德：道德理论研究》上海：译林出版社，2003。

18. 秦家懿 孔汉思：《中国宗教与基督教》。香港：三联书店，1989。

19. 邵玉铭编：《二十世纪中国基督教问题》。台北：正中书局，1980。

20. 孙宝玲：《圣经诠释的意义和实践》。香港：建道基金会，2008。

21. 特洛尔奇著 朱雁冰等译：《基督教理论与现代》。香港：汉语基督教文化研究所，1998。

22. 王崇尧：《雷因霍·尼布尔：美国当代宗教哲学家》。台北：永望文化事业有限公司，1993。

23. 吴利明：《基督教与中国社会变迁》。香港：基督教文艺出版社，1981。

24. 谢扶雅：《基督教与中国思想》。香港：基督教文艺出版社，1980。

25. 谢扶雅：《谢扶雅晚年基督教思想论集》香港：基督教文艺出版社，1986。

26. 谢品然 曾庆豹编：《上帝与公共生活：神学的全球公共视域》。香港：研道社，2009。

27. 邢福增：《基督信仰与救国实践—二十世纪前期的个案研究》。香港：建道神学院，1997。

28. 徐宝谦编：《宗教经验谭》。上海：青年协会书局，1934。

29. 姚西伊：《中国基督教唯爱主义运动》。香港：基道出版社，2008。

30. 易君左等著：《中国文化讲座》。台北：启明，1961。

31. 袁访赉：《余日章传》。香港：文艺，1970。

32. 余纪元：《德性之镜：孔子与亚里士多德的伦理学》。北京：中国人民大学出版社，2009。

33. 张志伟：《基督化与世俗化的挣扎：上海基督教青年会研究》。台北：国立台湾大学出版中心，2010。

34. 赵宝实：《天主教与儒家天人合一比较观》。台中：光启出版社，1957。

35. 郑顺佳：《天理人情：基督教伦理解码》。香港：三联书店，2005。

36. 朱熹：《朱子全书》（卷 1）。上海：上海古籍出版社，2010。

十一、其他中文文章

1. 曹伟彤：〈侯活士论实践智慧〉，载《山道期刊》（香港：浸信会神学院），第 2 期（2005），页 79-98。

2. 曹伟彤：〈豪尔华兹论公共与基督徒伦理〉，载《上帝与公共生活：神学的全球公共视域》（2009），页 119-137。

3. 陈华洲：〈「有人打你这边的脸，连那边脸也由他打」与「国民」〉，载《真理与生命》，第 4 卷 20 期（1930），页 30-34。

4. 龚群：〈亚里士多德的德性与社会的关系理论〉，载《哲学与文化》，第三卷第八期（2003），页 21-38。

5. 郭鸿标：〈论侯活士的德性伦理〉，载赖品超编《宗教与中国社会研究丛书（六）--基督宗教及儒家谈生命与伦理》（香港：香港中文大学崇基学院宗教与中国社会研究中心，2002），页 161-169。

6. 黄宏达：〈评估侯活士的教会观〉，载《建道学刊》第 39 期（2013 年 1月），页 149-188。

7. 黄藿：〈从德行伦理学看道德动机〉，载《哲学与文化》，第卅卷第八期（2003），页 5-18。

8. 李骏康：〈论侯活士的教会观〉，载《山道期刊》第 24 期（2009 年 12 月），页 127-154。

9. 李骏康：〈群体与社团：论潘霍华的教会观〉，载《道风：基督教文化评论》，第 23 期（2005 秋），页 207-227。

10. 罗秉祥：〈爱与效法──对话及诠释性的神学伦理学〉，载《中国神学研究院期刊》，第 35 期（2003），页 67-98。

11. 罗秉祥：〈传统中国医疗伦理对当代美德医疗伦理学可作的贡献〉，载《生命伦理学的中国哲学思考》（2013），页 239-246。

12. 谢扶雅：〈中国伦理思想史〉，载《中国文化讲座》（1961），页 1-125。

13. 吴雷川：〈耶稣为基督〉，载《近代华人神学文献》（1998），页 148-157。

14. **禤**智伟：〈养儿育女是教会的社会使命？侯活士对现代家庭观念的神学批判〉《山道期刊》第 1 期（2011 年 7 月），页 128-144。

15. 杨庆球：〈中国伦理法与基督教精神〉，载《耶儒对谈：问题在哪里？》（下）（2010），页 635-651。

后 记

　　本书由博士论文修改、润色而成。如今能够顺利出版，首先要感谢宋军博士对本书的大力推荐，更感谢花木兰文化出版社的何光沪教授、张欣教授、杨嘉乐主任，以及全体工作人员，是您们的努力工作与提携后学情怀让本书得以问世。

　　回想从学以来，自己一路遇见诸多优秀的恩师。无论是硕士阶段的查常平教授、张春雨教授、秦和平教授、余达心教授、杨庆球教授、周永健教授、李耀坤教授与郑顺佳教授，还是博士阶段的罗秉祥教授、关启文教授、张颖教授、邢福增教授、刘振鹏教授，以及在杜克大学访学期间的侯活士教授（Stanley Hauerwas）与佰威教授（Mike Broadway）都对我提携有加、关爱备至。饮水思源，本书的出版亦归功于他们／她们。此外，罗秉祥教授和张颖教授在百忙之中为本书拔冗作序，为本书增色不少，我非常感谢二位教授的提携与鼓励。

　　最后，在本书之写作与修改之漫长旅程中，笔者得到了黄文谦爸爸、黄王玲玉妈妈、宋存祥爸爸、陆玉君妈妈、赵虎哥哥、邓爱媚家姐与姐夫、张略牧师与师母、赵维汉先生等长辈的悉心关怀和百般鼓励；也得到诸多朋友：Ivan、Jan、Rita、Anthony、Florence、Jolly、Tara、Sophie、Fox、白莺夫妇、多加、肖洪、玉珍、王宇、贺志勇、韩思艺、静瑶、杜梅、古维基、黄莺、薛霞霞、胡爱华等的各样帮助。所有的深情厚谊，铭记于心。在美国访学期间，我的亲善家庭 Maggie, Richard, Nancy, Larry, Charlene, Gregory, Claudia, Victoria, Robert，David 等热情接待我，关心我的生活所需。她们的爱贴切地诠释了《圣经》中的 "hospitality"，在此深表谢意。掩卷之余，将最深切的感恩献给我们在天上的父，"若非耶和华建造房屋，建造的人就枉然劳力；若非耶和华看守城池，看守的人就枉然儆醒"。对此，笔者感触颇深！

赵文娟

2015 年 10 月 29 日